新訂

会社清算の実務 Q&A

ひかりアドバイザーグループ 編

ひかり監査法人
ひかり税理士法人
ひかり司法書士法人
ひかり社会保険労務士法人
ひかり戦略パートナーズ株式会社 共著

清文社

は　し　が　き

　本書の初版である「会社清算の実務80問80答」を上梓したのは、今から遡ること約15年前の2009（平成21）年でした。会社の清算という、どちらかといえば後ろ向きなテーマゆえに決して量販が見込める書籍でないことは承知の上でしたが、息の長い書籍として版を重ねながら今日に至ったことは著者として望外の喜びです。

　この間、清算課税制度の抜本的な見直しという想定外の出来事にも遭遇し、それに首尾よく対応したことや、必ずしも多くはない類書の中でも努めて分かり易い解説を心掛けたこと、さらには税制のみならず会社法その他の法令の改正も反映したタイムリーな改訂を重ねるうちに15年の歳月を数えたと言ってもよいのかもしれません。

　しかし、この15年の間に経済環境、とりわけ会社経営を取り巻く環境は激変したと言っても過言ではありません。コロナ禍で深傷を負った会社、後継者に恵まれずに廃業を余儀なくされた会社など、やむなく清算をせざるを得ない場面もさることながら、逆に攻勢に転ずる経営戦略から関係会社を再編する中での会社清算も少なくないように思います。こうした各場面で本書がお役に立てば幸いです。

　今回の改訂にあたっては、税制を含む各種法令の改正に対応したことはもちろん、会社清算実務の全体像を俯瞰するべく「タイムライン」を明示するとともに、各種の手続きに漏れが生じないように「チェックリスト」を登載することによって、より実務目線に配慮した対応を図ったことが特筆できます。本書が旧版に増して実務に即した解説書になっているという自負を込めて読者の皆様にお届けする次第です。

　最後になりましたが、本書の出版にあたってお力添えいただいた清文社編集部の皆様に心から御礼申し上げます。

2023（令和5）年10月

ひかりアドバイザーグループ　代表

公認会計士・税理士　光　田　周　史

目　　次

はじめに　会社清算のタイムラインとチェックリスト

タイムラインとチェックリストについて …………………………………………………… 2

会社清算タイムライン ……………………………………………………………………… 4

会社清算チェックリスト …………………………………………………………………… 11

【コラム①】法人の解散件数と設立件数 ………………………………………………… 18

第1章　会社清算の法律

（ひかり司法書士法人　担当）

Q1	会社の解散とは何か ………………………………………………………… 20
Q2	株式会社の解散事由について ……………………………………………… 22
Q3	会社を解散しようと決めたとき① ………………………………………… 26
Q4	会社を解散しようと決めたとき② ………………………………………… 28
Q5	清算人の選任と役割 ………………………………………………………… 34
Q6	清算手続きの具体的内容 …………………………………………………… 38
Q7	解散に伴う機関設計と定款の変更 ………………………………………… 42
Q8	債務の弁済 …………………………………………………………………… 48
Q9	清算事務年度の定時株主総会 ……………………………………………… 51
Q10	残余財産の分配 ……………………………………………………………… 53
Q11	清算の結了 …………………………………………………………………… 55
Q12	解散後の会社継続 …………………………………………………………… 59
Q13	特別清算 ……………………………………………………………………… 62
Q14	解散等の登記手続き ………………………………………………………… 66
Q15	清算結了の登記 ……………………………………………………………… 70

第2章　会社清算の会計

(ひかり監査法人　担当)

Q16 解散にあたって作成する計算書類 …………………………………………… 74

Q17 財産目録の作成と記載例 …………………………………………………… 77

Q18 清算開始時の貸借対照表の作成と記載例 ……………………………… 80

Q19 清算事務年度における計算書類 ………………………………………… 82

Q20 清算株式会社の決算スケジュール ……………………………………… 86

Q21 清算株式会社の監査報告の記載例 ……………………………………… 89

Q22 清算株式会社の会計監査人 ……………………………………………… 94

Q23 清算株式会社の計算書類開示 …………………………………………… 95

Q24 残余財産の確定と分配に係る会計処理 ………………………………… 97

Q25 清算結了にあたって作成する計算書類 ………………………………… 104

【コラム②】 休廃業・解散事情2023 ………………………………………… 106

第3章　会社清算の税務

(ひかり税理士法人　担当)

Q26 会社清算の税務の概要 …………………………………………………… 108

Q27 解散から清算結了までの税務申告手続きと届出書 ………………… 112

Q28 会社の解散と事業年度 …………………………………………………… 119

Q29 解散事業年度の確定申告①－所得計算 ……………………………… 122

Q30 解散事業年度の確定申告②－税額計算 ……………………………… 127

Q31 解散事業年度の確定申告③－欠損金の繰戻還付 ………………… 131

Q32 解散事業年度の確定申告④－添付すべき計算書類 ……………… 136

Q33 解散事業年度の確定申告⑤－申告書の記載例 …………………… 139

Q34 清算事業年度の確定申告①－所得計算 ……………………………… 163

Q35 清算事業年度の確定申告②－期限切れ欠損金の損金算入 ……… 166

Q36 清算事業年度の確定申告③－仮装経理法人を清算する場合 …… 172

Q37 清算事業年度の確定申告④－退職金を支給する場合 …………… 178

Q38 清算事業年度の確定申告⑤－役員借入金が残った場合 ………… 180

Q39 清算事業年度の確定申告⑥－税額計算 ……………………………… 184

Q40	清算事業年度の確定申告⑦－申告手続き ………………………………	186
Q41	清算事業年度の確定申告⑧－申告書の記載例 ………………………	189
Q42	100%グループ法人内の清算税務①－繰越欠損金の引継ぎ ………	208
Q43	100%グループ法人内の清算税務②－適格現物分配 ………………	215
Q44	100%グループ法人内の清算税務③－譲渡損益繰延後の解散 ……	224
Q45	100%グループ法人内の清算税務④－子会社株式消滅損 …………	227
Q46	会社を継続した場合の申告 ………………………………………………	231
Q47	会社解散と第二次納税義務 ………………………………………………	233
Q48	残余財産の分配とみなし配当 ……………………………………………	235
Q49	株主の税務 …………………………………………………………………	240
Q50	債権者の税務 ………………………………………………………………	244
Q51	会社の清算と消費税 ………………………………………………………	250
Q52	会社の清算と地方税 ………………………………………………………	256
Q53	外形標準課税の適用がある場合 …………………………………………	260
Q54	医療法人の解散事由と解散時の届出 ……………………………………	264
Q55	平成19年3月31日以前に設立した医療法人の解散 ………………	274
Q56	平成19年4月1日以後に設立した医療法人の解散 …………………	277

第4章　会社清算の労務

（ひかり社会保険労務士法人　担当）

Q57	会社の解散と労働契約関係 ………………………………………………	280
Q58	会社の清算と解雇 …………………………………………………………	282
Q59	会社の清算と賃金債権 ……………………………………………………	285
Q60	会社の解散と労働保険・社会保険 ………………………………………	287
Q61	会社の清算に伴い提出すべき労働保険・社会保険の届出書の記載例 ……	289
Q62	企業年金の廃止 ……………………………………………………………	298
【コラム③】	休廃業・解散企業の業績 ……………………………………………	300

第5章　M&A・事業再生・組織再編と会社清算

（ひかり戦略パートナーズ株式会社　担当）

Q63	会社清算とM&Aの選択 …………………………………………………	302

Q64	事業再生・組織再編における会社清算の活用	……………………………	305
Q65	再生計画と事業譲渡・会社分割	……………………………	308
Q66	赤字子会社の支援と債権放棄	……………………………	311
Q67	再生計画における会社清算の活用	……………………………	314
Q68	再生局面における会社清算の活用事例	……………………………	317

凡 例

本書において引用した法令や通達は、それぞれ下記の略語を用いました。

会	…………………………………	会社法
会整	…………………………………	会社法の施行に伴う関係法律の整備等に関する法律
会規	…………………………………	会社法施行規則
法法	…………………………………	法人税法
法令	…………………………………	法人税法施行令
法規	…………………………………	法人税法施行規則
法基通	…………………………………	法人税基本通達
所法	…………………………………	所得税法
所令	…………………………………	所得税法施行令
所基通	…………………………………	所得税基本通達
措法	…………………………………	租税特別措置法
措令	…………………………………	租税特別措置法施行令
復興財源確保法	…………………………	東日本大震災からの復興のための施策を実施するために必要な財源の確保に関する特別措置法
消法	…………………………………	消費税法
平22改正法附則	…………………………	所得税法等の一部を改正する法律（平成22年法律第6号）附則
地法	…………………………………	地方税法
地令	…………………………………	地方税法施行令
耐令	…………………………………	減価償却資産の耐用年数等に関する省令
耐通	…………………………………	耐用年数の適用等に関する取扱通達
国通法	…………………………………	国税通則法
国徴法	…………………………………	国税徴収法
国徴法基通	………………………………	国税徴収法基本通達
商登法	…………………………………	商業登記法
商登規	…………………………………	商業登記規則
労契法	…………………………………	労働契約法

《引用例》

法法13②一	………………………	法人税法第13条第2項第1号

■本書の内容は、令和5年10月1日現在の法律等により記述しています。

■本書に掲載している申告書等の様式については、旧様式を適宜編著者により補正したものを使用している場合があります。実際の申告等にあたっては、最新のものを使用してください。

※本書では、原則として源泉徴収について**復興特別所得税を加味せずに**説明しています。平成25年分から令和19年分までの源泉徴収においては、復興特別所得税に注意してください。

はじめに

会社清算の
タイムラインとチェックリスト

タイムラインとチェックリストについて

　会社清算の全体像と必要となる各種手続きの概要を4ページ以降の「タイムライン」と「チェックリスト」で要約しています。

　このタイムラインは次ページのように大きく10項目に分けていますが、これらの手続きを順を追って進めていくことで会社の清算手続きを首尾良く結了させることができます。

　タイムライン上の「該当Q＆A」が参照する項目を確認しながら、それぞれのタイミングで必要となる手続きについてチェックリストを用いて進めていくことができるように工夫していますので、実際に会社清算を行う上で是非ご利用ください。

タイムラインの項目

① 株主総会の解散決議・清算人の選任

② 現状の業務（現務）の終了・清算事務の開始

③ 解散および清算人の登記

④ 解散日現在の財産目録と貸借対照表の作成および株主総会の承認

⑤ 債権者保護手続き・債権取立て・財産換価処分・債務弁済

⑥ 清算事務年度の株主総会

⑦ 残余財産の確定・分配

⑧ 決算報告の作成と株主総会の承認

⑨ 清算結了登記

⑩ 税務官庁への清算結了の届出

会社清算タイムライン

※このタイムラインでは最も単純かつ簡潔な清算手続きのスケジュールを想定しています。株主総会招集通知に必要な期間を考慮せず、残余財産も発生していないケースを前提としていますが、その場合でも、清算手続きには最低でも2か月半程度要することが分かります。(なお、清算結了が1年以上にわたる場合の清算事務年度の定時株主総会と当清算事業年度の確定申告書を提出した場合のタイムラインも添えています。)

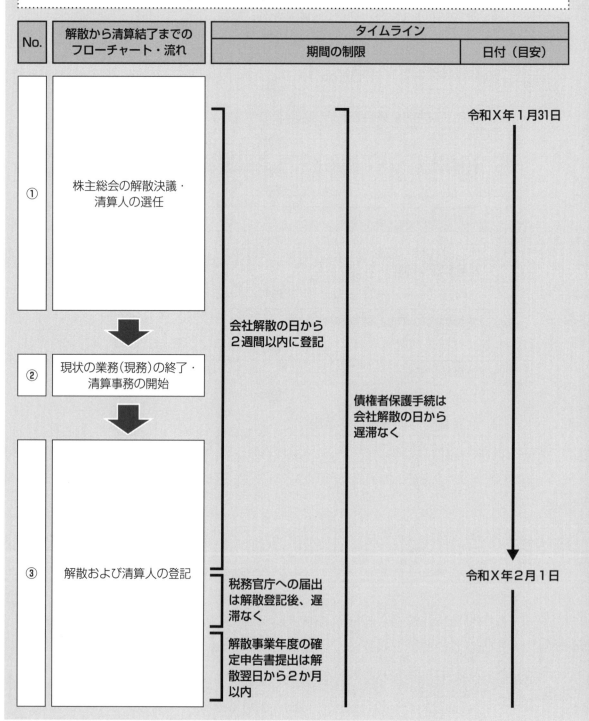

該当Q&A	手続き実施に当たっての参照項目
Q3 会社を解散しようと決めたとき①	3 取締役会における解散決議
Q4 会社を解散しようと決めたとき②	2 株主総会の招集通知 3 決議事項と決議方法 4 株主総会議事録のひな形 6 書面決議による解散 7 書面決議によった場合の議事録
Q5 清算人の選任と役割	1 清算人の選任 2 清算人の資格 3 清算人と会社との関係 4 代表清算人 5 清算人会の設置は任意 9 清算人は1人で十分
Q6 清算手続きの具体的内容	2 清算株式会社と清算事務 3 清算事務の内容
Q7 解散に伴う機関設計と定款の変更	1 清算株式会社の機関設計 2 定款の変更項目 3 定款の変更事例
Q14 解散等の登記手続き	1 解散と清算人の登記 2 解散登記と職権による登記事項の抹消 3 登記申請にあたって必要となる書類
Q27 解散から清算結了までの税務申告手続きと届出書	1 解散から清算結了までの税務申告手続き 　（解散確定申告書の提出） 2 会社が解散した場合の届出書
Q29 解散事業年度の確定申告①	1 解散事業年度における所得計算の考え方
Q32 解散事業年度の確定申告④	1 2種類の計算書類 2 会社法に基づく計算書類と税務申告用の計算書類

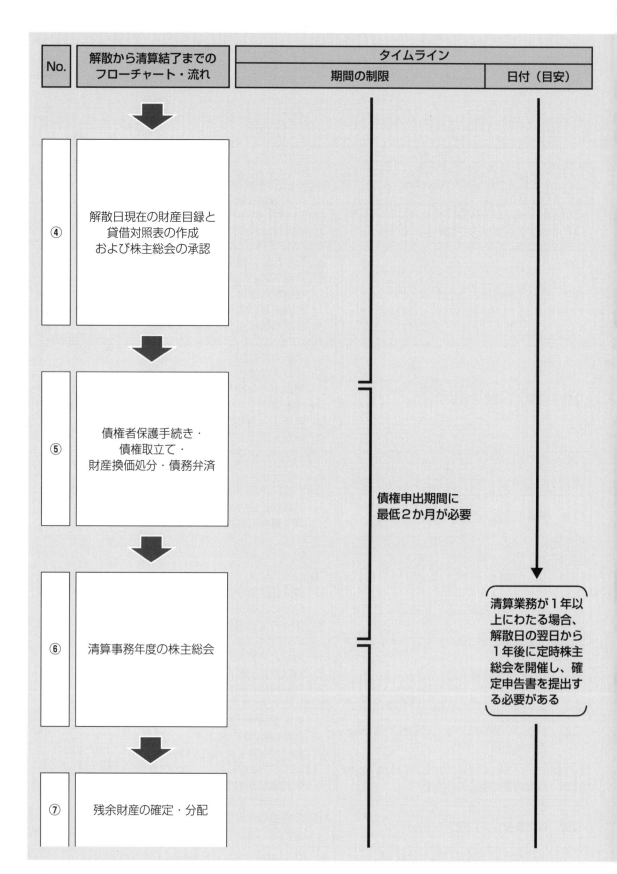

該当Q&A	手続き実施に当たっての参照項目
Q16 解散にあたって作成する計算書類	1 清算株式会社における計算書類 2 財産目録 3 貸借対照表
Q17 財産目録の作成と記載例	1 財産目録作成上の留意点 2 処分価格等の考え方 3 財産目録の記載例
Q18 清算開始時の貸借対照表の作成と記載例	1 清算開始時の貸借対照表作成上の留意点 2 清算開始時の貸借対照表の表示方法 3 清算開始時の貸借対照表の記載例
Q8 債務の弁済	1 公正な債務の弁済 2 債権の申出手続き 3 清算からの除斥 4 債権者に対する公告のひな型
Q58 会社の清算と解雇	1 会社の解散に伴う従業員解雇の是非 2 解雇権の濫用とみなされないための解雇手順 3 労働組合・従業員への協議・説明における実務のポイント
Q9 清算事務年度の定時株主総会	1 事業年度と清算事務年度 2 清算事務年度の定時株主総会 3 定時株主総会における決議事項
Q27 解散から清算結了までの税務申告手続きと届出書	1 解散から清算結了までの税務申告手続き（清算確定申告書（残余財産未確定）の提出）
Q34 清算事業年度の確定申告①	1 清算事業年度における所得計算の特徴 2 残余財産が確定していない事業年度の留意点
Q10 残余財産の分配	1 債務の弁済と残余財産の分配 2 残余財産の計算 3 残余財産の分配に関する決定事項 4 残余財産の分配は金銭が原則

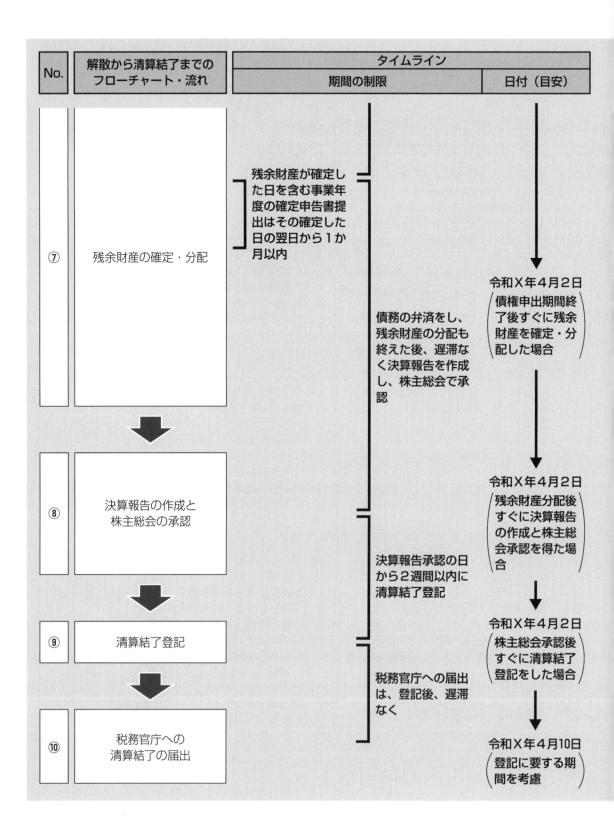

該当Q&A	手続き実施に当たっての参照項目
Q24 残余財産の確定と分配に係る会計処理	1 清算人の職務 2 残余財産確定に至るまでの会計処理 3 残余財産の分配 4 残余財産の分配における会計処理
Q27 解散から清算結了までの税務申告手続きと届出書	1 解散から清算結了までの税務申告手続き 　（清算確定申告書（残余財産確定）の提出）
Q40 清算事業年度の確定申告⑦	1 申告書の提出期限 2 清算事業年度の確定申告による納付または還付 3 添付すべき計算書類 5 解散事業年度および清算事業年度における申告手続きの相違点
Q48 残余財産の分配とみなし配当	1 みなし配当が生じる場合 2 みなし配当金額の計算方法 3 具体的な計算例 4 みなし配当が生じた場合の事務手続きの留意点
Q11 清算の結了	1 清算の締め括り 2 決算報告とその記載例 3 清算の結了
Q25 清算結了にあたって作成する計算書類	1 決算報告の作成と株主総会承認 2 決算報告の内容 3 決算報告の作成例
Q15 清算結了の登記	1 清算結了の登記 2 登記申請にあたって必要となる書類
Q27 解散から清算結了までの税務申告手続きと届出書	1 解散から清算結了までの税務申告手続き 3 清算手続きが完了した場合の届出書
Q40 清算事業年度の確定申告⑦	4 届出書の提出

チェックリストの項目

会社清算のチェックリストの主な項目は、次のとおりです。

1	株主総会の解散決議・清算人の選任
2	現状の業務（現務）の終了・清算事務の開始
3	解散および清算人の登記
4	解散日現在の財産目録と貸借対照表の作成および株主総会の承認
5	債権者保護手続き・債権取立て・財産換価処分・債務弁済
6	清算事務年度の株主総会
7	残余財産の確定・分配
8	決算報告の作成と株主総会の承認
9	清算結了登記
10	税務官庁への清算結了の届出

会社清算チェックリスト

番号	チェック項目	関係諸法令等	チェック欄		
			はい	いいえ	非該当
1．株主総会の解散決議・清算人の選任					
①	取締役会設置会社の場合、解散を決議する株主総会を招集することを取締役会で決議したか。	会298①④ 会規63			
②	上記①に係る取締役会議事録を作成したか。	会369③			
③	株主に対して株主総会招集通知を発送したか。なお、招集通知は原則として株主総会の2週間前までに発送しなければならないが、非公開会社については1週間前までに、また取締役会非設置会社については定款による定めがあることを条件に、その定めの期間前までに発生すれば足りる。	会299①			
④	株主全員の同意がある場合（全員出席総会である場合）、招集通知は不要である。	会300			
⑤	株主総会において、会社を解散させる旨の決議と清算人の選任に関する決議を行ったか。	会309②十一 477①、478⑧、331⑤			
⑥	清算株式会社には株主総会と清算人を設置しなければならないが、当該機関設計の変更に伴う定款変更を行い、株主総会にて決議したか（清算会社となることに伴う機関変更および事業年度・清算事務年度の変更等に伴う、定款の変更が必要となる）。なお、公開会社または大会社であった会社以外は、清算人会や監査役および監査役会の設置は任意となっている。	会477①②④			
⑦	上記③、④に係る株主総会議事録を作成したか。	会309②、318			

番号		チェック項目	関係諸法令等	チェック欄		
				はい	いいえ	非該当
2．現状の業務（現務）の終了・清算事務の開始						
	①	清算人は、現務を結了させたか。現務とは、解散前の株式会社が行っていた業務であり、進行中の業務を完結させ、取引関係を決着させる必要がある。	会481一			
	②	清算人は、清算株式会社の財産の現況を調査したか。解散日（清算株式会社となった日）における財産目録と貸借対照表を作成し、株主総会の承認を受ける必要があり、それに先立ち、財産の現況調査が必要となる。	会492①			
	③	清算人は、会社財産を売却し資金化したか。できるだけ多くの残余財産を分配するためには、会社財産を有利に処分し資金化する必要がある。	－			
3．解散および清算人の登記						
	①	登記に必要な下記証憑等は準備できているか。 ・解散および清算人選任登記申請書 ・会社の定款（1．⑥の定款） ・清算人の選任を証する書面（1．⑤の株主総会議事録） ・清算人の就任承諾書（1．⑤の株主総会議事録に記載してもよい） ・代表清算人の就任承諾書（同上） ・（司法書士に依頼する場合）司法書士への委任状	商業登記法73①②			
	②	清算人は、会社の解散と清算人の選任登記を行ったか。なお、会社解散の日から2週間以内に登記を行う必要がある。	会926、928			
	③	②の解散登記後、遅滞なく必要事項を記載した届出書に履歴事項証明書を添付し、下記税務官庁へ提出したか。 ・所轄税務署 ・地方税事務所 ・市区町村	法法15、20 法令18			
	④	解散事業年度の確定申告書を提出したか。会社が解散した場合には、解散の翌日から2か月（確定申告書の提出時期の延長特例を受けた会社は3か月）以内に法人税の確定申告書を提出しなければならない。	法法74、75の2			
	⑤	上記④の確定申告書に次に掲げる書類を添付したか。 ・貸借対照表 ・損益計算書 ・株主資本等変動計算書 ・勘定科目内訳明細書 ・法人の事業等の概況に関する書類	法法74③ 法規35			

番号		チェック項目	関係諸法令等	チェック欄		
				はい	いいえ	非該当
4. 解散日現在の財産目録と貸借対照表の作成および株主総会の承認						
	①	清算人は、解散日現在の財産目録と貸借対照表を作成したか。なお、財産目録とは積極財産（資産）と消極財産（負債）の内訳明細のことであり、清算開始時における清算株式会社の状況を示すものである。また、貸借対照表とは、清算株式会社の財産の構成を概括的に示す概要表であり、財産目録に基づき作成する。	会492①会規145②③			
	②	（清算人会設置会社の場合）財産目録等は、清算人会の承認を受けたか。	会492②			
	③	清算人は、財産目録等（清算人会設置会社においては、上記②承認後のもの）を株主総会に提出し、承認を受けたか。	会492③			
5. 債権者保護手続き・債権取立て・財産換価処分・債務弁済						
	①	債権者に対して2か月を下回らない一定の期間内に、その債権を申し出るべき旨を官報に公告したか。なお、当債権申出期間中は債務の弁済をすることができない。	会499①、500①			
	②	知れたる債権者（清算株式会社の帳簿記録等から把握できている債権者）に対しては個別に催告したか。なお、官報による公告に加えて、定款で定めた日刊紙や電子公告によった場合でも、この個別催告を省略することはできない。また、債権申出期間内に債権の申出をしなかった債権者は清算から除斥されるが、知れたる債権者については、その申出がなかったとしても清算から除斥されることはない。	会499①②、503①			
	③	売掛金や貸付金といった金銭債権の回収等を通じ、会社財産を確保したか。（なお、解散日において弁済等の期日が未到来のものについては、清算開始が履行期の到来となるわけではないため、所定の決済期日まで待つ必要がある。）	－			
	④	在庫その他会社財産を処分し、資金化したか。債務の弁済をし、できるだけ多くの残余財産を分配するためには、会社財産を有利に処分し資金化する必要がある。	－			

番号	チェック項目	関係諸法令等	チェック欄		
			はい	いいえ	非該当
5. 債権者保護手続き・債権取立て・財産換価処分・債務弁済（つづき）					
⑤	上記5.①、②の債権申出の公告および知れたる債権者への通知の手続きを踏まえた上で、債権者に対し債務の弁済を行ったか。会社財産を換価し債務を弁済した後でなければ、残余財産を分配することはできない。	会502			
⑥	清算手続きの開始の一環として、従業員の解雇手続きを行ったか。従業員の解雇に当たっては、労働組合がある場合は労働組合、ない場合は各従業員（集団）に対し、その協議と事前説明が必要となる。なお、労働組合がある場合でも、非組合員には直接説明する必要があることに留意する。	労働契約法16			
6. 清算事務年度の株主総会					
①	解散決議から1年経過した場合、定時株主総会を開催したか。清算業務は可及的速やかに終えるのが望ましいが、債権の取立てや不動産の換価処分に時間を要した場合、清算が1年以上にわたる場合もある。したがって、清算手続き中に清算事務年度末を迎えた場合は、定時株主総会を開催する必要がある。	会296①、494①括弧書き			
②	清算事務年度の定時株主総会で下記事項を決議し報告したか。 ・決議事項：貸借対照表（その附属明細書を含む）の承認、清算人の選解任 ・報告事項：事務報告（その附属明細書を含む）	会478①三、479①、497①②③			
③	なお、上記株主総会で承認が必要な貸借対照表および事務報告については、招集通知に添付することは求められておらず、総会開催日の1週間前までに本店に据え置き、株主および債権者の閲覧に供する。	会496①②			
④	清算中の各事業年度終了の日から2か月以内に所轄税務署長に対して、上記確定した決算に基づき確定申告書を提出し、納付すべき法人税を納めたか。	法法74①、77			
⑤	上記④の確定申告書には、次に掲げる書類を添付したか。 ・貸借対照表 ・損益計算書 ・株主資本等変動計算書 ・勘定科目内訳明細書 ・法人の事業等の概況に関する書類	法法74③法規35			

番号		チェック項目	関係諸法令等	チェック欄		
				はい	いいえ	非該当
6．清算事務年度の株主総会（つづき）						
	⑥	清算事業年度における所得計算においては、継続企業を前提とした各種税法上の特典が認められなくなるが、その点に留意の上、申告書を作成したか。清算事業年度においては、具体的に次に掲げる事項の特典が認められなくなる。 ・租税特別措置法の準備金の繰入 ・法人税法または租税特別措置法の圧縮記帳 ・法人税法または租税特別措置法の特別勘定 ・収用換地等の所得の特別控除 ・留保金課税	－			
	⑦	残余財産がないと見込まれるときは、残余財産がないと見込まれることを説明する書類を上記⑤に追加で添付したか。残余財産がないと見込まれるときは、期限切れ欠損金の損金算入規定の適用を受けることができるが、その場合には当該書類の添付が必要となる。	法法59④ 法規26の6三			
7．残余財産の確定・分配						
	①	債権の取立ておよび債務の弁済並びに財産換価処分が結了し、残余財産の分配に必要な資金（現金）が確定しているか。なお、その金額に争いのある債務について弁済が完了していなくとも、その弁済に必要な財産を留保しておけば、その残額を分配することは可能である。	会502			
	②	分配するべき残余財産を計算するに当たり、清算結了に至るまでの諸手続きに要する事後的な費用は見積ったか。具体的には、下記のような事後的費用が想定される。 ・清算人に対する報酬 ・清算事務に要する諸費用（職員給与や事務所賃貸料など） ・残余財産分配のための諸費用（通信費・振込手数料など） ・株主総会開催のための諸費用（通信費・会場費など） ・清算結了に伴う登記関係諸費用（登録免許税など）	－			

番号	チェック項目	関係諸法令等	チェック欄		
			はい	いいえ	非該当
7．残余財産の確定・分配（つづき）					
③	残余財産が確定した日を含む事業年度においては、その確定した日の翌日から1か月以内に所轄税務署長に対して、確定申告書を提出し、納付すべき法人税を納めたか。ただし、その確定した日の翌日から1か月以内に残余財産の分配または引渡しが行われる場合には、その行われる日の前日までに確定申告書を提出する必要がある。また、残余財産が確定した日の属する事業年度については、提出期限の延長の特例の適用を受けることはできない。	法法74①②、法法75の2①			
④	上記③の確定申告書には、次に掲げる書類を添付したか。 ・貸借対照表　　・損益計算書 ・株主資本等変動計算書 ・勘定科目内訳明細書 ・法人の事業等の概況に関する書類	法法74③ 法規35			
⑤	残余財産を分配する場合は、清算人の決定（清算人会設置会社においては清算人会の決議）によって下記事項を定めたか。 ・残余財産の種類 ・株主に対する残余財産の割当てに関する事項 ・内容の異なる種類株式を発行しているときは、その種類株式の内容に応じて残余財産の割当てについて株式の種類ごとに異なる取扱いの内容	会504①②			
⑥	残余財産の分配時に（税務上の）みなし配当が発生した場合、株主に対してみなし配当金額を通知したか。具体的には下記2つの事項を株主に対して通知する必要がある。 ・金銭その他の資産の交付の基因となった事由とその事由の生じた日、同日の前日における発行済株式の総数 ・1株当たりのみなし配当金額	法令23④			
⑦	残余財産の分配については、源泉徴収税額控除後の金額を支払ったか。みなし配当については、通常の配当と同様に、支払時に源泉所得税および復興特別所得税を徴収する必要がある。	所法181、182二			
⑧	上記⑦で徴収した源泉所得税については、徴収した日の属する月の翌月10日までに納付したか。	所法181			
⑨	みなし配当の支払確定日から1か月以内に、配当とみなす金額に関する支払調書および支払調書合計表を、納税地を所轄する税務署長に提出したか。また、株主に対して支払調書を送付したか。	所法225①二、②二			

番号	チェック項目	関係諸法令等	チェック欄		
			はい	いいえ	非該当
8．決算報告の作成と株主総会の承認					
①	清算事務は終了したか（債務の弁済を終え、残余財産の分配も終えたか）。	－			
②	清算事務終了後、清算人は遅滞なく決算報告を作成し、これを株主総会に提出し承認を得たか。なお、清算人会設置会社においては、決算報告について、株主総会承認前に、清算人会の承認を得る必要がある。	会507①②③			
③	決算報告には、下記事項を記載する必要がある。 ・債権の取立て、資産の処分その他の行為によって得た収入の額 ・債務の弁済、清算に係る費用の支払いその他の行為による費用の額 ・残余財産の額（支払税額がある場合には、その税額および当該税額を控除した後の財産の額） ・一株当たりの分配額（種類株式発行会社にあっては、各種類の株式一株当たりの分配額）	会規150			
④	決算報告を承認した株主総会議事録を作成したか。	会507③			
9．清算結了登記					
①	登記に必要な下記証憑等は準備できているか。 ・株式会社清算結了登記申請書 ・上記8．④の株主総会議事録および決算報告 ・（司法書士に依頼する場合）司法書士への委任状	－			
②	上記8．の決算報告承認の日から2週間以内に清算結了の登記を行ったか。なお、当該登記の完了によって会社の法人格は消滅することとなる。	会929①			
10．税務官庁への清算結了の届出					
①	上記「9．清算結了登記」が終了し、清算手続きが完了した場合には、遅滞なく必要事項を記載した届出書に閉鎖事項証明書を添付し、下記税務官庁へ提出したか。 ・所轄税務署 ・地方税事務所 ・市区町村	法法15、20 法令18			

コラム① 法人の解散件数と設立件数

　2023年5月に法務省から公表された「登記統計－商業・法人」によりますと、法人の解散登記件数は2022年で3万6,489件とされています。同年における新規設立件数が12万9,548件ですから、新たに生まれる法人数に対して解散する法人の割合が3割近くになっていることがわかります。

年次	解　散		設　立	
	件数	推移率	件数	推移率
2013	36,938	100.0	96,659	100.0
2014	37,495	101.5	106,644	110.3
2015	39,338	106.5	111,238	115.1
2016	41,317	111.9	114,343	118.3
2017	40,638	110.0	118,811	122.9
2018	40,295	109.1	116,208	120.2
2019	41,719	112.9	118,532	122.6
2020	36,842	99.7	118,999	123.1
2021	36,957	100.1	132,343	136.9
2022	36,489	98.8	129,548	134.0

第1章

会社清算の法律

Q1 会社の解散とは何か

解散という言葉からは、明日にも会社が雲散霧消してしまうようなイメージが先行するのですが、必ずしもそうではないようです。会社の解散について具体的に教えてください。

A1 解説

1 会社の解散＝会社の消滅ではない

　会社が解散すると聞きますと、会社がたちまち消えてなくなるような印象を持たれるかもしれません。しかし、会社の解散とは、会社の法人格を消滅させるために必要な清算手続きに移行するための最初のステップ、もしくは法律事実のことをいいます。つまり、会社の法人格は解散によって直ちに消滅するわけではなく、まずは清算手続きに移行し、清算の目的の範囲内で会社は存続しますから、会社の解散＝会社の消滅ではないことを理解する必要があります。

2 会社とは何か

　会社とは何かという質問に対して一言で答えるのは少し難しいのですが、ここでは会社を「営利の追求を目的として設立された社団（つまり人の集まり）」とします。
　この会社が経済社会において広く経営活動を展開し、所期の目的である営利の追求を図っていくためには、われわれ生身の人間（法律的にいうと自然人）と同様に権利義務の主体となることが法律関係の安定という観点からは必要となります。そこで、法律は会社に対して、その目的の範囲内において特別に人格を付与する工夫をしました。これが法人格であり、会社は法人格を有することによって取引の主体となり契約関係の当事者となって事業活動を円滑に進めていくことができるわけです。

3 法人格の解消

　このように事業活動の円滑な展開を目的として工夫された法人格ですが、会社が事業活動を停止するのであれば、もはやこのような便利なツールとしての法人格を与え

ておく必要はありません。その場合、どのようにして法人格を解消していくのか、その手続きについて明らかにしておく必要があります。

この法人格の解消は清算手続きという形で進めていくことになりますが、具体的には、次のような手順を踏むことになります。

順序	手順の名称	手順の内容	根拠条文
①	会社の財産の調査	解散時における財産の現況調査をすること	会492①
②	現務の結了	解散前の会社の業務の後始末をすること	会481一
③	財産の換価	会社財産を売却し資金化すること	－
④	債権の取立て	売掛金や貸付金といった債権を回収すること	会481二
⑤	債務の弁済	銀行などからの借入金を返済すること	会481二
⑥	残余財産の分配	残余財産があれば出資者に分配すること	会481三

このような一連の清算手続きを経て会社は法人格を喪失し、名実ともに消滅することになります。

したがって、会社の解散は会社の清算手続きに着手するための第1ステップとして理解しておく必要があります。つまり、会社の解散とは、会社の法人格を消滅させる原因となる法律事実なのです。

なお、株式会社が解散から清算を経て、その法人格を喪失するまでの一連の流れを示しますと、次のようなイメージになります。

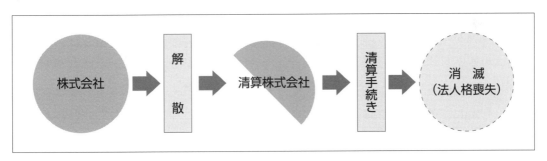

Q2 株式会社の解散事由について

会社はどういった場合に解散するのでしょうか。場合によっては、強制的に解散させられるということもあるのでしょうか。

1 株式会社の解散事由

株式会社は、次に掲げる事由によって解散します（会471、会472）。

①	定款で定めた存続期間の満了
②	定款で定めた解散の事由の発生
③	株主総会の特別決議（会309②十一）
④	合併（合併により当該株式会社が消滅する場合に限る）
⑤	破産手続開始の決定
⑥	会社の解散命令又は会社の解散判決
⑦	休眠会社のみなし解散

①と②のケースは会社の設立段階から予定されている事由です。企業とは、業（なりわい）を企（くわだてる）ことに他なりませんから、その企ては所定の期限が到来したり、所期の目的が達成されれば、いったんピリオドを打つのが本来の姿ともいえます。しかし、その一方で、今日の企業はゴーイング・コンサーンともいわれるように永続的に成長発展することが前提とされていますから、その意味ではやや非現実的な事由といってもよいでしょう。

これに対して、③の株主総会の特別決議による解散が一般的な解散事由といえます。会社が本来の目的を果たし得なくなったとき、自ら引き際を決定するという意味では当然の事由ともいえましょう。あるいは、経営環境が厳しさを増す中で、会社をリセットして新たな展開を意図する④の事由や、やむを得ない選択としての⑤の事由による解散といったケースも最近では少なくないようです。

こうした自ら引き際を決定する事由に対して、⑥の事由は外的な強制力で会社の解散が指示される場合で、具体的には次のようなケースとなります。

第1章　会社清算の法律

---

(1) 会社の解散命令（会824①）

　裁判所は、次に掲げる場合において、公益を確保するため会社の存立を許すことができないと認めるときは、法務大臣又は株主、社員、債権者その他の利害関係人の申立てにより、会社の解散を命ずることができます。

一　会社の設立が不法な目的に基づいてされたとき

二　会社が正当な理由がないのにその成立の日から1年以内にその事業を開始せず、又は引き続き1年以上その事業を休止したとき

三　業務執行取締役、執行役又は業務を執行する社員が、法令若しくは定款で定める会社の権限を逸脱し若しくは濫用する行為又は刑罰法令に触れる行為をした場合において、法務大臣から書面による警告を受けたにもかかわらず、なお継続的に又は反覆して当該行為をしたとき

(2) 会社の解散の訴えによる解散判決（会833①）

　次に掲げる場合において、やむを得ない事由があるときは、総株主（株主総会において決議することができる事項の全部につき議決権を行使することができない株主を除く。）の議決権の10分の1（これを下回る割合を定款で定めた場合にあっては、その割合）以上の議決権を有する株主又は発行済株式（自己株式を除く。）の10分の1（これを下回る割合を定款で定めた場合にあっては、その割合）以上の数の株式を有する株主は、訴えをもって株式会社の解散を請求することができます。

一　株式会社が業務の執行において著しく困難な状況にいたり、当該株式会社に回復することができない損害が生じ、又は生ずるおそれがあるとき

二　株式会社の財産の管理又は処分が著しく失当で、当該株式会社の存立を危うくするとき

2　休眠会社のみなし解散

　会社が長期間にわたって休眠状態にあり、経済社会との関わりを絶っているような状況にありますと、法律は付与した法人格を半ば強制的に剥奪することを視野に入れています。これが⑦の休眠会社のみなし解散です。ここで、休眠会社とは、株式会社であって、その会社に関する登記が最後に行われた日から起算して12年を経過したものをいいます。このような会社が、本店の所在地を管轄する登記所に事業を廃止していない旨の届出をすべき旨の公告（および公告があった旨の登記所の通知）があったにもかかわらず、公告の日から2か月以内に必要な届出をせず登記もしなかったときは、その会社はその2か月の期間の満了の時に解散したものとみなされます（会472①②）。この対象となる休眠会社に対しては、令和元年10月10日に管轄登記所から法務大臣による公告が行われた旨の通知書が発送されました。公告から2か月以内、つ

23

まり令和元年12月10日までに「まだ事業を廃止していない」旨の届出がなく、役員変更等の登記も申請されなかった休眠会社については、同日をもって解散したものとみなされて職権による解散登記が行われました。今後も毎年１回、法務大臣による官報公告が行われます。12年もの長きにわたって遵法精神を欠いた会社に対して、法律は解散を擬制して退場を求めるという趣旨です。旧商法の時代は５年とされていましたが、会社法で取締役の任期が最長10年に伸長されたことに合わせて12年という年数が採用されました。

　なお、会社法施行後も引き続き取締役の任期規制がない特例有限会社については、このみなし解散制度の適用はありません（会整32）。

　また、合名会社や合資会社などの持分会社については、社員が欠けたことが解散事由になるとされています（会641四）。

3　解散に関する留意点

　株式会社は解散によって清算手続きに入ることは既に述べたとおりですが、解散した会社は清算の目的の範囲内でのみ存在することになりますから（会476）、合併の存続会社や吸収分割の承継会社となることはできず（会474）、また株式交換や株式移転、株式交付の当事会社となることもできません（会509①三）。

　また、解散の事実については、前述の解散事由の④～⑦の場合を除いて登記が必要です（会926、976一）（**Q14**参照）。

　さらに、現実的かどうかはともかく、前述の①～③の解散事由によって解散した株式会社が清算を結了するまでに株主総会の特別決議によって会社の継続を決定しますと、その会社は解散前の状態に復帰し、権利能力を回復することになります（会473）。解散したものとみなされた休眠会社についても、その後３年以内に限って同様の手続きによって会社を継続することができます（会473カッコ書）（**Q12**参照）。

4　持分会社の解散事由

　持分会社の解散事由についても、株式会社の解散事由とほぼ同様とされていますが、持分会社は次の事由によって解散するとされています（会641）。

	持分会社	株式会社
①	定款で定めた存続期間の満了	同左
②	定款で定めた解散の事由の発生	同左
③	総社員の同意	株主総会の特別決議 （会309②十一）
④	合併（合併により当該会社が消滅する場合に限る）	同左
⑤	破産手続開始の決定	同左
⑥	会社の解散命令又は会社の解散判決	同左
⑦	社員の欠乏	―
	―	休眠会社のみなし解散

　解散の効果についても、株式会社とほぼ同様であり、会社の継続も認められています（会642）。

Q3 会社を解散しようと決めたとき①

新たな事業に夢を託して会社を立ち上げて必死で経営してきたにもかかわらず、所期の目的を果たせないまま会社の幕引きを考えなければならないことも少なくありません。このように会社の幕引きを考えたときに、まず何から手を付けなければならないのでしょうか。

A3 解説

1　会社の語源

会社のことを英語で「COMPANY」と言いますが、これは「COM」が「together」で、「PANY」が「bread」を表しています。つまり、「一緒にパンを食べよう」という意味であり、会社というのは複数の人間が協働することを通じて利益を確保し、そして豊かになるための一つの道具というわけです。

2　会社が役割を終えるとき

したがって、豊かになれてこその道具ですから、諸般の事情で利益を確保するという当初の目的を達成することが難しくなれば、道具としての役割は失われたということになります。そこで、役割を終えた道具については片付けなければなりません。役割が終わったからといって放置しておいて良いというわけではないのです。

解散事由については既に説明したところですが（**Q2**）、自らの意思で会社という道具を片付ける、つまり解散をするにあたっては、株主総会の特別決議が必要になります。そして、株主総会に先だって、まずは会社の業務執行機関である取締役（会）が解散について決議することから始めます。

3　取締役会における解散決議

会社を株主総会の特別決議によって解散するときは、まず株主総会を招集する手続きから始めなければなりません。株主総会の日時および場所、会議の目的事項（議題）等を定める必要があります（会298①、会規63）。取締役会設置会社の場合は、取

締役会で招集の決定に係る決議を行います。

　そこで、次に取締役会議事録のひな型を掲げておきますので、これを参考にして手続きを進めてください。

取締役会議事録

１．開催日時　令和×年１月×日　午前10時から午前11時
２．会　　場　当会社本店会議室
３．出席取締役　　ひかり一郎（議長および議事録作成者）
　　　　　　　　　ひかり大介
　　　　　　　　　のぞみ太郎
４．出席監査役　　のぞみ次郎
５．決議事項
第１号議案　臨時株主総会招集の件
　議長は、下記の要領により、当社臨時株主総会を開催したい旨を説明し、その承認を求めたところ、全員の賛成をもって承認可決された。

記

１．日　　時　令和×年１月20日　午前11時から
２．場　　所　当会社本店会議室
３．株主総会の目的事項
　　　第１号議案　当会社解散の件
　　　第２号議案　清算人選任の件
　　　第３号議案　定款の一部変更の件
４．その他招集手続に関する事項
　本総会に関し、株主は議決権を有する他の株主１名に委任してその議決権を行使することができるものとする。

　なお、株主総会の目的事項に関する議長の説明の概要は次のとおりであった。
第１号議案　当会社解散の件
　議長より、当会社の経営状況を鑑みると解散せざるを得ない旨の説明があり、当会社解散を臨時株主総会に提案したい旨の提案があった。
第２号議案　清算人選任の件
　議長より、別紙のとおりの清算人候補者を推薦したい旨の説明があった。
第３号議案　定款の一部変更の件
　議長より、別紙のとおり定款を変更したい旨の説明があった。
　以上の決議内容を明確にするため、取締役こだま一郎はこの議事録を作成し、出席取締役および出席監査役の全員において記名捺印する。

令和×年１月×日

　　　　　　　　　　　　　ひかり商事株式会社　取締役会
　　　　　　　　　　議長　代表取締役　　こだま一郎　㊞
　　　　　　　　　　　　　取　締　役　　こだま大介　㊞
　　　　　　　　　　　　　取　締　役　　のぞみ太郎　㊞
　　　　　　　　　　　　　監　査　役　　のぞみ次郎　㊞

（注１）文中の「別紙」については省略しています。
（注２）このひな形は、書面投票や電子投票などを想定していませんので議決権行使書面についての記述はありません。

Q4 会社を解散しようと決めたとき②

株主総会で解散決議を行って、株式会社を解散したいと考えています。株主総会の招集手続きや決議事項等について留意しておくことがありましたらご教示ください。

A4 解説

1 株主総会決議による解散

　解散事由は定款で自由に定めることができます。例えば、「当会社は××に関する業務が完了したときに解散する」とか「×年×月×日に解散する」などが考えられますが、こうした解散事由を定めていることは稀ですので、一般的には株主総会の決議によって解散すると考えてよいでしょう。解散決議は、定時株主総会でも臨時株主総会でも決議可能ですが、決議要件としては特別決議が求められています（会471三、309②十一）。会社が解散するかどうかは株主の立場からはとても重要なことですから、解散決議を特別決議によることとした法律の考え方は肯けるところです。

　なお、特別決議とは、株主総会において議決権を行使することができる株主の議決権の過半数（3分の1以上の割合を定款で定めた場合にあっては、その割合以上）を有する株主が出席し、出席した株主の議決権の3分の2（これを上回る割合を定款で定めた場合にあっては、その割合）以上に当たる多数をもってする決議のことをいいます（会309②）。

2 株主総会の招集通知

　株主総会を開催するにあたっては、原則として所定の招集手続きに則る必要があります。まず、株主に対して招集通知を発送します。招集通知は原則として株主総会の日の2週間前までに発送しなければならず（会299①）、この招集通知には、株主総会の日時および場所や総会の目的事項（議題）等を記載する必要があります（会299④）。ここで、2週間前までに発送するとは、発送日と総会日との間に最低でも14日が必要になるという意味です。ただし、非公開会社については1週間前までに、また取締役

会を置いていない会社については定款に定めがあることを条件に、さらに短い期間前までに発送すればよいことになっています（会299①カッコ書）。また、株主全員の同意がある場合は、招集通知そのものを発送しなくてもよいことになっていますので（会300）、全員出席総会であれば、招集通知そのものが不要になります。さらに、招集通知は、取締役会設置会社においては書面（または株主の承諾を得たうえで電磁的方法による通知）でしなければなりませんが（会299③）、非公開会社で、かつ取締役会設置会社以外の株式会社においては、書面または電磁的方法による議決権行使を認めた場合を除いて書面によらないことができますので、口頭はもちろん、電話やメールでも可能ということになります。

　参考までに招集通知のひな型を以下に掲げておきます。

ひかり商事株式会社

代表取締役　ひかり一郎

臨時株主総会招集ご通知

　拝啓　時下ますますご清栄のこととお喜び申し上げます。

　さて、当社臨時株主総会を下記のとおり開催いたしますので、ご出席下さいますようご通知申し上げます。

　なお、本総会の付議事項には、その決議に定足数を必要とする議案がございますので、当日ご出席願えない場合は、お手数ながら議案の概要をご検討下さいまして、同封の委任状用紙に賛否をご表示いただき、ご押印（お届け印）のうえ、折り返しご送付くださいますようお願い申し上げます。

敬具

記

１．日　時　令和×年１月20日（月）　午前11時

２．場　所　当会社本店会議室

３．会議の目的である事項

　　決議事項

　　　第１号議案　当会社解散の件

　　　第２号議案　清算人選任の件

　　　　当社解散に伴い、清算人の選任をお願いするものであります。

　　　　なお、清算人の候補者は次の通りです。

氏　名	略　歴	その他
ひかり一郎	××××××	××××××
ひかり大介	××××××	××××××

　　　第３号議案　定款の一部変更の件

3 決議事項と決議方法

　株主総会で決議しなければならない事項は、会社を解散させる旨の決議と清算人の選任に関する決議で、さらに清算会社に移行することに伴う定款の一部変更についても決議しておくことが必要です。会社を解散させる旨の決議および定款の変更決議の可決要件は、その株主総会において議決権を行使することができる株主の議決権の過半数（3分の1以上の割合を定款で定めた場合にあっては、その割合以上）を有する株主が出席し、出席したその株主の議決権の3分の2（これを上回る割合を定款で定めた場合にあっては、その割合）以上に当たる多数の賛成を得ること、つまり特別決議が必要です（会309②十一）。

　これに対して、清算人の選任に関する決議の可決要件は、定款に別段の定めがある場合を除き、議決権を行使できる株主の議決権の過半数を有する株主が出席し、出席した株主の議決権の過半数の賛成を得ること、つまり普通決議で構いません。なお、清算人の員数については原則として1人以上を置けばよく（会477①）、清算人会を設置する場合は3人以上を置かなければなりません（会478⑧、331⑤）。

4 株主総会議事録のひな型

　会社の解散という意思決定は、会社のおかれた状況にタイムリーに対応して行われるはずですから、臨時株主総会の場で決議されることになるのが一般的だと思われます。

　また、解散決議と同時に清算人の選任も行われるのが通例ですので、これらを加味した臨時株主総会の議事録を次ページにひな型として示しておきます。議事録の作成にあたっては、会社法施行規則第72条の規定に留意してください。ちなみに、同条は取締役の議事録への署名（記名押印）を求めていませんが、会社が定款で取締役の署名（記名押印）を必要としている場合には、それに従うことになります。

　なお、このひな型では清算人を2人選任していますが、代表清算人を特に選任していないため、2人ともが代表清算人となります。2名のうちのいずれかを代表清算人とする場合には、総会の議案に代表清算人選任の件を設けて選定するか、定款に「代表清算人は清算人の互選によって選定する」旨の規定があれば、株主総会終了後に清算人の互選によって選定することになります。

第1章　会社清算の法律

臨時株主総会議事録

　令和×年1月20日午前11時00分から、当会社本店会議室において臨時株主総会を開催した。

当会社の株主総数	5名
発行済株式の総数	100株
議決権を行使することができる株主の数	5名
議決権を行使することができる株主の議決権の数	100個
本日の出席株主数（委任状による者を含む）	5名
この持株数	100株
出席株主の有する議決権の数	100個

　出席取締役　　ひかり一郎（議長および議事録作成者）
　　　　　　　　ひかり大介
　　　　　　　　のぞみ太郎
　出席監査役　　のぞみ次郎

　上記のとおりの株主の出席があったので、本総会は適法に成立した。よって、定款の規定に基づき代表取締役　ひかり一郎　は議長となり、議長席に着き、開会を宣し、直ちに議事に入った。

第1号議案　当会社解散の件

　議長は、当会社の経営状況を鑑みると解散せざるを得ない旨を述べ、その詳細を克明に説明したうえ、その賛否を議場に諮ったところ、株主から今日の経営状況に至った責任の所在について意見があったものの、満場一致をもって令和×年1月25日付をもって解散する旨を可決確定した。

第2号議案　清算人選任の件

　議長は、第1号議案で解散の決議が成立したことに伴い清算人の選任が必要であることを述べ、その候補者として解散前の取締役である　ひかり一郎　ならびに　ひかり大介　を選任したい旨を述べ、その賛否を議場に諮ったところ、満場一致をもってこれを承認可決した。なお、被選任者は、席上でその就任を承諾した。

第3号議案　定款の一部変更の件

　議長は、第1号議案で解散の決議が成立したことに伴い定款を一部変更する必要があることを説明し、別紙の内容について賛否を議場に諮ったところ、満場一致をもってこれを承認可決した。

　以上をもって本日の議事を終了したので、議長は、閉会を宣し、午前11時30分に散会した。
　上記決議を明確にするため、この議事録を作成し、議長および出席取締役ならびに出席清算人は次に記名・押印する。

　　令和×年1月20日

　　　　　　　　ひかり商事株式会社　臨時株主総会
　　　　　　　　　　議長・代表取締役・清算人　　ひかり一郎　㊞
　　　　　　　　　　出席取締役・清算人　　　　　ひかり大介　㊞
　　　　　　　　　　出席取締役　　　　　　　　　のぞみ太郎　㊞

なお、文中の別紙の内容についてはＱ7の3「定款の変更事例」を参照してください。

5　株主総会によらない解散決議

　株式会社の解散は株主にとっての一大事ですから、その決議は特別決議によらなければならないことは既に説明したとおりです（会309②十一）。特別決議とは、総株主の議決権の過半数または定款に定める議決権を有する株主が出席し、その議決権の3分の2以上の多数で決める議決方法です（会309②）。

　このような特別決議が求められる解散決議ですから、決議を行うべき株主総会を省略してもよいという話は、にわかには信じがたいのですが、お聞き及びのとおり省略できるケースもあります。

6　書面決議による解散

　会社法には、議決権を行使できる株主の全員が書面（または電磁的記録）によって、提案された内容に同意の意思表示をした場合には、その提案を可決する旨の株主総会決議があったものとみなす規定が置かれています（会319①）。一般に書面決議やみなし決議といわれる方法ですが、会社と緊密な関係にある特定の株主だけから構成される閉鎖的な会社において、株主総会の開催と運営という手続きを簡素化する趣旨から設けられた規定です。そして、この書面決議は普通決議のみならず特別決議の場合であっても適用することが可能ですから、解散決議について書面決議によることも差し支えありません。法の趣旨に則って、閉鎖的な株式会社が臨機応変に解散決議を行うという意味では、活用できる制度ということもできます。

7　書面決議によった場合の議事録

　書面決議は、取締役または株主が提案した事項について、議決権を行使することが可能な株主全員が、①提案の内容、②当該提案に同意する旨、を記載した書面に署名して成立します。しかし、株主以外の者にとっては、決議が会議を開催して行われたのか、株主全員の同意によって行われたのかが明らかではないことから、株主総会の決議があったものとみなされた場合にも議事録の作成が要求されています（会規72④）。もっとも、会議が開催された場合と異なり、株主総会が開催された日時や場所、あるいは株主総会の議事の経過や結果といったような記載事項はありえませんし、株主総会の議長が存するということもありませんから、議長の氏名は記載事項とはされていません。すなわち、株主総会の決議があったものとみなされた事項の内容とその提案者、株主総会の決議があったものとみなされた日および議事録の作成に係る職務を行った取締役の氏名を記載するにとどまることになります。

　以下に書面決議によった場合の株主総会議事録の一例を掲げておきます。

第1章　会社清算の法律

書面決議による臨時株主総会議事録

1．提案者　　代表取締役　ひかり一郎

2．株主総会の決議があったものとみなされた事項の内容
　⑴　当会社解散の件
　　　　当会社を令和×年1月25日付をもって解散すること
　⑵　清算人選任の件
　　　　清算人として、ひかり一郎　を選任すること
　⑶　定款の一部変更の件
　　　　当会社の定款を別紙の通り一部変更すること
3．株主総会の決議があったものとみなされた日
　　令和×年1月20日

　以上のとおり、会社法第319条第1項の規定により株主総会の決議があったものとみなされたので、これを証するため、取締役　ひかり大介　がこの議事録を作成し、次に記名・押印する。

　令和×年1月20日

ひかり商事株式会社　臨時株主総会
取締役　　　ひかり大介　㊞

Q5 清算人の選任と役割

清算事務を執行する清算人の選任手続きや清算株式会社との関係等について教えてください。

A5 解説

1 清算人の選任

解散時の取締役がそのまま清算人にスライドすることが多いと思われますが、株主総会決議で別の人を清算人に選任することも可能です（会478）。

清算人となる者	①	取締役（下記②または③がある場合を除きます）
	②	定款で定める者
	③	株主総会の決議によって選任された者

万が一、①から③によって清算人となる者がない場合には、裁判所が利害関係人の申立てを受けて清算人を選任することになります。この利害関係人とは、一般的には株主や債権者、あるいは監査役等が考えられます。裁判所は中立性を確保する観点から、原則として弁護士を選任しているようです。

2 清算人の資格

清算人は誰でもなれる訳ではなく、取締役や監査役と同じように一定の資格制限があります。会社の清算事務を滞りなく遂行する手腕に期待して就任を要請する以上、一定の資格制限を設けたことは当然といえます。具体的には次に掲げる者が清算人になることができないとされています（会478⑧、331①）。

①	法人
②	会社法等の規定に違反し、その他関係法令に規定されている罪を犯し、刑に処せられ、その執行が終わり、またはその執行を受けることがなくなった日から2年を経過しない者

③	②に規定する法律の規定以外の法令の規定に違反し、禁錮以上の刑に処せられ、その執行を終わるまで、またはその執行を受けることがなくなるまでの者（刑の執行猶予中の者は除きます）

　また、上記の資格制限のほかに、解散前の会社と同様に兼任禁止規定が存在しており、清算株式会社の監査役は、その清算株式会社またはその子会社の清算人を兼ねることができません（会491）。これは、監査役は清算人の業務を監督する立場にあることから設けられた規定です。

3　清算人と会社との関係

　清算人の立場は取締役とほぼ同一とされていますが、職務の範囲が清算事務に限られることや任期が法定されておらず、通常は清算結了の時までとされることなど、清算株式会社ならではの特徴があります。また、清算人と会社との関係も委任に関する規定に従いますから、取締役と同様に善管注意義務を負い（民法644）、さらに忠実義務を負うとともに競業取引、利益相反取引および報酬の規制に服することになります（会482④）。清算株式会社に対する損害賠償責任も、取締役とほぼ同様です（会486）。もっとも、清算株式会社においては剰余金の配当等が行われませんから、違法配当といった責任問題が生じることはないでしょう。

4　代表清算人

　清算人は清算株式会社を代表する者であり、複数の場合には各自がそれぞれ清算株式会社を代表するものとされていますが（会483①②）、定款の定めや株主総会の決議によって清算人の中から代表清算人を選ぶこともできます（会483③）。

代表清算人の選任方法	
①	定款
②	定款の定めに基づく清算人の互選
③	株主総会の決議

　ただし、解散前の株式会社の代表取締役が引き続いて清算人になった場合は、従前の代表取締役がそのまま代表清算人にスライドすることになります（会483④）。

5　清算人会の設置は任意

　旧商法では、清算人会は必須の機関とされ、清算人会を構成する清算人の員数にも制限がありませんでした。これは、旧商法が清算人会を取締役会と並列のものと考え、

35

清算人会を清算株式会社の意思決定機関と位置付けていたことによります。しかし、会社法では、清算人会を置く清算株式会社または会社法の規定により清算人会を置かなければならない株式会社を清算人会設置会社と定義し（会478⑧）、定款の定めによって清算人会を置くことができるとして、その設置を任意としました（会477②）。これは、清算人の職務は必ずしも取締役と同一ではなく、また清算人を少数にして報酬等の費用を抑制することは、会社債権者や株主の利害と一致すると考えたためです。

区　分	解散前の株式会社	清算株式会社	摘　要
	取締役会	清算人会	
旧商法	○	○	両者はセット
会社法	○	×	清算人会の設置は任意

6　清算株式会社の意思決定機関

　清算株式会社の業務は、清算人の過半数によって意思決定が行われ、各清算人が執行するという形で行われますが、定款で清算人会を設置する旨を定めた場合には、3人以上の清算人が必要で、代表清算人を定めなければなりません。解散時の取締役がそのまま清算人にスライドした場合は代表取締役も代表清算人にスライドするということになっています（会483④）。

　そして、清算人会設置会社は取締役会設置会社と同様に、清算人会で業務に関する意思決定を行い、代表清算人が業務執行と代表行為を行うことになります。清算人会の運営も取締役会とほぼ同様です。

7　解散前の株式会社が取締役会設置会社であった場合

　ところで、ご質問にあるように、解散前の株式会社が取締役会設置会社であった場合は、清算株式会社にも清算人会を置かなければならないと思われがちですが、それは昔の考え方で、会社法ではそのような紐付きの関係は求められていません（会477⑦）。したがって、清算株式会社に清算人会を置くのであれば、取締役会の設置に係る定款の定めの有無にかかわらず、あくまでも清算株式会社の機関設計として清算人会の設置の是非を判断すればよいことになっています。

8　清算株式会社が監査役会設置会社の場合

　一方、監査役会を置く旨の定款の定めがある株式会社は、清算人会を置かなければならないとされています（会477③）。これは、会社法においては、解散前の株式会社

にあっては取締役会を置かなければ監査役会を置くことができないとされていることから（会327①二）、清算株式会社においても清算人会の設置と監査役会の設置をセットのものとして考えたためです。

	取締役会設置	監査役会設置
解散前の株式会社	セット	

	清算人会設置	監査役会設置
清算株式会社	セット	

9　清算人は1人で十分

　清算人の員数は1人でも足ります。たとえ、解散前に取締役会設置会社として3人以上の取締役が選任されていたとしても、解散時に定款で清算人会の設置を定めず、株主総会で清算人を1人だけ選任したとしても問題はありません。さらに、大会社や公開会社であっても清算人会を設置する義務はありませんので（会477⑦）、清算人を少数にして清算人報酬というコストを最小限に抑え、より確実な弁済とより多くの残余財産分配に努めることは、会社債権者や株主からは歓迎されると思います。したがって、他に積極的な理由がない限り、清算人は1人で十分ということができます。

Q6 清算手続きの具体的内容

株式会社は解散を決議した後に清算手続きに入るとのことですが、この清算手続きとは具体的にはどのような手続きと理解すればよいでしょうか。
また、持分会社の場合も株式会社と同様と考えてよいでしょうか。

A6 解説

1 株式会社における清算のパターン

　既に説明したように、解散によって会社がすぐに消滅するわけではなく、後始末のための清算をしなければなりません。具体的には、現務の結了から債権の取立てと債務の弁済、そして残余財産の分配といった文字通りの後始末をすることになります。

　ところで、株式会社では、株主間の利害が対立する場面があることや債権者に対する責任財産が会社財産に限られることなどから、清算は法律の定める手続きに則って行わなければなりません。合名会社や合資会社等の持分会社において任意清算が認められていること（会668～671）とは対照的といえます。

　また、株式会社の清算については、通常清算のほかに裁判所の監督に服する特別清算（会510～574）があります。通常清算が、債権者に対して債務を完済した上で株主に対しても残余財産を分配することのできる株式会社が行う手続きであり、文字通り会社の首尾良い後始末であるのに対して、特別清算は清算そのものの遂行に著しい支障を来すような事情や債務超過が疑われる場合に開始される倒産処理手続きの一つと位置付けられ、いわば会社の拙い後始末ともいえましょう。

　清算の類型についてまとめてみますと次のようになります。

清算の類型		説　　明	根拠条文
任意清算		合名会社や合資会社等の持分会社において認められている方法	会668～671
法定清算	通常清算	株式会社の首尾良い後始末	会475～509
	特別清算	株式会社の拙い後始末	会510～574

2 清算株式会社と清算事務

　解散前の株式会社は解散決議によって清算手続き中の会社となります。これを会社法では、清算株式会社といいますが、一般的には清算中の会社、もしくは単に清算会社ということも多いようです。この清算株式会社の権利能力は、清算の目的の範囲内に限られますから（会476）、営業取引ができないことは言うまでもありませんが、株式や社債の発行は可能ですし（会108③、487②一、489⑥五）、功労のあった者に対して慰労金を払うことなども可能とされています。

　一方、清算株式会社の清算事務については清算人が行うことになります。清算人が行うべき清算事務を要約しますと次のとおりです。

	清算事務の名称	清算事務の内容	根拠条文
(1)	会社の財産の調査	解散時における財産の現況調査をすること	会492①
(2)	現務の結了	解散前の会社の業務の後始末をすること	会481一
(3)	財産の換価	会社財産を売却し資金化すること	－
(4)	債権の取立て	売掛金や貸付金といった債権を回収すること	会481二
(5)	債務の弁済	銀行などからの借入金を返済すること	
(6)	残余財産の分配	残余財産があれば出資者に分配すること	会481三

3 清算事務の内容

清算事務の内容について、もう少し詳しく説明しますと次のとおりです。

(1)	会社の財産の調査	清算人は清算株式会社の財産の現況を調査しなければなりません。これは、清算に先立って会社の現状を的確に把握し、その後の清算事務を円滑に進めるという趣旨から必要とされている事務です。そして、解散日つまり清算株式会社となった日における財産目録と貸借対照表を作成し、株主総会の承認を受ける必要があります。かつては、これらの書類が株主総会で承認された後、裁判所に提出する必要もありましたが、手続き簡素化の観点から会社法では不要となりました。
(2)	現務の結了	清算人は現務を結了させなければなりません。現務とは、解散前の株式会社が行っていた業務のことであり、結了とは終結・終了という意味です。つまり、株式会社が解散前に行っていた業務の後始末をしなければならないということであり、進行中の業務を完結させ、取引関係に決着をつけることになります。

(3)	財産の換価	債務の弁済をし、できるだけ多くの残余財産を分配するためには、会社財産を有利に処分し資金化することが必要です。資金化する方法は、いわゆる任意売却で差し支えありませんが、事業譲渡については株主総会の特別決議を必要とすることや（会467①一、二、309②十一、491）、親会社・大株主に対して売却する場合は、利益相反の問題にも留意する必要があります。
(4)	債権の取立て	売掛金や貸付金といった債権を回収することで、担保権を実行することや代物弁済を受けること等あらゆる回収の手立てを講じることが想定されています。ただし、解散日において弁済等の期日が未到来のものについては、清算の開始が履行期の到来となるわけではありませんので、所定の期日まで待つ必要があります。換価を急ぐ場合には債権譲渡の方法によることも考えられます。
(5)	債務の弁済	株式会社の場合、債権者にとっては会社財産だけが頼りになるわけですから、債権者保護の観点から債務の弁済については以下の手続きが必要になります（会499）。 ①　債権申出の公告（申出期間は２か月以上を確保すること） ②　知れている債権者への個別通知 　そして、①の債権申出期間中は債務の弁済をすることはできません（会500①）。
(6)	残余財産の分配	会社の財産を換価し債務を弁済した後でなければ、残余財産を分配することはできません（会502）。ただし、争いのある債務の弁済に必要な財産のみを留保して他の財産を分配することは可能です（会502ただし書）。 　残余財産の分配は金銭で行うのが原則です。有価証券や貴金属といった現物で行うことも可能ですが（会504①一）、その場合は株主に金銭分配請求権を付与する必要があります（会505、506）。これは、株主に換金のリスクを負わせることを避ける趣旨です。

4　持分会社の清算

　持分会社の清算手続きには、法定清算と任意清算の２つの手続きがあります。法定清算という用語は任意清算との対比で使われる用語であり、会社法上の用語ではありませんが、この法定清算の手続きについては、ほぼ株式会社の清算手続きと同様であり、清算人の職務や責任等についても株式会社の場合とほぼ同様の規定が置かれています。株式会社の場合と異なる点は、法人が清算人になれること（会654）や特別清算に係る規定がないことなどです。

　一方、任意清算は持分会社（合同会社は除きます）特有の清算手続きであり、この

任意清算による場合は、持分会社の法定清算の規定をすべて適用除外しています（会668②）。この任意清算は、例えば、総社員の同意によって解散した場合に、定款または総社員の同意によって会社財産の処分方法を定めることができる手続きのことをいいます（会668①）。したがって、清算人を選任する必要もありません。ただし、任意清算ということで無条件に財産の処分方法が定められますと、債権者に損害を与えるおそれがあるため、債権者には異議を述べる権利が与えられています（会670①）。

　なお、合同会社については任意清算を容認していませんが（会668①）、それは債権者保護の観点からです。合名会社や合資会社には無限責任社員が存在しますので、いざとなればそれらの社員の責任を追及することができます。しかし、合同会社の社員構成はすべて有限責任社員ですので、債権者は会社財産からしか弁済を受けることはできません。したがって、合同会社は法定清算によることしか認められていないのです。

		法定清算	任意清算	参考：無限責任社員の有無
株式会社		○	×	×
持分会社	合名会社	○	○	○
	合資会社	○	○	○
	合同会社	○	×	×

Q7 解散に伴う機関設計と定款の変更

株式会社の解散に伴って定款を変更しなければならないと思いますが、どのような項目で変更が必要になるのでしょうか。変更にあたっての注意点なども合わせてご教示ください。

A7 解説

1 清算株式会社の機関設計

清算株式会社には株主総会と清算人を設置しなければなりませんが、公開会社または大会社であった会社以外は清算人会や監査役および監査役会の設置は任意となっています（会477①②）。また、解散前の株式会社の株主総会以外の機関、つまり取締役会、会計参与、会計監査人または委員会を設置することはできません（会477⑦）。

これらの関係をまとめますと、次のとおりです。

区　分		内　　容
必要的設置機関		**株主総会と清算人（会477①）** 　ただし、解散時点で公開会社または大会社であった会社は監査役の設置が必要（会477④）。
任意的設置機関		**清算人会、監査役、監査役会（会477②）**
解散前の機関の取扱い		
	取　締　役	退任 　登記簿上からも職権抹消され、取締役会設置会社である旨、会計参与設置会社である旨、会計監査人設置会社である旨等についての登記も職権により抹消（商登規72）。
	代表取締役	
	会　計　参　与	
	会計監査人	
	監　査　役	留任 　監査役を置く旨の定款の定めを廃止した場合か、監査の範囲を会計に関するものに限定するという旨の定款の定めを廃止した場合に限り退任（会480①）。

42

第1章　会社清算の法律

このように、株式会社が解散しますと解散前の機関を引き継ぐのではなく、新たに清算人という機関を置くとともに、任意とされている清算人会や監査役および監査役会を設置するかどうかの意思決定をしなければなりません。

そこで、清算株式会社の機関設計をどのように考えるかによって定款を変更する必要があります。

2　定款の変更項目

定款の具体的な変更項目と変更にあたってのポイントをまとめてみますと次のようになります。

項　目	解散前の定款記載事項	定款変更のポイント
機　関	当会社は、株主総会及び取締役のほか、次の機関を置く。 　1．取締役会 　2．監査役	清算会社としてふさわしい機関に変更します。簡便な清算という観点からは清算人会や監査役を置かないという選択肢もあります。
株主総会	（招集） 　当会社の定時株主総会は、毎年6月に招集し、臨時株主総会は必要ある場合に、随時これを招集する。	会社が解散した場合、その後の事業年度（清算事務年度）は、解散の日の翌日から1年ごとになります（会494）。 　つまり、事業年度が変更になりますので、定時株主総会の開催日とその基準日を変更する必要が生じます。
株主総会	（定時株主総会の基準日） 　当会社の定時株主総会の議決権の基準日は、毎年3月31日とする。	
株主総会	（総会の議長） 　株主総会の議長は、取締役社長がこれにあたり、取締役社長に事故あるときは、あらかじめ取締役会において定められた順位により他の取締役が議長となる。	清算会社にふさわしい内容に改めます。46ページの事例の第11条をご参照ください。
株　式	（株式の譲渡制限） 　当会社の株式を譲渡により取得するには、取締役会の承認を受けなければならない。	清算会社では、取締役会がなくなりますので、他の譲渡承認機関（代表清算人、株主総会など）に改める必要があります。元々の譲渡承認機関が株主総会である場合は変更の必要はありません。

43

取締役およ び取締役会	（取締役の員数） 　当会社の取締役は5名以内とし、株主総会で選任する。	清算会社にふさわしい内容に改めます。46ページの事例の第13条をご参照ください。
	（任期） 　取締役の任期は、就任後2年以内の最終の決算期に関する定時株主総会の終結のときまでとする。	清算人に任期はなく、清算の結了までとなりますので、あえて定める必要はないでしょう。
	（代表取締役） 　取締役会は、その決議によって代表取締役を選定する。	清算に係るコストを抑えるという観点からは清算人は1人でよく、したがって代表清算人は不要ともいえます。
	（取締役会） 　取締役会に関する事項は、取締役会決議をもって別に定める取締役会規程による。	
	（報酬等） 　取締役の報酬、賞与その他職務執行の対価として当会社から受ける財産上の利益は、株主総会の決議によって定める。	取締役から清算人への地位の変更を反映する必要があります。
監 査 役	（監査役の員数および選任） 　当会社の監査役は2名以内とし、株主総会で選任する。	解散前の定款に監査役・監査役会の設置が定められていますと、清算会社においてもその定めが適用されます。したがって、清算株式会社に監査役を設置しないのであれば、定款の変更が必要です。
	（任期） 　監査役の任期は、就任後4年以内の最終の決算期に関する定時株主総会の終結のときまでとする。	
計 　 算	（事業年度および決算期） 　当会社の事業年度は毎年4月1日から翌年3月31日までとする。	事業年度の期間を清算事務年度（解散日の翌日から1年ごと）に変更します。

　なお、解散後最初の清算人の就任登記には定款を添付しなければなりません（商登法73①）。これは清算株式会社が清算人会設置会社かどうかを含めて、その機関設計の状況を明らかにする必要があるためです。

3 定款の変更事例

次に定款の変更事例を紹介します。

この事例は3月決算の会社が9月30日に解散した場合で清算人会および監査役を設置しないシンプルなケースを想定したものです。

現行定款	定款変更事例
第1章　総　則	第1章　総　則
第1条【商号】 　当会社は、ひかり商事株式会社と称する。	
第2条【目的】 　当会社は、次の事業を営むことを目的とする。 　1.×××× 　2.上記に附帯する一切の業務	
第3条【本店の所在地】 　当会社の本店を京都市中京区に置く。	
第4条【機関】 　当会社は、株主総会及び<u>取締役のほか次の機関を置く。</u> 　<u>1.取締役会</u> 　<u>2.監査役</u>	第4条【機関】 　当会社は、株主総会及び<u>清算人を置く。</u>
第5条【公告の方法】 　当会社の公告は官報に掲載してこれを行う。	
第2章　株　式	第2章　株　式
第6条【発行可能株式総数】 　当会社の発行可能株式総数は×××株とする。	
第7条【株券の発行】 　当会社は、株式に係る株券を発行する。	
第8条【株式の譲渡制限】 　当会社の株式を譲渡により取得するには、<u>取締役会</u>の承認を受けなければならない。	第8条【株式の譲渡制限】 　当会社の株式を譲渡により取得するには、<u>代表清算人</u>の承認を受けなければならない。

第3章　株主総会	第3章　株主総会
第9条【招集】	第9条【招集】
当会社の定時株主総会は毎年<u>6月</u>にこれを招集し、臨時株主総会は必要がある場合に随時これを招集する。	当会社の定時株主総会は毎年<u>11月</u>にこれを招集し、臨時株主総会は必要がある場合に随時これを招集する。
第10条【定時株主総会の基準日】	第10条【定時株主総会の基準日】
当会社の定時株主総会の基準日は、毎年<u>3月31日</u>とする。	当会社の定時株主総会の基準日は、毎年<u>9月30日</u>とする。
第11条【総会の議長】	第11条【総会の議長】
株主総会の議長は、<u>取締役社長がこれにあたり、取締役社長に事故あるときは、あらかじめ取締役会において定められた順位により他の取締役が議長となる。</u>	株主総会の議長は、<u>代表清算人がこれにあたる。</u>
第12条【総会の普通決議】	
株主総会の決議は法令又は定款に別段の定めある場合を除くほか、出席した議決権を行使できる株主の議決権の過半数をもってこれを行う。	
第4章　取締役及び取締役会	第4章　清算人
第13条【<u>取締役</u>の員数及び選任】	第13条【<u>清算人</u>の員数及び選任】
当会社の<u>取締役は5名以内</u>とし、株主総会で選任する。	当会社の<u>清算人は1名以上</u>とし、株主総会で選任する。
第14条【任期】	（削除）
<u>　取締役の任期は、就任後2年以内の最終の決算期に関する定時株主総会の終結の時までとする。</u>	
第15条【<u>代表取締役</u>】	第14条【<u>代表清算人</u>】
<u>取締役会は、その決議によって代表取締役を選定する。</u>	<u>当会社は、株主総会決議によって代表清算人を選定する。</u>
第16条【取締役会】	（削除）
<u>取締役会に関する事項は、取締役会決議をもって別に定める取締役会規程による。</u>	
第<u>17</u>条【報酬等】	第15条【報酬等】
取締役の報酬、賞与その他職務執行の対<u>価として当会社から受ける財産上の利益</u>	<u>清算人の報酬は、株主総会の決議によって定める。</u>

は、株主総会の決議によって定める。	
第5章　監査役 第18条【監査役の員数及び選任】 　当会社の監査役は２名以内とし、株主総会で選任する。 第19条【任期】 　監査役の任期は、就任後４年以内の最終の決算期に関する定時株主総会の終結の時までとする。 第20条【報酬等】 　監査役の報酬、賞与その他職務執行の対価として当会社から受ける財産上の利益は、株主総会の決議によって定める。	（削除）
第6章　計　算 第21条【事業年度】 　当会社の事業年度は、毎年４月１日から翌年３月31日までとする。	**第5章　計　算** 第16条【清算事務年度】 　当会社の清算事務年度は、毎年10月１日から翌年９月30日までとする。

債務の弁済

清算事務を進めるにあたって、債権者への弁済、つまり清算会社にとっての債務の弁済がポイントになると思います。債務の弁済を行うにあたって留意しておくべき点について教えてください。

1 公正な債務の弁済

清算とは、会社の債務を弁済し、残った財産を株主に分配する手続きに他なりません。そのために、進行中の事業を停止して取引関係を整理するとともに、弁済期の到来した債権を取り立て、金銭以外の財産について換価を進め、そうして得た資金によって債務を弁済し、なおも残った資金があれば、これを株主に分配するわけです。債務の弁済にあたっては、特定の債権者だけを優遇することは避けなければなりませんし、先着順で弁済してしまうと後順位の債権者が弁済を受けられないという事態も生じかねません。

そこで、こうした懸念を払拭する意味から、会社法は一定の方法に基づいた弁済を進めることによって債権者に対して公正な対応をするよう求めています。

2 債権の申出手続き

清算株式会社は債権者に対して2か月を下回らない一定の期間内に、その債権を申し出るべき旨を官報に公告し、さらに知れたる債権者（清算株式会社の帳簿記録等から把握できている債権者）に対しては個別に催告する必要があります（会499①）。官報による公告に加えて、定款で定めた日刊紙や電子公告によった場合でも、この個別催告を省略することはできません。公告には、債権者が期間内に申出をしないときは清算から除外される旨を付記することとされています（会499②）。そして、この債権申出期間内は、債務の弁済をすることが認められません（会500①）。これは、前述したとおり、一部の債権者に優先して弁済した結果、他の債権者に対する弁済資金が枯渇するという事態を回避し、債権者に対する公平な弁済を確保する趣旨です。

3 清算からの除斥

　債権申出期間内に債権の申出をしなかった債権者は清算から除斥されます。ただし、知れたる債権者については、たとえ債権の申出がなかったとしても清算から除斥されることはありません（会503①）。清算から除斥されますと、他の債権者に未だ分配されていない財産についてしか弁済を請求することができないという不利益を被ります（会503②）。さらに、一部の株主に対して既に残余財産の分配が行われた場合には、他の株主にも同一の割合で分配するために必要な財産に対しては弁済を請求することができません（会503③）。

4 債権者に対する公告のひな型

　次ページに債権申出の公告と知れたる債権者に対する催告書のひな型を掲げておきますので、参考にしてください。

解散公告

当社は、令和×年1月20日開催の株主総会の決議により解散いたしましたので、当社に債権を有する方は、本公告掲載の翌日から二箇月以内にお申し出下さい。

なお、右期間内にお申し出がないときは清算から除斥します。

令和×年1月26日

京都市中京区三本木5丁目4番地
ひかり商事株式会社
清算人　ひかり一郎

令和×年1月25日

債権者
　HAG株式会社　御中

ひかり商事株式会社
清算人　ひかり一郎

催　告　書

拝啓　時下ますますご清栄のこととお喜び申し上げます。

さて、当社は株主総会の決議により、令和×年1月25日解散いたしましたので、来る3月末日までに別紙により貴社の当社に対する債権をお申し出下さい。

なお、本書は会社法第499条の規定によりお送りするものであることを申し添えます。

敬具

（別紙）

ひかり商事株式会社
　清算人　ひかり一郎　殿

債権者
　HAG株式会社
　代表取締役　さくら三郎

債権申出書

当社の貴社に対する債権を下記のとおり申し出ます。

発生年月日	債権の原因	金額（円）
合　計		

Q9 清算事務年度の定時株主総会

清算手続きに時間を要しており、解散の決議から1年が経とうとしています。いわゆる清算事務年度の関係から清算株式会社であっても定時株主総会を開催する必要があるとのことですので、この点について教えてください。

A9 解説

1 事業年度と清算事務年度

会社が解散しますと、決算期を表す事業年度は、清算事務年度になります（会494①）。この事務年度とは、解散の日の翌日から始まる各1年の期間をいうとされていますから、3月決算の会社であっても、1月31日に解散しますと、その後は2月1日から1月31日までが清算事務年度となるわけです。

この関係を図示しますと、次のとおりです。

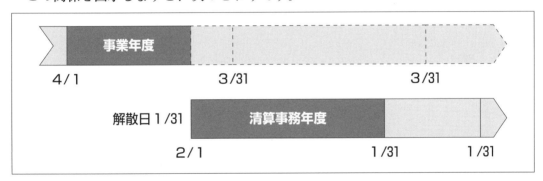

2 清算事務年度の定時株主総会

清算株式会社においても、株主総会は毎清算事務年度ごとに開催しなければなりません（会497①）。清算業務はできるだけ短期間に終わらせるのが望ましいともいえますが、債権の取立てに時間を要したり、土地や建物の換価処分には相場のタイミングといった微妙な問題もありますから、1年以上にわたることも少なくありません。したがって、清算手続き中に清算事務年度末を迎えた場合は、定時株主総会を開催することになります。

3　定時株主総会における決議事項

　清算事務年度の定時株主総会で決議する事項および報告する事項は次のとおりです。

区分	決議事項等	備　考
決議事項	貸借対照表の承認	損益計算書・株主資本等変動計算書は不要
	清算人の選・解任	清算人は総会決議で解任可能（会479①） ただし、裁判所が選任した清算人は解任不可
報告事項	事務報告	

　なお、株主総会で承認を求める貸借対照表や事務報告については、招集通知に添付することは求められておらず、総会日の1週間前までに本店に備え置き（会496①）、株主および債権者の閲覧に供することとされています（会496②）。

第1章 会社清算の法律

残余財産の分配

清算手続きも佳境に入り、債務の弁済がほぼ終わり、株主に分配できる残余財産の額も固まりつつある状況ですので、そろそろ株主への分配のことについて確認しておこうと思います。注意点等がありましたら教えてください。

A10 解説

1 債務の弁済と残余財産の分配

清算株式会社は、債務を弁済した後でなければ、株主に対して残余財産を分配することができません（会502）。これは、債権者に対する弁済に先んじて株主に対する残余財産の分配を禁止したもので、債権者を保護する姿勢を明確にしたものといえます。したがって、資産を換金し債務の弁済が完了して、はじめて分配するべき残余財産が確定することになります。ただし、その存在やその金額に争いのある債務について弁済が完了していなくても、それを弁済するのに必要と認められる財産を留保しておけば、その残額を分配することはできます（会502ただし書）。

2 残余財産の計算

分配するべき残余財産を計算するにあたって注意しておくべき点は次のとおりです。

項　目	注　意　点
残余財産の時価評価	資産の回収または資金化が順調に進んでいれば、残余財産は現金によってプールされていると思われますが、これが有価証券や不動産のまま存置されている場合には、時価で評価する必要があります。
事後的費用の控除	残余財産が確定した後、清算結了に至るまでの諸手続きに要する事後的な費用を見積もっておく必要があります。 　具体的には、次のような事後的費用を控除しておくべきでしょう。

	① 清算人に対する報酬
	② 清算事務にかかる諸費用（職員給与や事務所賃貸料など）
	③ 残余財産分配のための諸費用（通信費や振込手数料など）
	④ 株主総会開催のための諸費用（通信費や会場費など）
	⑤ 清算結了に伴う登記関係諸費用（登録免許税など）
租税債務の控除	清算所得に対する法人税等

3　残余財産の分配に関する決定事項

　残余財産を分配する場合は、清算人の決定（清算人会設置会社においては清算人会の決議）によって、残余財産の種類と株主に対する残余財産の割当てに関する事項を定めなければなりません（会504①）。残余財産の分配について内容の異なる種類株式を発行しているときは、その種類株式の内容に応じて残余財産の割当てについて株式の種類ごとに異なる取扱いの内容を定めることもできます（会504②）。

　そして、残余財産の割当ては、株主の有する株式の数、各種類株式の数に応じて行わなければなりません（会504③）。

4　残余財産の分配は金銭が原則

　残余財産の分配は金銭によって行うのが原則ですが、金銭以外の財産を交付することも可能です（会505①）。ただし、金銭以外の財産を交付する場合は、剰余金の配当と異なって、株主には金銭分配請求権（清算株式会社に対して当該残余財産に代えて金銭を交付することを請求する権利）が与えられています（会505①）。金銭分配請求権が行使された場合の残余財産の価額の評価方法（会505③）や基準株式数を定めることができること（会505①二）、基準株式数未満の株主には残余財産相当額の金銭を支払うこと（会506）等については剰余金の配当の場合とほぼ同様とされています。

第1章　会社清算の法律

清算の結了

清算事務は、どの時点で終了するのでしょうか。また、清算事務が終了すれば法人格も消滅すると考えて良いのでしょうか。

1　清算の締め括り

既に説明したとおり、清算は次のような手順で進められてきたはずです。

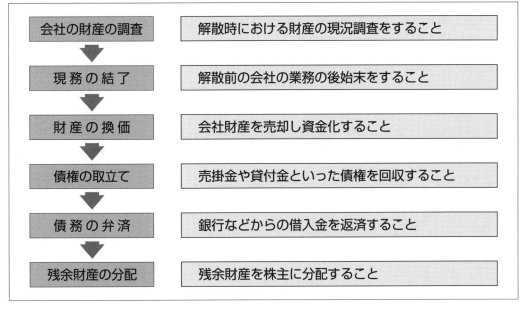

　清算とは、会社の債務を弁済し、残った財産を株主に分配する手続に他なりませんから、債務の弁済を終えて残余財産の分配を滞りなく行える状況になりましたら、清算事務も終了ということになります。

　そして、清算を結了、つまり締め括るためには決算報告を作成して株主総会の承認を受ける必要があります（会507①③）。

2 決算報告とその記載例

　決算報告には、次の表に示すとおり、資産の処分その他の行為によって得た収入の額をはじめ、債務の弁済や清算に係る費用その他の費用、さらには残余財産の額および1株当たりの分配額等が記載されます（会規150）。

---

① 債権の取立て、資産の処分その他の行為によって得た収入の額

② 債務の弁済、清算に係る費用の支払いその他の行為による費用の額

③ 残余財産の額（支払税額がある場合には、その税額および当該税額を控除した後の財産の額）

④ 1株当たりの分配額（残余財産の分配を完了した日、残余財産の全部または一部が金銭以外の財産である場合には当該財産の種類及び価額を注記）

　この決算報告の具体的な作成例を示しますと次のようになります。

決　算　報　告　書

1．令和×年×月×日から令和×年×月×日までの期間内に取立て、資産の処分その他の行為によって得た債権の総額は、金×××円である。

1．債務の弁済、清算に係る費用の支払による費用の額は、金×××円である。

1．現在の残余財産額は、金×××円である。

1．令和×年×月×日、清算換価実収額金×××円を、次のように株主に分配した。

1．優先株式×××株に対し総額金×××円（ただし、1株につき金×円の割合）

1．普通株式×××株に対し総額金×××円（ただし、1株につき金×円の割合）

　上記のとおり清算結了したことを報告する。

　令和×年×月×日

ひかり商事株式会社

代表清算人　ひかり一郎　㊞

清算人　ひかり大介　㊞

　ただし、株主からより詳細な報告を求められる場合は、収入・費用の内訳等を適宜示すことになります（**Q25**参照）。

3 清算の結了

　株主総会において決算報告が承認されますと、清算が結了し、法人格も消滅することになります。つまり、清算事務がすべて終了しても、株主総会における決算報告の承認がない限り法人格は消滅しませんので、清算作業の最後の詰めである株主総会決議という手続きを忘れないようにしてください。

　なお、決算報告を承認した株主総会の議事録は次の例のように記載されます。

株主総会議事録

　令和×年×月×日午前11時00分から、当会社本店会議室において株主総会を開催した。

当会社の株主総数	5名
発行済株式の総数	100株
議決権を行使することができる株主の数	5名
議決権を行使することができる株主の議決権の数	100個
本日の出席株主数（委任状による者を含む）	5名
この持株数	100株
出席株主の有する議決権の数	100個
出席清算人　　ひかり一郎（議長および議事録作成者）	
ひかり大介	

　議長は、開会を宣し、上記のとおり定足数にたる株主の出席があったので、本総会は適法に成立した旨を述べ、議案の審議に入った。

議　案　清算事務報告ならびに承認の件

　議長は、当会社の清算結了に至るまでの経過を報告し、別紙決算報告を詳細に説明した。議長が、その承認を求めたところ、満場一致をもってこれを承認した。よって、議長は、原案のとおり承認可決された旨を宣した。

　以上をもって本日の議事を終了したので、議長は、閉会を宣し、午前11時30分に散会した。

　上記決議を明確にするため、この議事録を作成し、議長および出席清算人は次に記名・押印する。

　　　令和×年×月×日

ひかり商事株式会社　臨時株主総会

議長・代表清算人　　ひかり一郎　㊞

出席清算人　　　　　ひかり大介　㊞

こうして清算が結了しますと、清算株式会社は、決算報告承認の日から2週間以内に清算結了の登記をしなければなりません（会929①）。

　しかし、清算結了の登記申請を行い、登記簿が閉鎖されたとしても、清算人が調査しきれなかった会社名義の資産が残存しているというような場合がないわけではありません。このような場合には、会社の登記簿はもはや存在しませんが、清算手続きは未だ完了していないわけですから、その目的の範囲内において法人格は消滅していないと考えられます。したがって、清算人は引き続き清算事務を行う必要があり、資産があるのであれば、それを売却する等の職務が残っているということになります。

　また、会社が消滅したからといって、それですべてが終わりというわけではありません。それまで長年にわたって営利活動を行ってきたのですから、そのことに関して後日何らかの紛争に巻き込まれることもあり得ます。その備えのために、清算人は清算結了登記の時から10年間は清算株式会社の帳簿ならびに事業および清算に関する重要な資料を保存することを求められています（会508①）。あるいは、裁判所が利害関係人の申立てにより、清算人に代わってこの関係書類を保存する者を選任することもできます。この場合には、選任された者が関係書類を保存することになりますから、清算人は保存する必要はありませんが、選任された者は清算人と同様に10年間の保存義務があります（会508③）。

58

第1章 会社清算の法律

解散後の会社継続

経営の先行きに不安が募る中で、思い切って会社を解散し登記まで済ませましたが、信頼できるビジネス・パートナーに出会ったことから、会社を再興したいと思うようになりました。しかし、解散してしまった会社を元に戻すことはできないと言われて落胆しています。今後、どのように対応するのがベストでしょうか。アドバイスをお願いします。

A12 解説

1　解散した後でも会社は継続可能

　会社を解散した後は、粛々と清算手続きを進めて清算結了に至り、会社の法人格を消滅させるわけですが、清算手続きを進めていく中で、再度事業を再開したいという場面に遭遇することもないわけではありません。ご質問にあるように信頼できるパートナーとの出逢いや有力なスポンサーの登場などは、事業再開のきっかけとして十分にあり得る話だと思います。

　ところで、このような場合に解散を取り消して会社を継続することはできるのでしょうか。以下の要件を満たせば、継続は可能です（会473、309②十一）。したがって、解散登記の後であっても、会社を再興してリベンジしたいという強い意志があるならば、株主総会の特別決議を得て是非ともチャレンジされると良いと思います。

項　目	要　件
解散事由	①定款で定めた解散事由の発生、②定款で定めた存続期間の満了、または③株主総会の特別決議
時期（タイミング）	清算が結了するまでの時期
株主総会決議要件	株主総会の特別決議

2　会社継続の効果

　上記の要件を満たしますと、会社は将来に向かって解散前の状態に復帰し、営業取

59

引等を行う権利能力を回復することになります。

　しかし、それはあくまでも将来に向かって解散前の状態を回復するのであって、解散そのものがなかったことになるわけではありません。したがって、解散後に清算人がした行為の効力に影響を与えるものではありませんし、会社継続によって解散前の取締役が自動的に復帰するわけではなく、会社継続を決議する株主総会において改めて取締役を選任する必要があります。

　一方、監査役については、その職務の性質上、解散しても当然には退任しませんので、会社継続が決議されても改めて選任する必要はありません。

　また、解散前に取締役会設置会社であった会社が、解散決議によって定款を変更していない限りは、会社継続後も従前どおり取締役会設置会社になるとされています。会計参与設置会社や会計監査人設置会社の場合も同様です。

　以上の点を整理してみますと次のとおりです。

	解散前の会社	継続後の会社	備　考
取　締　役	→	×	継続を決議した総会で改めて選任する必要あり。
監　査　役	→	○	解散しても退任しないので、改めて選任する必要なし。
取締役会設置会社である旨の定款の定め	→	○	解散を決議した総会で従前の定款を変更していなければ従来どおりで可。

3　休眠会社の整理により解散擬制された会社の継続

　休眠会社の整理により解散したものとみなされた会社の場合にも、解散したものとみなされた後、3年以内に限って株主総会の特別決議により継続することが可能です（会473カッコ書、309②十一）。

　なお、会社の継続を決定した臨時株主総会の議事録は次ページのように記載することになります。

第1章　会社清算の法律

臨時株主総会議事録

令和×年×月×日午前11時00分より、当会社本店会議室において臨時株主総会を開催した。

当会社の株主総数	5名
発行済株式の総数	100株
議決権を行使できる株主の総数	5名
議決権を行使できる株主の議決権の数	100個
本日の出席株主数（委任状による者を含む）	5名
この持株数	100株
この議決権の総数（委任状による者を含む）	100個

出席清算人　ひかり一郎（議長および議事録作成者）
　　　　　　ひかり大介

議長は、開会を宣し、上記のとおり定足数にたる株主の出席があったので、本総会は適法に成立した旨を述べ、議案の審議に入った。

第1号議案　会社継続の件

議長は、「当会社は令和×年×月×日株主総会の決議により解散し、その登記がなされているが、今回これを解散前に復活し、会社を継続して社運の進展を図ることとしてはどうか」と述べ、その承認を求めたところ、満場一致をもってこれを承認可決した。

第2号議案　取締役選任の件

議長は、「会社の継続に伴い、あらためて取締役を選任する必要があるが、その員数及び選任方法はどのようにするか」と述べ、議場に諮ったところ、出席株主中より「取締役には、現在の清算人がそのまま会社継続後の取締役に就任することとしてはどうか」との発言があり、議長は、その可否を議場に求めたところ、満場一致をもってこれを承認可決した。なお、被選任者はいずれも席上その就任を即時承諾した。

取締役　ひかり一郎　　　取締役　ひかり大介

議長は、以上をもって本日の議事を終了した旨を述べ、午前11時30分に散会した。

以上決議を明確にするため、この議事録を作成し、議長及び出席清算人がこれに記名押印する。

令和×年×月×日

ひかり商事株式会社 臨時株主総会
議長・清算人　ひかり一郎　㊞
清算人　ひかり大介　㊞

Q13 特別清算

これまで通常清算について詳しい解説をしてもらいましたが、ここで特別清算についても簡単に説明してください。

A13 解説

1　通常清算は「会社の首尾良い後始末」

　通常清算は、債権者に対する債務を弁済した後、残余財産があれば株主にも分配することを想定して清算を進めるという点では、最悪の事態を回避する方法であり、また周到な計画のもとに会社の後始末をする方法といえます。

　せっかく設立した会社ですから、それを清算せざるを得ないというのは、やむを得ない種々の理由があることとは思いますが、債権者や株主に迷惑をかけない、あるいは迷惑を最小限にとどめるというのが当然の対応です。したがって、清算にあたってはタイミングが重要で、引き際を誤らないことが肝心といっても良いでしょう。

　その意味で、通常清算で対応することのできるケースは幸いということができます。本書で通常清算を会社の首尾良い後始末と表現しているのもそのような考え方に基づくものです。

2　特別清算は「会社の拙い後始末」

　これに対して、清算がスムーズに進まないことが予想される場合は、特別清算という方法によらざるを得ないことになります。特に債務超過の疑いがある場合は、清算人は裁判所に対して特別清算の申立てをしなければなりません（会511②）。会社の経営が窮境に陥ったとしても債務超過になるまで放置しておいた責任は重いと言わざるを得ず、撤退の時期を誤った経営の失敗に他なりません。したがって、このような経緯から特別清算に至るというのは、文字通り会社の拙い後始末に他ならず、結果として裁判所の手を煩わせ、債権者や株主に迷惑をかけて会社の後始末が行われることになります。その意味で特別清算というのは、実質的に破産等と軌を一にする倒産処理

方法の一つと位置付けるべきです。

3　特別清算の概要

特別清算とは、次のいずれかの状況にあるときに裁判所の監督の下で行う清算手続きのことをいいます。

①	清算の遂行に著しい支障を来すべき事情があること
②	債務超過の疑いがあるとき

株式会社は、解散すると通常の清算に着手します。この通常の清算というのは法律用語ではありませんが、特別清算に対比して一般的に使われています。そして、上記①ないし②の要件に該当する場合に、裁判所が清算人等の申立てを受けて、特別清算の開始を命じるのです。

債務超過に陥っている可能性が大きいということで特別清算が開始されたとして、債務を圧縮しない限り清算を結了することはできません。債務の圧縮方法としては、債権者に任意に債務免除や債権放棄をしてもらうことが可能な場合もありますが、それだけを期待するわけにもいかないため、やはり強制的に債務を圧縮させる必要があります。そこで、法律に基づく債務圧縮方法を定めたのが特別清算の規定ということができます。

ただ、強制的に債務を圧縮させる関係上、特別清算には手続きの公正性および債権者間での公平性が求められますから、特別清算手続きは裁判所の監督の下で行わなければならないと規定されています（会519）。そして、特別清算手続きにおいては、裁判所には会社財産の調査権限、清算人の選任・解任権限等の広範囲な権限が与えられています。また、清算人に対しても裁判所へ会社の財産目録等の提出を義務付けたり、一定の行為をするのに裁判所の許可を要したり（会535）と、裁判所が深く関与する規定が置かれているのです。

ちなみに、旧商法においては、通常の清算についても裁判所の監督下で行うこととされていましたが、規制緩和・制度簡易化の一環として、会社法においては裁判所による監督の制度は廃止されています。

4　特別清算手続きの流れ

特別清算手続きの大まかな流れについてまとめますと次のとおりです。

(1) 特別清算開始の申立て

　債権者、清算人、監査役または株主は、特別清算開始の申立てをすることができます（会511①）。なお、清算株式会社に債務超過の疑いがあるときは、清算人はこの申立てをする義務があります（会511②）。債務超過の疑いとは、文字通り、その疑いがあれば足り、実際に清算手続きを進めていくうえで、実は債務超過ではなかったことが判明したとしても問題はありません。そのような場合は、特別清算を行う必要はなく、通常の清算に戻ればよいだけのことです。

　裁判所は特別清算の手続きの費用の予納がない場合や特別清算によっても清算を結了する見込みがない場合などを除いて特別清算の開始を命令します（会514）。

(2) 特別清算開始命令

　特別清算開始の申立てがあった場合、裁判所は、特別清算開始原因、すなわち清算の遂行に著しい支障を来すべき事情があること（会510一）、債務超過の疑いがあること（会510二）のいずれかが認められれば、特別清算開始の命令をします。

　ただし、特別清算の手続きの費用の予納がないとき（会514一）、特別清算によっても清算を結了する見込みがないことが明らかであるとき（会514二）、特別清算によることが債権者の一般の利益に反することが明らかであるとき（会514三）、不当な目的で特別清算開始の申立てがされたとき、その他申立てが誠実にされたものでないとき（会514四）には、申立てが却下されます。

　また、開始決定がありますと、破産手続開始の申立てや強制執行、仮差押えなどはできなくなります（会515①）。清算人は会社だけでなく、株主および債権者に対しても公平かつ誠実に清算事務を行う義務を負います（会523）。

(3) 裁判所による監督

　清算は裁判所の監督下で行われます（会519）。財産目録等についても裁判所へ提出しなければなりません（会521）。必要に応じて裁判所が特別清算に至った事情や財産の状況等について調査を命ずることもあります（会522）。

(4) 第一回債権者集会

　特別清算開始の命令があった場合、清算人は、清算株式会社の財産の現況についての調査をして財産目録等を作成した後、遅滞なく債権者集会を招集して清算株式会社の業務および財産の状況の調査結果ならびに財産目録等の要旨を報告するとともに、清算の実行の方針および見込みに関して意見を述べなければなりません（会562）。

(5) 協定案の作成および提出

　清算株式会社は、債権者集会に対し、協定の申出をすることができます（会563）。協定とは、いわば強制的に債務を圧縮させる方法のことです。したがって、

協定においては、協定債権者の権利（特別の先取特権、質権、抵当権などを除く）の全部または一部の変更に関する条項を定めなければならず（会564①）、この条項においては、債務の減免、期限の猶予その他の権利の変更の一般的基準を定めることになります（会564②）。

(6) 第二回債権者集会（協定の採決）

清算株式会社は、協定案を可決するため再度債権者集会を開催します。出席した議決権者の過半数かつ議決権者の議決権の総額の3分の2以上の議決権を有する者の同意が得られれば、協定は可決されます（会567）。他方、債権者の同意が得られず、破産原因が認められる場合は、破産手続に移行することになります（会574②一）。

(7) 裁判所による協定認可決定

協定が債権者集会で可決されたとき、清算株式会社は、遅滞なく、裁判所に対し協定の認可の申立てをしなければなりません（会568）。この申立てがあった場合、裁判所は、法定の不認可事由（会569②）に該当しない限り、協定の認可の決定をします（会569①）。不認可の決定がなされた場合は、債権者集会で協定が否決された場合と同様、破産原因があれば破産手続に移行します（会574②二）。

(8) 弁済

協定の認可の決定が確定すると、協定は法的効力を生じ、清算株式会社およびすべての協定債権者に対してその効力を有します（会570、571①）。清算株式会社は、この協定に従って弁済を行います。

(9) 特別清算終結決定

裁判所は、特別清算が結了したとき、または特別清算の必要がなくなったときは、特別清算終結の決定をします（会573）。この決定が確定すると、職権で特別清算終結の登記がなされ、会社は消滅します（会938①三）。

Q 14 解散等の登記手続き

会社が解散の決議をしたときには登記が必要と聞きました。登記すべき時期や登記に必要な資料等について説明してください。

A 14 解説

1 解散と清算人の登記

清算人は、会社解散の日から2週間以内に会社の解散と清算人の選任の登記をしなければなりません（会926、928）。両者の登記を同時にしなければならないわけではありませんが、解散と清算人の選任は同時に決議されることが一般的ですから、登記も平行して行えばよいでしょう。

株主総会の決議によって解散し、同時に清算人を選任した場合に登記すべき事項は次のとおりです。

	解散の登記	清算人の登記
登記の事由	解　散	清算人の選任
登記すべき事項	株主総会の決議によって解散した旨および解散年月日	清算人については氏名のみ、代表清算人については住所および氏名。清算人会設置会社についてはその旨
登録免許税	30,000円	9,000円

上記以外に登記事項の変更を伴う定款変更（商号、株式の譲渡制限に関する事項など）を決議した場合は、その登記も必要となります。

2 解散登記と職権による登記事項の抹消

会社の解散登記が行われますと、次の事項は職権で抹消されます（商登規59、72）。

①	取締役会設置会社である旨の登記ならびに取締役、代表取締役および社外取締役に関する登記
②	特別取締役による議決の定めがある旨の登記および特別取締役に関する登記
③	会計参与設置会社である旨の登記および会計参与に関する登記
④	会計監査人設置会社である旨の登記および会計監査人に関する登記
⑤	委員会設置会社である旨の登記ならびに委員、執行役および代表執行役に関する登記
⑥	支配人に関する登記

監査役については、清算株式会社であっても存続することから、監査役、監査役設置会社、監査役会設置会社の登記については、職権で抹消されることはありません。

3 登記申請にあたって必要となる書類

株式会社が株主総会の決議によって解散し、清算人を選任した場合の登記申請に際して必要となる資料は次のとおりです。

	清算人のみの場合	清算人会設置の場合
定　款	○	○
清算人の選任を証する書面	株主総会議事録	株主総会議事録
代表清算人の選任を証する書面	株主総会議事録	清算人会議事録
清算人の就任承諾書	○（株主総会議事録に記載してもよい）	○（株主総会議事録に記載してもよい）
代表清算人の就任承諾書	○（株主総会議事録に記載してもよい）	○（清算人会議事録に記載してもよい）
商業登記規則61条３項の証明書（株主リスト）	○	○
印鑑届出	○	○

もちろん、このほかに登記申請書が必要になります。司法書士に依頼する場合には委任状も必要になりますので、次ページ以下にこれらのひな型を示します。

（清算人会非設置会社が株主総会で清算人・代表清算人を選任した場合）

株式会社解散および清算人選任登記申請書

1．商号（フリガナ）　　　ヒカリショウジ
1．商　　号　　　　　　　ひかり商事株式会社
1．本　　店　　　　　　　京都市中京区三本木5丁目4番地
1．登記の事由（注1）　　　解散
　　　　　　　　　　　　　令和×年×月×日清算人および代表清算人の選任
1．登記すべき事項　　　　別紙のとおり（注2）
1．登録免許税　　　　　　金39,000円
　　　　　　　　　　　　　内訳　解散　金30,000円
　　　　　　　　　　　　　　　　選任　金 9,000円
1．添付書類
　　　定款（注3）　　　　　　1通
　　　株主総会議事録（注4）　1通
　　　就任承諾書（注5）　　　株主総会議事録の記載を援用する。
　　　株主リスト　　　　　　1通
　　　委任状　　　　　　　　1通
1．印鑑届出の有無　　　有

　　上記のとおり登記の申請をします。
　　　令和×年×月×日
　　　　　　　　　京都市中京区三本木5丁目4番地
　　　　　　　　　　申　請　人　ひかり商事株式会社
　　　　　　　　　京都市中京区三本木5丁目4番地
　　　　　　　　　　代表清算人　ひかり一郎
　　　　　　　　　京都市中京区烏丸通夷川上る少将井町222番地
　　　　　　　　　　上記代理人　ひかり司法書士法人
　　　　　　　　　　　　代表社員　上　田　　茂　㊞

　　　京都地方法務局　御中

（注1）　通常、解散登記と清算人の選任（就任）登記は一括で申請するため、このようなひな型にしています。
（注2）　別紙には、登記すべき事項として「令和×年×月×日株主総会の決議により解散」の旨と「清算人の氏名」および「代表清算人の住所・氏名」を記載します。
（注3）　最初に清算人の登記を申請する場合は、当該株式会社が清算人会設置会社かどうかを確認するために、定款を添付する必要があります。また、清算人を定款で定めている場合は、誰が清算人かを証明するためにも添付します。さらに、清算人会非設置会社であって、代表清算人を清算人の互選で選任する場合は、それができる旨の定款の規定が必要なので、それを証明するために添付します。
（注4）　株主総会の決議によって解散した場合、または清算人を選任した場合に添付します。例えば、存続期間の満了により解散した場合で、清算人を定款で定めているような場合は、株主総会議事録の添付は不要です。
（注5）　定款または株主総会の決議により清算人が選任されている場合、および定款または株主総会の決議、清算人の互選または清算人会において代表清算人が選任されている場合には、その者が就任を承諾したことを証する書面を添付します。ただし、株主総会または清算人会の席上において、被選任者がその就任を承諾し、各議事録にその旨の記載があれば、「議事録の記載を援用する」と記載することによって就任の承諾を証する書面の添付を省略することができます。

第1章　会社清算の法律

委 任 状

住　所　　京都市中京区烏丸通夷川上る少将井町222番地
氏　名　　ひかり司法書士法人
　　　　　代表社員　上　田　　茂
当会社は上記の者を代理人と定め、次の権限を委任します。

記

1．当会社の解散、清算人及び代表清算人の選任の登記を申請する一切の件
1．原本還付の請求および受領の件

令和×年×月×日

　　　　　　　　　　　　　　　　京都市中京区三本木5丁目4番地
　　　　　　　　　　　　　　　　ひかり商事株式会社
　　　　　　　　　　　　　　　　　代表清算人　ひかり一郎　㊞

証 明 書

　令和×年×月×日付け臨時株主総会の各議案につき、総議決権数（各議案につき、議決権を行使することができる全ての株主の有する議決権の数の合計をいう。以下同じ。）に対する株主の有する議決権（各議案につき議決権を行使できるものに限る。以下同じ。）の数の割合が高いことにおいて上位となる株主であって、次の①と②の人数のうち少ない方の人数の株主の氏名又は名称及び住所、当該株主のそれぞれが有する株式の数及び議決権の数並びに当該株主のそれぞれが有する議決権の数に係る当該割合は、次のとおりであることを証明します。
　　①　10名
　　②　その有する議決権の数の割合をその割合の多い順に順次加算し、その加算した割合
　　　が3分の2に達するまでの人数
　なお、本株主総会における各議案につき、本証明書に記載した内容は全て同一です。

	氏名又は名称（注1）	住所	株式数	議決権数	議決権数の割合
1	ひかり一郎（注2）	京都市中京区5丁目4番地	50株	50個	50%
2	ひかり二郎	京都市・・・	10株	10個	10%
3	ひかり花子	京都市・・・	5株	5個	5%
4	・・・・		5株	5個	5%
			合計	70個	70%
			総議決権数	100個	

令和×年×月×日

　　　　　　　　　　　　　　　　ひかり商事株式会社
　　　　　　　　　　　　　　　　　代表清算人　ひかり一郎　㊞

（注1）自己株式等の議決権を有しない株主は記載しません。
（注2）「上位10名」又は議決権の多い方から順に「議決権の割合の合計が2/3に達するまで」のいずれか少ない方
　　　を記載します。同順位の株主が複数いる場合は、その全員を記載します。

Q15 清算結了の登記

株主総会で決算報告が無事に承認され、清算が結了しました。ついては清算結了の登記をしないといけませんので、この登記に関する注意点などのアドバイスをお願いします。

A15 解説

1 清算結了の登記

　株主総会において決算報告が承認されますと、清算が結了し、法人格も消滅することになります。清算が結了しますと、清算株式会社は、決算報告承認の日から２週間以内に清算結了の登記をしなければなりません（会929①）。この登記の完了によって会社の法人格が消滅します。清算結了の登記が行われますと、会社の登記簿には次のように記載され、同時に登記簿は閉鎖されることになります。

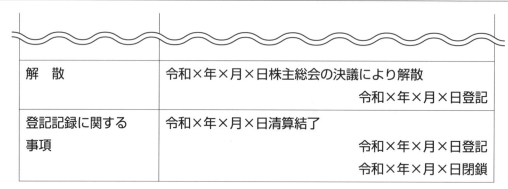

これは登記簿に記録されている閉鎖された事項の全部であることを証明した書面である。

　　　令和×年×月×日
　　京都地方法務局
　　登記官　　　　　　　　等　木　出来太　　㊞

70

2　登記申請にあたって必要となる書類

　清算結了の登記申請にあたって必要となる書類は株主総会議事録ですが、その議事録には株主総会で承認された決算報告が添付されている必要があります。

　登記申請書や委任状のひな型を示しますと次のとおりです。

株式会社清算結了登記申請書

1．商　　号　　　　ひかり商事株式会社
1．本　　店　　　　京都市中京区三本木5丁目4番地
1．登記の事由　　　清算結了
1．登記すべき事項　令和×年×月×日清算結了
1．登録免許税　　　金2,000円
1．添付書類

　　　株主総会議事録（決算報告書を含む）　　　1通
　　　株主リスト　　　　　　　　　　　　　　　1通
　　　委任状　　　　　　　　　　　　　　　　　1通

　上記のとおり登記の申請をします。

　　　令和×年×月×日

　　　　　　　　京都市中京区三本木5丁目4番地
　　　　　　　　　申　請　人　ひかり商事株式会社
　　　　　　　　京都市中京区三本木5丁目4番地
　　　　　　　　　代表清算人　ひかり一郎
　　　　　　　　京都市中京区烏丸通夷川上る少将井町222番地
　　　　　　　　　上記代理人　ひかり司法書士法人
　　　　　　　　　　　　代表社員　上　田　　茂　㊞

　　　京都地方法務局　御中

委 任 状

住　所　　京都市中京区烏丸通夷川上る少将井町222番地
氏　名　　ひかり司法書士法人
　　　　　　代表社員　上　田　　茂
当会社は上記の者を代理人と定め、次の権限を委任します。
　　　　　　　　　　　　　　　　　記
1．当会社の清算結了の登記を申請する一切の件
1．原本還付の請求および受領の件
　　令和×年×月×日
　　　　　　　　　　　　　　　　京都市中京区三本木５丁目４番地
　　　　　　　　　　　　　　　　ひかり商事株式会社
　　　　　　　　　　　　　　　　　　代表清算人　ひかり一郎　㊞

証 明 書

　　令和×年×月×日付け臨時株主総会の各議案につき、総議決権数（各議案につき、議決権を
行使することができる全ての株主の有する議決権の数の合計をいう。以下同じ。）に対する株
主の有する議決権（各議案につき議決権を行使できるものに限る。以下同じ。）の数の割合が
高いことにおいて上位となる株主であって、次の①と②の人数のうち少ない方の人数の株主の
氏名又は名称及び住所、当該株主のそれぞれが有する株式の数及び議決権の数並びに当該株主
のそれぞれが有する議決権の数に係る当該割合は、次のとおりであることを証明します。
　　①　10名
　　②　その有する議決権の数の割合をその割合の多い順に順次加算し、その加算した割合
　　　　が３分の２に達するまでの人数
　　なお、本株主総会における各議案につき、本証明書に記載した内容は全て同一です。

	氏名又は名称（注１）	住所	株式数	議決権数	議決権数の割合
1	ひかり一郎（注２）	京都市中京区５丁目４番地	50株	50個	50%
2	ひかり二郎	京都市・・・	10株	10個	10%
3	ひかり花子	京都市・・・	5株	5個	5%
4	・・・・		5株	5個	5%
		合計		70個	70%
		総議決権数		100個	

令和×年×月×日

　　　　　　　　　　　　　　　　ひかり商事株式会社
　　　　　　　　　　　　　　　　　　代表清算人　ひかり一郎　㊞

（注１）自己株式等の議決権を有しない株主は記載しません。
（注２）「上位10名」又は議決権の多い方から順に「議決権の割合の合計が2/3に達するまで」のいずれか少ない方
　　　　を記載します。同順位の株主が複数いる場合は、その全員を記載します。

第2章

会社清算の会計

Q 16 解散にあたって作成する計算書類

会社が株主総会の解散決議によって清算株式会社となった場合に、まず作成しなければならない計算書類にはどのようなものがありますか。

A 16 解説

1 清算株式会社における計算書類

株式会社が株主総会の特別決議によって解散しますと、選任された清算人は解散日現在の財産目録と貸借対照表を作成しなければなりません（会492①）。これは、清算株式会社の財産の現況を明らかにし、その後の清算手続きを首尾良く進めることが、残余財産の分配を適切に行うために必要だと考えられるからです。従来は、清算財産目録とか清算貸借対照表という呼称が用いられていましたが、会社法では特に規定されていません。もっとも、その作成方法については、会社法施行規則が詳細を定めていますので、それに従うことになります。

解散にあたって作成する計算書類	作成する時点	作成者
財 産 目 録	解散日現在	清算人
貸借対照表		

2 財産目録

財産目録とは、積極財産（資産）と消極財産（負債）の内訳明細のことであり、清算開始時における清算株式会社の状況を示すものです。この財産目録は、資産の部・負債の部・正味資産の部の３区分に分けて表示することとされており、さらに資産の部と負債の部については、その内容を示す適当な名称を付した項目に細分することができるとされています（会規144③）。正味資産の部について指示がないのは、清算株式会社では剰余金の配当が行われないため（会509①二）、資本金や剰余金を区分することには積極的な意味がないからです。

財産目録に計上する財産（資産）の評価については、原則として処分価格によることとされています（会規144②）。もちろん、すべての財産（資産）について処分価格を明らかにできるとは限りませんから、その場合は取得価額のままでも構いません。清算株式会社の会計帳簿については、この財産目録に記載された価格を取得価額とみなして記帳することになりますが（会規144②）、このみなし規定は、清算株式会社の貸借対照表や事務報告の作成にあたって、毎清算事務年度ごとに財産の処分価格を見積もり直すという事務負担を避ける意味があるものと考えます。

なお、詳細は次問（Q17）で説明しますが、財産目録のひな型を示しますと、次のとおりです。

財 産 目 録
令和×年×月×日（解散日）現在

【資産の部】

科　　　　目	摘　　　要	金　　額
現金預金	…	×××
売 掛 金	…	×××
…	…	×××
資産の部　合計		×××

【負債の部】

科　　　　目	摘　　　要	金　　額
借 入 金	…	×××
未 払 金	…	×××
…	…	×××
負債の部　合計		×××

【正味資産の部】

差引　正味資産の部	金額
	××

3　貸借対照表

清算開始時の財産目録が清算株式会社の財産（積極財産と消極財産）の内容を明らかにする明細表であるのに対して、清算開始時の貸借対照表は、清算株式会社の財産の構成を概括的に示す概要表ということができます。したがって、貸借対照表は財産目録に基づいて作成されることになります（会規145②）。作成に際しては、資産の

部・負債の部・純資産の部に区分して表示するとともに、資産の部と負債の部については、その内容を示す適当な名称を付した項目に細分することができるとされています（会規145③）。純資産の部には単に純資産という項目を設ければよいとされているのは、財産目録のところで述べたのと同様に、清算株式会社では剰余金の配当が行われないため、資本金や剰余金といった区分に積極的な意味がないからです。

　ところで、この貸借対照表は、財産目録をベースにして作成されるわけですから、資産の評価については、やはり処分価格によることになります。もちろん、すべての資産について処分価格を明らかにできるとは限りませんから、その場合は財産評価の方針について注記することが求められています（会規145④）。

4　税制改正で注目される計算書類

　Q26で解説しているとおり、平成22年度税制改正で清算所得課税制度が見直され、従来の財産課税方式が廃止されて損益課税方式に一本化されました。そのため、清算にあたって債務免除益が発生した場合に、これを相殺して課税を回避する上で、いわゆる期限切れ欠損金の活用が課題となっていますが、この期限切れ欠損金の使用が認められるのは「残余財産がないと見込まれる場合」に限られるとされています。

　では、ここでいう「残余財産がないと見込まれる場合」とは具体的にどのような場合をいうのでしょうか。これについては、処分価格で作成した計算書類、つまり清算貸借対照表において純資産がマイナスであることを示す必要があると考えられます。したがって、会社法における清算貸借対照表の作成実務が税務上の観点からも重要となるわけです。従来から残余財産の確定のために必要とされていた計算書類ですが、税務における清算所得課税方式の変更に伴って、その重要性はさらに重みを増したといってもよいでしょう。

第2章　会社清算の会計

Q17 財産目録の作成と記載例

清算人が清算株式会社の財産の現況を調査した上で作成する財産目録について、作成上の留意点と具体的な記載例を示してください。

A17 解説

1　財産目録作成上の留意点

　清算人は、清算手続きを通じて財産を換価処分し、債務を弁済して最終的に残余財産を株主に分配することを職務としています。したがって、清算株式会社の資産および負債は、通常の事業活動の中で回収または返済されるものではなく、清算手続きという特殊な状況下において回収または返済が行われることになります。このため、清算株式会社においては、従前の投下資本に対する経営の成果（パフォーマンス）を報告する意味は乏しく、むしろ資産や負債を評価替えすることを通じて清算手続きの実施状況を適切に開示することが必要になります。つまり、清算株式会社は清算手続きという財産の換価処分過程にあるため、その資産に付すべき評価額は、基本的には事業の清算を前提とした価額（処分価格）になります（会規144②）。また、負債についても債権届出等によって確定された価額で評価されますし、清算業務に必要な費用についても合理的な見積額をもって計上することになります。

　しかし、清算手続中に作成される財産目録や貸借対照表に計上される資産や負債の評価額の意味が必ずしも明確にされていないため、実務上は日本公認会計士協会会計制度委員会研究報告第11号「継続企業の前提が成立していない会社等における資産及び負債の評価について」（平成17年4月12日）によって対応することになります。

2　処分価格等の考え方

　日本公認会計士協会会計制度委員会研究報告第11号「継続企業の前提が成立していない会社等における資産及び負債の評価について」に示されている評価方法の一例は次のとおりです。

77

科　目	評　価　方　法
現　　　金	・解散日までの経過利息を未収入金に計上
金　銭　債　権	・個別債権残高から、貸倒見込額および取立費用を控除した価額 ・貸付金は解散日までの経過利息を未収入金に計上
たな卸資産	・売却可能価額から売却費用を控除した価額
有　価　証　券	・市場性があるものは時価から売却費用を控除した価額 ・市場性がないものは処分可能価額から処分費用を控除した価額
前　払　費　用	・契約解除による現金回収可能見込額を未収入金に計上 ・借入金利息の前払は原則としてゼロ評価
仮　払　金	・現金回収見込額は未収入金に計上し、その他はゼロ評価
土　　　地 （借地権を含む）	・時価（近隣の取引価額又は公示価格等）から処分費用を控除した価額 ・建物等を取り壊して更地として処分する場合はその取壊費用をさらに控除
その他の有形固定資産	・処分可能価額から処分費用を控除した価額
無形固定資産	・原則としてゼロ評価 ・処分可能なものは処分可能価額から処分費用を控除した額
繰　延　資　産	・ゼロ評価
税務上の繰延資産	・契約解除による現金回収見込額を未収入金に計上
未　払　金	・リース契約の解除に伴う違約金を一括未払金計上 ・契約解除により取得する固定資産は、その他の固定資産と同様の評価
借　入　金	・解散日までの経過利息を未払金に計上
退職給付引当金	・解散日現在での会社都合による要支給額を未払金に計上
法人税・住民税・事業税	・事業年度開始日から解散日までの期間に係る所得金額に対する確定税額を未払金に計上 ・清算所得に対する税額を見積り概算計上
偶　発　債　務	・割引手形の両建て計上 ・保証債務の履行が確実に見込まれるものは履行額を未払計上

　しかし、こうした評価方法によったとしても、すべての資産や負債について処分可能価額を見積もることは容易ではないため、従前の帳簿価額をベースとした適正な帳簿価額（会社計算規則5、6）を用いることになります。なお、継続企業を前提とした項目（例えば、繰延税金資産や繰延税金負債、法的債務性のない引当金など）は計

上されませんし、また、「一般に公正妥当と認められる企業会計の基準その他の会計慣行」を斟酌して資産・負債として認識されていない項目（例えば、取得時に費用処理したことによってオフバランスとなっている資産や保証債務など）については、逆に計上する必要があると考えます。

3　財産目録の記載例

財産目録の記載例を示しますと、次のとおりです。

財 産 目 録
令和×年×月×日（解散日）現在

【資産の部】

科　　目	摘　　要	金　額
現 金 預 金	手元現金、普通預金　はるか銀行京都支店	×××
受 取 手 形	支払人　出雲商会㈱	×××
	支払人　瀬戸商店㈱	×××
売 　掛　 金	債務者　㈱雷鳥カンパニー	×××
	債務者　㈱文殊観光	×××
建 　　　物	本社、物流センター	×××
土 　　　地	同　　上	×××
投資有価証券	北近畿商事㈱	×××
長期貸付金	債務者　南紀開発㈱	×××
資産の部　合計		×××

【負債の部】

科　　目	摘　　要	金　額
短期借入金	はるか銀行	×××
未 　払　 金	従業員未払給与、退職金	×××
	中京税務署	×××
長期借入金	はるか銀行	×××
負債の部　合計		×××

【正味資産の部】

差引　正味資産の部	××

（注）土地建物の価格については不動産鑑定評価によった。

Q18 清算開始時の貸借対照表の作成と記載例

清算人が清算株式会社の財産の現況を調査した上で作成する貸借対照表について、作成上の留意点と具体的な記載例を示してください。

A18 解説

1 清算開始時の貸借対照表作成上の留意点

　清算開始時の貸借対照表は、財産目録に基づいて作成しますから（会規145②）、資産の評価については、財産目録と同様に処分価格によることになります。

　ところで、一般に公正妥当と認められる企業会計の基準は、継続企業を前提として設定されているため、減価償却に代表されるように、会社の資産や負債を時価評価することを想定していません。このため、清算株式会社のように継続企業の前提が成立していない会社が、それまでと同様に継続企業を前提にして貸借対照表などを作成したのでは、清算株式会社の状況を適切に反映することが困難になります。したがって、清算株式会社においては、継続企業を前提とする会計基準を適用するのではなく、会社の資産や負債をすべて評価替えして会社の状況を適切に開示する必要があります。

　しかし、この評価替えにあたって、資産や負債の評価の方法が必ずしも明確にされていないことは前問でも触れたとおりであり、そのため、実務上は日本公認会計士協会会計制度委員会研究報告第11号「継続企業の前提が成立していない会社等における資産及び負債の評価について」によって対応することになります。もっとも、評価にあたって法が予定する処分価格を付すことが困難な場合は、その財産評価の方針について貸借対照表に注記することとされています（会規145④）。

2 清算開始時の貸借対照表の表示方法

　貸借対照表の作成に際しては、資産の部・負債の部・純資産の部に区分して表示するとともに、資産の部と負債の部については、その内容を示す適当な名称を付した項

目に細分することができるとされています（会規145③）。

　ただし、資産の部を流動資産・固定資産・繰延資産に、負債の部を流動負債・固定負債に区分する必要や、さらに固定資産の部を有形固定資産・無形固定資産・投資その他の資産に区分する必要はないと考えます。清算株式会社においては、すべての資産は換価されることが予定されており、また、すべての債務についても清算の結了までに弁済されることが予定されているわけですから、その意味では流動と固定の区分に積極的な意味があるとは言えないからです。

　なお、純資産の部について明細が求められないのは、残余財産の確定という清算手続きの目的からは、もはや積極的な必要性は乏しいとの判断によるものと思われます。

3　清算開始時の貸借対照表の記載例

　清算開始時の貸借対照表の記載例を示しますと、次のとおりです。

清算開始時の貸借対照表
令和×年×月×日（解散日）現在

資産の部		負債の部	
科　　　目	金　　額	科　　　目	金　　額
現 金 預 金	×××	借 　入 　金	×××
受 取 手 形	×××	未 　払 　金	×××
売 　掛 　金	×××	保 証 債 務	×××
棚 卸 資 産	×××	退職給付債務	×××
建 　　　物	×××	純資産の部	
土 　　　地	×××	純 　資 　産	×××
投資有価証券	×××		
貸 　付 　金	×××		
資産の部合計	×××	負債・純資産の部合計	×××

（注記）

　次の資産については、処分価格を付すことが困難ですので、それぞれ次の金額を計上しています。

　・棚卸資産　…………　移動平均法に基づく原価法により評価した金額

　・建　　物　…………　取得価額から減価償却累計額を控除した金額

Q19 清算事務年度における計算書類

清算株式会社が清算事務年度において作成することになる計算書類について、その記載例も交えて説明してください。

A19 解説

1 清算事務年度における計算書類

清算株式会社は、清算手続き中も清算事務年度ごとに計算書類を作成し、定時株主総会に提出しなければなりません（会497①）。ここで作成を求められる計算書類は、貸借対照表とその附属明細書および事務報告とその附属明細書です（会494①）。もっとも、株主総会での承認が必要となるのは貸借対照表だけ（会497②）で、事務報告は文字通り報告だけ（会497③）でよく、さらに附属明細書は備え置くだけ（会496①）でよいとされています。

なお、通常の事業年度で要求される損益計算書と株主資本等変動計算書は必要ありません。これらは企業の継続を前提に作成されるものですから、清算事務年度においては不要と考えられているからです。

区　　分		通常の事業年度	清算事務年度
計算書類	貸　借　対　照　表	作成必要	作成必要
	損　益　計　算　書	作成必要	作成不要
	株主資本等変動計算書	作成必要	作成不要
	注　　記　　表	作成必要	必要に応じて作成
附　属　明　細　書		作成必要	作成必要

2 清算事務年度における貸借対照表とその附属明細書

清算事務年度における貸借対照表も通常の株式会社における各事業年度の場合と同様に会計帳簿から作成します（会規146①）。また、この貸借対照表の区分表示等につ

82

いても清算開始時の貸借対照表と同様に資産の部、負債の部、純資産の部に区分して表示することとされています（会規146②）。

　附属明細書については貸借対照表の内容を補足する重要な事項を記載するとされていますが、具体的な記載事項については触れられていません（会規146③）。これは、清算株式会社ごとに事情が異なるため、あえて明記しなかったものと思われますが、各清算事務年度においても清算開始時と同様の財産目録を作成するとした場合に記載することになるであろう項目、たとえば個々の資産や負債ごとの内訳明細と帳簿価額を記載することが有用であると思われます。

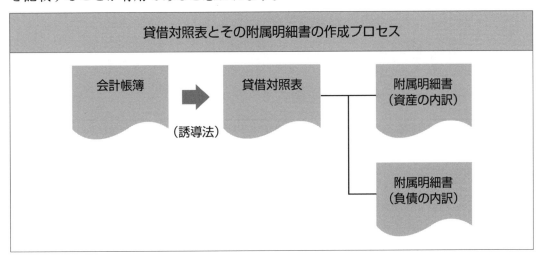

貸借対照表とその附属明細書の作成プロセス

清算事務年度の貸借対照表
令和×年×月×日現在

資産の部		負債の部	
科目	金額	科目	金額
現金預金	×××	借入金	×××
受取手形	×××	未払金	×××
売掛金	×××	保証債務	×××
棚卸資産	×××	退職給付債務	×××
建物	×××	純資産の部	
土地	×××	純資産	×××
投資有価証券	×××		
貸付金	×××		
資産の部合計	×××	負債・純資産の部合計	×××

3　清算事務年度における事務報告とその附属明細書

　清算事務年度における事務報告は、通常の株式会社における各事業年度の事業報告に相当するものといえますが、清算に関する事務の執行の状況に係る重要な事項を記載するとされているだけで、特に具体的な記載事項は定められていません（会規147①）。これも貸借対照表の場合と同様に、清算株式会社ごとに事情が異なるため、あえて明記しなかったものと思われますが、清算人の立場から事務報告の内容を考えた場合、少なくとも次のような事項は記載されるべきであると考えます。

①	清算事務年度における収入と支出の状況 　・収入…財産の処分による収入その他の収入 　・支出…債務の弁済による支出、清算費用の支出
②	清算事務の今後の見通し
③	その他清算事務に関する重要な事項

　次に事務報告の具体的な記載例を示します。

清算事務年度の事務報告
令和×年×月×日から令和×年×月×日まで

１．収支の状況

支　　出		収　　入	
科　　　目	金　額	科　　　目	金　額
①債務の弁済	×××	①債権の取立て	×××
借　入　金	×××	受　取　手　形	×××
未　払　金	×××	売　掛　金	×××
②清算費用	×××	②資産の処分	×××
給　　　与	×××	棚　卸　資　産	×××
旅費交通費	×××	建　　　物	×××
雑　　　費	×××	投資有価証券	×××
支出合計	×××	収入合計	×××
収支差額（収入の部－支出の部）			×××

２．清算事務の今後の見通し
　　………………………………………

３．その他清算事務に関する重要な事項
　　………………………………………

4 清算事務年度に係る損益計算書と株主資本等変動計算書

ところで、清算事務年度に係る損益計算書や株主資本等変動計算書について、会社法は何も指示をしていません。つまり、作成の必要がないということなのですが、これは何故でしょうか。それは、次のような理由によるものと考えます。

損 益 計 算 書	損益計算書は継続企業を前提として作成されるものであることから、清算目的のためにのみ存在する清算株式会社には不要であること。
株主資本等変動計算書	清算株式会社においては剰余金の配当や資本金等の計数の変動が起こりえないことから、株主資本等変動計算書を作成する積極的な意味が認められないこと。

Q20 清算株式会社の決算スケジュール

　解散決議を経て清算事務年度末を迎えようとしているのですが、清算事務年度に係る株主総会の開催を含めた決算スケジュールについて具体的に教えてください。

A20 解説

1　清算株式会社における株主総会

　清算株式会社においても株主総会は開催しなければなりません（会497①）。したがって、清算人は、清算事務年度に係る株主総会に貸借対照表（その附属明細書を含みます）を提出して、その承認を受けるとともに、事務報告（その附属明細書を含みます）について報告する必要があります（会497②③）。

　清算手続き中ではあっても、株主総会に関する規定は、解散前と基本的には変わりませんので、招集通知の発送等についても注意が必要です。

2　清算株式会社における監査役の職務

　清算株式会社においても、所定の計算書類が株主総会に報告され、また承認されることになりますから、それに先だって監査を受ける必要があります（会495①）。清算開始前の定款に監査役または監査役会を設置する旨の定めがありますと、清算株式会社においてもその定めが継続し、清算開始前の監査役が引き続き職務を行います。この監査役の資格や権限等については清算開始前の株式会社と何ら変わるところはありませんが、清算株式会社の特性上、その任期については定めがないものとされています（会480②）。

　監査役に従前と変わらない職務遂行が求められている以上、株主総会に先立って貸借対照表および事務報告ならびにこれらの附属明細書を監査役に提供し、その監査を受けることになりますから、その点を決算スケジュールに織り込む必要があります。また、監査役会が設置されている場合には、清算人会も設置しなければなりませんから（会477③）、それに沿ったスケジュールになります。

第2章　会社清算の会計

　もっとも、簡便な清算手続きを進めるという観点からは、あえて清算株式会社に監査役を設置しないという選択肢もありますから、その場合は清算開始後の株主総会で監査役を設置する旨の定款の定めを廃止する必要があります。ただし、清算開始時において公開会社または大会社であった会社は監査役の設置が強制され、清算開始後に定款を変更して株式に譲渡制限を加えても、また清算の進行に伴って負債額が減少するなどして大会社の要件を満たさなくなったとしても、監査役の設置義務を免れない点に注意してください（会477④）。

3　清算株式会社の決算スケジュール

　このように清算事務年度においても、計算書類の作成と監査役等による監査、そして株主総会での承認という一連の手続きをとる必要がありますので、そのスケジュールを組むにあたって注意しておくべきポイントについて確認しておきましょう。

　なお、次ページに掲げる表では監査役の設置を廃止して清算人のみとなった会社と清算人会および監査役会を設置している会社とに区分して表記しています。

87

	内　　容	スケジュール組立ての上でのポイント		根拠条文
		清算人のみの会社	清算人会および 監査役会設置会社	
①	清算人による貸借対照表および事務報告ならびにこれらの附属明細書の作成	必　要		会494①
②	監査役への貸借対照表および事務報告ならびにこれらの附属明細書の提供		必　要	会495①
③	貸借対照表および事務報告ならびにこれらの附属明細書に係る監査役会監査報告の通知	不　要	貸借対照表および事務報告を受領した日から4週間を経過した日までに通知	会規148
④	監査役の監査を受けた貸借対照表および事務報告ならびにこれらの附属明細書の清算人会における承認		必　要	会495②
⑤	定時株主総会の招集通知の発送	総会日の2週間前（非公開会社は1週間前。定款で1週間を下回る期間を定めた場合は、その期間）まで	総会日の2週間前（非公開会社は1週間前）まで	会299① 会491
⑥	貸借対照表および事務報告ならびにこれらの附属明細書の備置き	総会日の1週間前から本店所在地における清算結了登記の時まで		会496①
⑦	株主総会における貸借対照表の承認と事務報告の報告	必　要		会497①

第2章　会社清算の会計

Q21 清算株式会社の監査報告の記載例

清算株式会社における監査役の位置付けはどのようになっているのでしょうか。また、清算株式会社における監査役の監査報告については、どのように記載すればよいのでしょうか。

A21 解説

1　清算株式会社の機関

　清算人および株主総会以外に、清算株式会社が定款の定めによって設置できる機関は、清算人会、監査役または監査役会となります（会477②）。通常の株式会社では、会計参与や会計監査人を設置することができますが、これらは会社の解散時にその地位を喪失します。また、清算株式会社には、委員会も設置することはできません（会477⑦）。

2　清算株式会社の監査役

　清算株式会社には必ず清算人を置かなければなりませんが（会477①）、監査役・監査役会が置かれるのは、その旨の定款の定めがある場合に限られます（会477②）。ただし、清算株式会社になった時点で既に公開会社または大会社であった会社は、監査役を置く必要があります（会477④）。

　清算株式会社に監査役が置かれる理由は、清算手続き中に行われる財産の換価処分等について、会社と大株主・清算人との利益相反による会社の損害を防止することにあります。したがって、公開会社または大会社であった会社に対しては、監査役の設置を義務づけるとともに、そうでない会社に対しても設置の余地を残しているものと考えます。なお、清算株式会社が監査役会を設置する旨の定めをおいた場合には、同時に清算人会を設置することが求められます（会477③）。これは、通常の株式会社において、監査役会設置会社には取締役会が必置とされていること（会327①）と平仄を合わせたものと考えられます。また、清算株式会社が監査等委員会設置会社または指名委員会等設置会社であった場合には、監査等委員である取締役または監査委員が

それぞれ監査役となります（会477⑤⑥）。

監査役の資格や権限に関しては、清算開始前と変わるところはありません。もっとも、清算株式会社においては監査役の任期に関する規制が機能しませんので（会480②）、辞任や解任等が行われない限り、清算の結了までが任期となります。

3　監査報告

清算株式会社は、各清算事務年度（解散の日の翌日から始まる各1年の期間）に係る貸借対照表および事務報告ならびにこれらの附属明細書（以下、貸借対照表等といいます）を作成しなければならず（会494①）、監査役が置かれている場合は、作成された貸借対照表等について監査役の監査を受けなければなりません（会495①）。

監査役の監査報告は、以下の事項が含まれた内容でなければならないとされています（会規148②）。

> ①　監査役の監査の方法およびその内容
> ②　各清算事務年度に係る貸借対照表およびその附属明細書が当該清算株式会社の財産の状況を全ての重要な点において適正に表示しているかどうかについての意見
> ③　各清算事務年度に係る事務報告およびその附属明細書が法令または定款に従い当該清算株式会社の状況を正しく示しているかどうかについての意見
> ④　清算人の職務の遂行に関し、不正の行為または法令もしくは定款に違反する重大な事実があったときは、その事実
> ⑤　監査のため必要な調査ができなかったときは、その旨およびその理由
> ⑥　監査報告を作成した日

ただし、監査役の監査の範囲を会計監査に限定する旨の定款の定めがある場合には、上記の③と④の記載に代えて、それらの事項を監査する権限がないことを明記しておく必要があります（会規148③）。監査役会が設置されている清算株式会社の場合、各監査役が作成した監査報告に基づいて監査役会の監査報告が作成されることになります（会規148④）。監査役会の監査報告には、以下の事項を記載しなければなりません（会規148⑤）。

> ①　監査役および監査役会の監査の方法およびその内容
> ②　各清算事務年度に係る貸借対照表およびその附属明細書が当該清算株式会社の財産の状況を全ての重要な点において適正に表示しているかどうかについての意見

③ 各清算事務年度に係る事務報告およびその附属明細書が法令または定款に従い当該清算株式会社の状況を正しく示しているかどうかについての意見

④ 清算人の職務の遂行に関し、不正の行為または法令もしくは定款に違反する重大な事実があったときは、その事実

⑤ 監査のため必要な調査ができなかったときは、その旨およびその理由

⑥ 監査報告を作成した日

4 監査報告の記載例

次に清算株式会社における監査役の監査報告について、その記載例を示します。タイトルは監査報告書としていますが、これは監査報告が紙ベースで提供されることを想定しているためです。

監査報告書

私は、令和×年×月×日から令和×年×月×日までの第×期清算事務年度に係る貸借対照表及びその附属明細書並びに事務報告及びその附属明細書の監査を行いましたので、以下のとおり報告いたします。

1. 監査の方法及びその内容

私は、清算人及び使用人等と意思疎通を図り、情報の収集及び監査の環境の整備に努めるとともに、重要な会議に出席し、清算人及び使用人からその職務の執行状況について報告を受け、必要に応じて説明を求め、重要な決裁書類等を閲覧し、本社及び主要な事業所において業務及び財産の状況を調査するなどの方法に基づき、さらに、会計帳簿又はこれに関する資料の調査を行い、当該清算事務年度に係る貸借対照表及びその附属明細書並びに事務報告及びその附属明細書について検討いたしました。

2. 監査の結果
  (1) 貸借対照表及びその附属明細書の監査結果
    貸借対照表及びその附属明細書は、会社の財産の状況をすべての重要な点において適正に表示しているものと認めます。
  (2) 事務報告及びその附属明細書の監査結果
    ① 事務報告及びその附属明細書は、法令及び定款に従い、会社の状況を正しく示しているものと認めます。
    ② 清算人の職務の執行に関する不正の行為又は法令もしくは定款に違反する重大な事実は認められません。

令和×年×月×日

ひかり商事株式会社

監査役　のぞみ次郎　㊞

前記は一般的な記載例ですが、監査役の監査範囲が会計監査に限定されている場合は次のような記載に改める必要があります。

監査報告書

　監査役　のぞみ次郎　は、令和×年×月×日から令和×年×月×日までの第×期清算事務年度の監査を実施しました。その方法及び結果につき以下のとおり報告いたします。なお、当会社の監査役は、定款××条の定めるところにより、監査の範囲が会計に関するものに限定されているため、次の事項について監査する権限を有しておりません。

　①　事務報告及びその附属明細書が法令又は定款の定めに従い、会社の状況を正しく示しているかどうか。

　②　清算人の職務の執行に関する不正の行為又は法令もしくは定款に違反する重大が事実があるかどうか。

１．監査の方法及びその内容

　監査役は、清算人から会計に関する職務の執行状況を聴取し、会計に関する重要な決裁書類等を閲覧しました。また、会計帳簿又はこれに関する資料を調査し、当該清算事務年度に係る貸借対照表及びその附属明細書について検討いたしました。

２．監査の結果

　貸借対照表及びその附属明細書は、会社の財産の状況をすべての重要な点において適正に表示しているものと認めます。

令和×年×月×日
ひかり商事株式会社
監査役　のぞみ次郎　㊞

　一方、監査役会が設置されている場合の記載例は、次ページのとおりです。

監査報告書

　当監査役会は、令和×年×月×日から令和×年×月×日までの第×期清算事務年度の清算人の職務の執行に関して各監査役が作成した監査報告書に基づき、審議の上、本監査報告書を作成し、以下のとおり報告いたします。

１．監査役及び監査役会の監査の方法及びその内容

　監査役会は、監査の方針、職務の分担等を定め、各監査役から監査の実施状況及び結果について報告を受けるほか、清算人からその職務の執行状況について報告を受け、必要に応じて説明を求めました。

　各監査役は、監査役会が定めた監査の方針、職務の分担等に従い、清算人及び使用人等と意思疎通を図り、情報の収集及び監査の環境の整備に努めるとともに、清算人会その他重要な会議に出席し、清算人及び使用人からその職務の執行状況について報告を受け、必要に応じて説明を求め、重要な決裁書類等を閲覧し、本社及び主要な事業所において業務及び財産の状況を調査するなどの方法に基づき、当該清算事務年度に係る事務報告及びその附属明細書について検討いたしました。

　さらに、会計帳簿又はこれに関する資料の調査を行い、当該清算事務年度に係る貸借対照表及びその附属明細書について検討いたしました。

２．監査の結果
　⑴　貸借対照表及びその附属明細書の監査結果
　　　貸借対照表及びその附属明細書は、会社の財産の状況をすべての重要な点において適正に表示しているものと認めます。
　⑵　事務報告及びその附属明細書の監査結果
　　①　事務報告及びその附属明細書は、法令及び定款に従い、会社の状況を正しく示しているものと認めます。
　　②　清算人の職務の執行に関する不正の行為又は法令もしくは定款に違反する重大な事実は認められません。

令和×年×月×日

ひかり商事株式会社　監査役会

監査役　のぞみ次郎　㊞

監査役　あさま正夫　㊞

監査役　はやて花子　㊞

Q22 清算株式会社の会計監査人

当社は大会社であったため、会計監査人を設置していましたが、解散後清算手続きに着手した状況でも、なお会計監査人を設置しておかなければならないのでしょうか。

A22 解説

1 会計監査人の地位の喪失

通常の株式会社は、定款の定めるところにより任意に会計監査人を設置することができます（会326②）。また、大会社は会計監査人を設置しなければなりません（会328）。しかし、清算株式会社は、会計監査人を機関として予定していません（会477⑦）。したがって、会計監査人は会社の解散時に、その地位を失うことになります。

2 会計監査人監査の前提

そもそも会計監査人の監査は、「一般に公正妥当と認められる企業会計の基準」に準拠して計算書類および附属明細書が財産および損益の状況を適正に表示しているかについて意見を表明するものであり、これらの基準は継続企業を前提にしたものであるといえます。つまり、会社の営業ないしは事業継続を前提として会計監査人による監査の制度が組み立てられている以上、会社の消滅を前提として行われる清算手続きにおいて、もはや会計監査人監査は必要ないと考えられるからです。

したがって、清算株式会社になった時点で大会社であった場合も、機関としての会計監査人を引き継ぐことはありません。このため、清算株式会社の各清算事務年度（解散の日の翌日から始まる各1年の期間）に係る貸借対照表および事務報告ならびにこれらの附属明細書の監査は、すべて監査役が実施することになります（会495①、会規148）。

第 2 章　会社清算の会計

清算株式会社の計算書類開示

清算株式会社における計算書類の開示について概要を教えてください。

A23 解説

1　貸借対照表等の作成と保管

　清算株式会社は各清算事務年度（解散の日の翌日から始まる各1年の期間）に係る貸借対照表および事務報告ならびにこれらの附属明細書（以下、貸借対照表等といいます）を作成しなければなりません（会494①）。これは電磁的記録をもって作成してもかまいません（会494②）。また、貸借対照表と附属明細書は、作成した時から清算結了の登記の時までは保存しておく必要があります（会494③）。

2　貸借対照表等の備置きおよび閲覧

　貸借対照表等は、定時株主総会の日の1週間前の日から、本店に備え置くとともに（会496①）、株主および債権者の閲覧等に供さなければなりません（会496②）。ただし、清算株式会社においては公告は必要とされません。もはや、不特定多数の者に対して貸借対照表等を開示する意義は乏しいと考えられるためです。

3　株主総会への提出等

　貸借対照表については定時株主総会へ提出してその承認を受けなければなりません（会497①②）。そのため清算人は定時株主総会を招集し（会482③三）、総会の日の2週間前（公開会社でない清算株式会社にあっては1週間前。清算人会非設置会社で定款でそれを下回る期間を定めた場合はその期間）までに株主に対しその通知を発しなければなりませんが（会491）、その通知に貸借対照表等を添付する必要はありません。

　なお、株主総会での承認が必要となるのは貸借対照表だけで、事務報告は文字通り

95

報告だけでよく、附属明細書は備え置くだけでよいとされています（会496①）。

　ご質問への回答を一覧にまとめますと、次のようになります。

項目 ＼ 開示書類	貸借対照表	附属明細書	事務報告	附属明細書
作成（電磁的記録可）	要		要	
保　存	要		―	
備置・株主および債権者への供覧	要		要	
監査役監査（※1）	要		要	
清算人会の承認（※2）	要		要	
株主総会への提出または提供	要		要	
株主総会の承認・報告	承認	―	報告	―
公　告	不要		不要	

（※1）監査役または監査役会設置会社の場合

（※2）清算人会設置会社の場合

Q24 残余財産の確定と分配に係る会計処理

会社解散後、残余財産を確定し株主に分配するまでの一連の取引についてどのような会計処理が必要となりますか。具体例を交えて説明してください。

A24 解説

1 清算人の職務

清算株式会社は、清算の目的の範囲内において業務を執行することが認められ（会476）、当該業務を執行するのが清算人となります（会482①）。

清算人が就任した後に行う重要な清算事務は、残余財産の確定と残余財産の分配の2つで、現務の結了や債権の取立て、さらには債務の弁済といった一連の作業を通じて株主に分配するべき残余財産の金額を確定させるとともに、これを株主に分配することになります。

こうした清算人が行う清算事務に係る取引について、会計上、どのように処理するのかを残余財産の確定と残余財産の分配という2つの局面に分けて解説します。

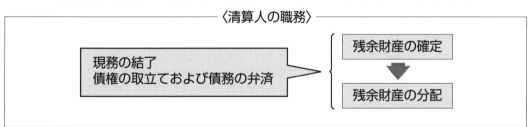

2 残余財産確定に至るまでの会計処理

(1) 現務の結了、債権の回収および債務の弁済

会社は、解散の決議がなされた後は、清算事務のみを行うことになります。具体的には、解散前に有していた商品在庫をはじめ備品や設備などの固定資産の売却や処分をすすめ、会社が保有する金銭以外の財産を金銭に換えていく（財産の換価）とともに、従業員との雇用契約の解消、不動産の賃貸借契約やリース契約の解除など、これ

まで事業活動を遂行する上で必然的に行われてきた各種取引関係を解消していきます。これをわかりやすくイメージしたものが次の図です。

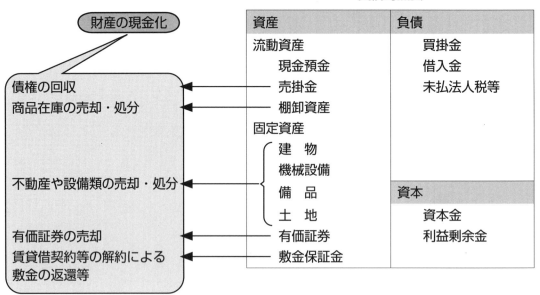

こうして会社財産の換価を進めながら、順次、買掛金や借入金といった種々の債務の弁済を行っていくことになります。これをわかりやすくイメージしますと、次の図のようになります。

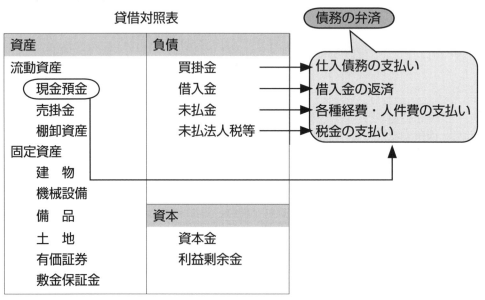

第2章　会社清算の会計

(2)　具体的な会計処理の例示

　ここで、解散時の貸借対照表が次のような場合に、会社解散後、残余財産が確定するまでの間に発生すると想定される取引についての具体的な会計処理を示します。

貸借対照表
令和×年×月×日（解散日）

（単位：千円）

科　目	金　額	科　目	金　額
資産の部		負債の部	
流動資産	130,500	流動負債	109,300
現金預金	2,500	買掛金	45,000
売掛金	80,000	短期借入金	50,000
棚卸資産	48,000	未払金	12,800
		未払法人税等	1,500
固定資産	369,500	固定負債	245,000
有形固定資産	363,600	長期借入金	200,000
建　物	60,000	退職給付引当金	45,000
器具備品	3,600	負債合計	354,300
土　地	300,000	純資産の部	
投資等	5,900	資本金	98,000
投資有価証券	4,700	利益剰余金	47,700
敷金保証金	1,200	純資産合計	145,700
資産合計	500,000	負債・純資産合計	500,000

①　棚卸資産の売却・処分

　〈売却〉

　簿価40,000千円の在庫を30,000千円で売却した。

（借方）現金預金	30,000	（貸方）商品売却収入	30,000
商品売却原価	40,000	棚卸資産	40,000

99

〈廃棄処分〉

簿価8,000千円の在庫を200千円のコストをかけて廃棄処分した。

| （借方）商品廃棄損 | 8,200 | （貸方） | 棚卸資産 | 8,000 |
| | | | 現金預金 | 200 |

② 固定資産の売却・処分

〈売却〉

簿価361,600千円の固定資産を270,000千円で売却した。

（借方）現金預金	270,000	（貸方）	固定資産売却収入	270,000
固定資産売却原価	361,600		建　物	60,000
			器具備品	1,600
			土　地	300,000

〈廃棄処分〉

簿価2,000千円の備品を200千円のコストをかけて廃棄処分した。

| （借方）固定資産処分損 | 2,200 | （貸方） | 器具備品 | 2,000 |
| | | | 現金預金 | 200 |

③ 借入金の返済

固定資産の売却とともに銀行への借入金の返済を行った。

| （借方）短期借入金 | 50,000 | （貸方） | 現金預金 | 50,000 |
| 長期借入金 | 200,000 | | 現金預金 | 200,000 |

④ 投資有価証券の売却

簿価4,700千円の時価のある株式を4,000千円で売却した。

| （借方）現金預金 | 4,000 | （貸方） | 投資有価証券売却収入 | 4,000 |
| 投資有価証券売却原価 | 4,700 | | 有価証券 | 4,700 |

⑤　不動産の賃貸借契約解除に伴う敷金の返還

営業所として使用していた賃貸物件の賃貸契約を解除し、当初差し入れていた敷金1,200千円から原状回復費900千円を差し引いた残額を受け取った。

（借方）現金預金	300	（貸方）敷金保証金	1,200
賃貸借契約解約損	900		

⑥　売掛金の回収

売掛金残高80,000千円のうち70,000千円は回収できたが、残額の10,000千円については相手先倒産のため回収不能となった。

（借方）現金預金	70,000	（貸方）売　掛　金	80,000
貸倒損失	10,000		

⑦　買掛金の支払い

買掛金残高45,000千円の支払を行った。

（借方）買　掛　金	45,000	（貸方）現金預金	45,000

⑧　各種経費の未払額の支払い

通信費、水道光熱費等の各種経費の未払額およびリース契約解除に係る残債12,800千円を支払った。

（借方）未　払　金	12,800	（貸方）現金預金	12,800

⑨　従業員解雇および退職金支払

従業員解雇に伴う退職金として会社解散時に45,000千円を引当金設定していたが、その後の追加の退職金が5,000千円発生し、合計で50,000千円の退職金を支払った。

（借方）退職給付引当金	45,000	（貸方）現金預金	50,000
退　職　金	5,000		

⑩　未払法人税等の支払い

会社解散時における法人税等の未払額1,500千円を支払った。

（借方）未払法人税等	1,500	（貸方）　現金預金	1,500

(3)　残余財産の確定

残余財産とは、資産の売却や売掛金の回収等により財産の換価が終了し、かつ、買掛金の支払いや借入金の返済等の株主以外の利害関係者に対する債務の弁済が終了した後に残る財産であり、結果として株主に分配される財産のことをいいます。

したがって、残余財産は、財産の換価と債務の弁済が完了し、株主に分配される財産が決定された時点で確定することになります。

3　残余財産の分配

清算株式会社は、債務を弁済した後でなければ、その財産を株主に分配することができません（会502）。しかし、会社解散後、清算事務を遂行するうえで、実務的には債務自体の存在の検証や債務の金額を確定することに時間を要するケースがあり、そのような場合には、全体としての残余財産の確定が遅れ、株主に対する残余財産の分配にも支障をきたすことになります。そこで、会社法では、その存否または額について争いのある債権に係る債務について弁済をするために必要となる財産を留保した上で、残余の財産を株主に分配することを容認しています（会502ただし書）。

4　残余財産の分配における会計処理

以下では、債務弁済前の分配に係る会計処理と債務弁済後の分配に係る会計処理の例を示します。

(1)　債務弁済前の残余財産の一部分配

債務弁済前に財産を株主に分配する場合には、債務の弁済をするために必要と認められる財産の留保が必要となるため、財産の分配の会計処理に加えて財産留保に係る備忘仕訳を行うことが望ましいといえます。

> **設例**
> 財産目録に記載されている土地（時価10,000千円）を推定8,000千円の債務弁済のために留保したうえで、株主に対して1,000千円の財産分配を行う場合

① 財産の留保に係る備忘処理

（借方）財産留保額	10,000	（貸方）土　　地	10,000

② 財産の分配に係る会計処理

（借方）仮　払　金（注）	1,000	（貸方）現金預金	1,000

（注）残余財産が最終的に確定していないため、仮払金等の仮勘定を用いて会計処理しておく
　　ことにします。

⑵　債務弁済後の残余財産分配

　債務弁済が完了した後に財産が残った場合は、株主に分配することになります。

設例 債務弁済後の財産（現金預金17,100千円）を株主に分配する場合

<table>
<tr><td colspan="4">貸借対照表
令和×年×月×日（残余財産確定時）</td></tr>
<tr><td colspan="2">資産の部</td><td colspan="2">純資産の部</td></tr>
<tr><td>科　目</td><td>金　額</td><td>科　目</td><td>金　額</td></tr>
<tr><td>現 金 預 金</td><td>17,100</td><td>資 　本 　金</td><td>98,000</td></tr>
<tr><td></td><td></td><td>利益剰余金</td><td>△　80,900</td></tr>
<tr><td>資産の部合計</td><td>17,100</td><td>純資産の部合計</td><td>17,100</td></tr>
</table>

（借方）資 　本 　金	98,000	（貸方）現金預金	17,100
		利益剰余金	80,900

Q25 清算結了にあたって作成する計算書類

清算事務が終了した時点で作成する計算書類にはどのようなものがありますか。

A25 解説

1 決算報告の作成と株主総会承認

清算事務が終了したときは、清算人は遅滞なく決算報告を作成し、これを株主総会に提出して承認を受けなければなりません（会507①③）。ただし、清算人会設置会社においては、決算報告について、株主総会の承認の前に、清算人会の承認を受ける必要があります（会507②）。ここで、清算事務の終了とは、債務の弁済が完了した後に残余財産が確定され、当該残余財産の株主への分配が終了したことをいいます。また、清算の結了とは、清算事務が終了し、決算報告が株主総会において承認されることをいいます。会社の法人格は、原則として、この清算の結了によって消滅することになります。

2 決算報告の内容

決算報告には、資産の処分その他の行為によって得た収入の額をはじめ、債務の弁済や清算に係る費用その他の費用、さらには残余財産の額および1株当たりの分配額等が記載されます（会規150）。

---

① 債権の取立て、資産の処分その他の行為によって得た収入の額

② 債務の弁済、清算に係る費用の支払いその他の行為による費用の額

③ 残余財産の額（支払税額がある場合には、その税額および当該税額を控除した後の財産の額）

④ 1株当たりの分配額（残余財産の分配を完了した日、残余財産の全部または一部が金銭以外の財産である場合には当該財産の種類および価額を注記）

第2章　会社清算の会計

3　決算報告の作成例

　決算報告の具体的な作成例についてはQ11でも示していますが、株主から詳細な報告を求められる場合は、次のように収入・費用の内訳等を示した記載例も考えられます。

決　算　報　告

1．収入、費用および残余財産の額（自令和×年×月×日　至令和×年×月×日）

科　　目		金　　額	
収　入	商品売却収入	×××	
	固定資産売却収入	×××	
	有価証券売却収入	×××	×××
費　用	商品売却原価	×××	
	商品廃棄損	×××	
	固定資産売却原価	×××	
	固定資産処分損	×××	
	有価証券売却原価	×××	
	清算諸費用	×××	×××
利益剰余金の増減額			×××
解散時残余財産額			×××
確定残余財産額			×××

2．1株当たりの分配額

　　普通株式1株当たり分配額　××円（発行済株式総数×××株）

　　残余財産の種類：現金

　　残余財産の分配を完了した日：令和×年×月×日

　　上記の通り清算結了したことをご報告します。

　　　令和×年×月×日

　　　　　　　　　　　　　　　　　　　　　ひかり商事株式会社

　　　　　　　　　　　　　　　　　　　　　清算人　ひかり一郎　㊞

105

コラム②　　休廃業・解散事情2023

　大手信用調査会社が2023年１月に公表した資料によりますと、2022年の「休廃業・解散」企業は、全国で４万9,625件（前年比11.8％増）となって２年ぶりに増加したようです。一方、2022年は企業倒産件数も３年ぶりに増加に転じたことから、コロナ関連支援策の希薄化に加えて先行きの見通しが不透明な中でマーケットからの退場を決断した経営者が増えているのではないかと分析しています。

　確かに、持続化給付金や雇用調整助成金などの支援策によって一時的に延命は図られたものの、その間に対応するべき経営の抜本的改善を怠り、事業継続の判断を先送りにしたことが、今になって休廃業や解散が増加する結果になっていることは否定できないでしょう。また、実質無利子・無担保融資（いわゆる、ゼロ・ゼロ融資）などのコロナ関連融資の返済期限が迫る中、企業においては自立・自走するための意思決定が喫緊の課題となっていることも事実です。

　そのほか、「休廃業・解散」企業の業歴別構成比では、業歴10年未満が最多ではあるものの、増加率では10年以上20年未満、30年以上40年未満が多かったことから、業歴の長い企業であっても休廃業や解散を余儀なくされる事例が少なくないことが明らかにされています。また、「休廃業・解散」企業の産業別構成比では、飲食業や宿泊業を含むサービス業が最多で、これに建設業、小売業が続いていることが示されています。

　一方、別の大手信用調査会社の公表資料によりますと、2022年に法人が休廃業や解散したことに伴って失われた雇用は82千人、消えた売上高は236億円と報告されています。ひとくちに「会社の清算」といいますが、経済に与える負の影響が決して小さくないことを改めて知るデータと言えましょう。

第3章

会社清算の税務

Q26 会社清算の税務の概要

会社の清算に係る税務上の取扱いは、解散前の取扱いと異なると聞きました。そこで清算に係る税務上の取扱いについて、特に留意すべき点や解散前と異なる点があれば教えてください。

A26 解説

1 損益課税方式

会社が解散した場合であっても、各事業年度の所得の計算方法は、解散前の計算方法と同じ益金の額から損金の額を控除して所得の金額を計算する「損益課税方式」です。したがって法人税を計算する際に用いる申告書の別表は解散前のものと同じものです。

ただし、解散後の会社は、清算の目的の範囲内でのみ活動することとなるため、解散前には適用できても解散後には適用できない規定があります。具体的には、租税特別措置法で認められている特別償却や準備金の設定、税額控除が該当し、適用に制限があります（詳細はQ29、Q30参照）。

なお、現行の清算に係る税務上の取扱いは、平成22年度税制改正において、それ以前の取扱いから大幅に変更されたもので、改正前の平成22年9月30日以前に解散した場合の法人税法においては、法人の所得を解散の日までとそれ以後とで峻別し、それぞれ「各事業年度の所得に対する法人税」と「清算所得に対する法人税」を課していました。

「清算所得に対する法人税」とは、残余財産の価額から解散時の資本金等の額と利益積立金額等を控除して所得の金額を計算する「財産課税方式」によって求めるものです（旧法法5、6、92〜120）。このため、平成22年9月30日以前に解散した会社については、現在もこの方法により所得の金額を計算することになります。

> 《通常所得課税：損益課税方式》：現行
> 各事業年度の所得の金額＝益金の額－損金の額

> 《清算所得課税：財産課税方式》：平成22年９月30日以前の解散
> 清算所得の金額＝残余財産の価額－（解散時における資本金等の額＋利益積立金額等）

２　期限切れ欠損金の損金算入

　青色欠損金の繰越控除期間は10年（平成30年４月１日よりも前に開始した事業年度の欠損金額は９年）と決められていて、控除期間が経過したものは損金の額に算入することはできません。しかし、例えば債務免除益が益金に算入されたことにより課税所得が発生すると、スムーズな清算ができなくなるケースが想定されます。

　そこで、内国法人が解散した場合において、残余財産がないと見込まれるときは、その清算中に終了する事業年度前の各事業年度において生じた欠損金額のうち、期限切れ欠損金額に相当する金額について、青色欠損金及び災害損失金控除後かつ最後事業年度の事業税および特別法人事業税の損金算入前の所得金額を限度として、損金の額に算入することができます（法法59④、法法62の５⑤、法令117の５）（詳細はQ35参照）。

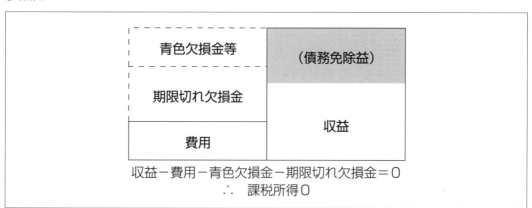

３　完全子会社を清算する場合の特例

　完全支配関係のある法人間における現物配当については、適格現物分配として、分配資産の含み損益への課税を繰り延べる組織再編税制に包含されています。また、完全子会社の欠損金の引継ぎなど、完全子会社を清算する場合に注意しておきたい特例が次のとおり設けられています。

(1)　残余財産の分配が適格現物分配に該当する場合

　内国法人が残余財産の全部の分配をする場合に、その残余財産の全部の分配が適格現物分配に該当するときは、その残余財産の確定の日の翌日において、その残余財産の確定の時の帳簿価額による譲渡をしたものとされ、現物分配法人については譲渡損

益が発生しないこととなります（法法61の2⑰、法法62の5③、法令123の6②）。

　なお、適格現物分配によるみなし配当については源泉徴収が不要とされ、被現物分配法人については、分配により生ずる収益の額について益金不算入とされます（所法24①、法法62の5④）（詳細はQ43参照）。

【現物分配による資産の移転】

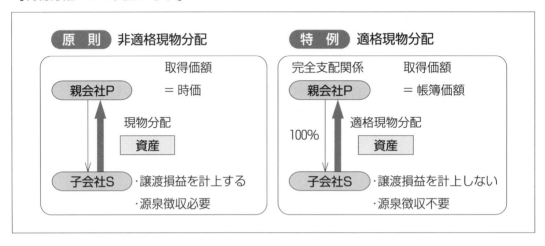

(2)　完全子会社の未処理欠損金額の引継ぎ

　内国法人との間に完全支配関係がある他の内国法人の残余財産が確定した場合には、その残余財産が確定した法人の未処理欠損金額については、その株主である法人に引き継ぐことになります（法法57②）。

　なお、他のグループ内適格組織再編の場合と同様に、租税回避に利用されることを防止する趣旨から、欠損金の引継ぎやその現物分配を受けた法人の欠損金の繰越控除、特定資産に係る譲渡等損失額の損金算入に一定の制限が設けられています（法法57③④、法法57の2①四、⑤、法法62の7①）（詳細はQ42参照）。

(3)　完全子会社株式の評価損の損金不算入

　完全支配関係にある他の内国法人が解散し、残余財産が確定した場合には、原則として未処理欠損金額が株主法人に引き継がれる一方で（法法57②）、他の内国法人の株式に係る清算損失は損金不算入とされています（法法61の2①⑱）。

　さらに、清算が行われる前に株式の評価替えを行い、評価損を計上した場合には（法法33②）、①未処理欠損金額の引継ぎと②評価損の損金算入という二重のメリットを享受できてしまうことから、内国法人が完全支配関係にある他の内国法人で次に掲げるものの株式または出資については、評価損の計上ができなくなっています（法法33⑤、法令68の3）。

①	清算中の内国法人
②	解散（合併による解散を除く）が見込まれる内国法人
③	その100%グループ内での適格合併を行うことが見込まれるもの

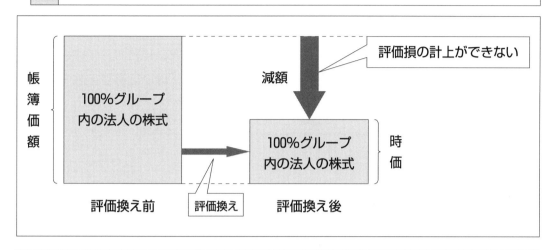

4 通算制度の承認の取消事由

　通算子法人の解散の場合、その通算子法人の残余財産の確定をもってその確定の日の翌日に通算子法人の通算制度の承認は効力を失います（法法64の10⑥五）。

Q27 解散から清算結了までの税務申告手続きと届出書

株式会社の解散決議から清算の結了にいたるまでの一連の税務申告手続きの流れと、会社が解散した場合および清算結了登記が終了した場合に必要となる税務官庁への届出書について、具体的な記載例を教えてください。

1 解散から清算結了までの税務申告手続き

　解散決議によって清算事務が開始され、清算手続きを進めることによって、清算は終了へと向かいます。清算を終わらせ株式会社の法人格を消滅させることを法律的には「清算の結了」といいますが、解散から清算結了までの一連の税務申告手続きの流れをフローチャートの形で示すと次のとおりです。

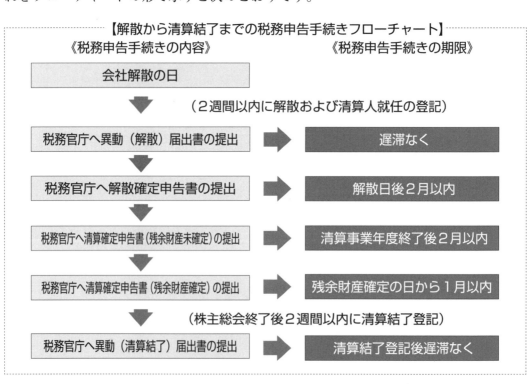

第3章 会社清算の税務

2 会社が解散した場合の届出書

　会社が解散した場合には、遅滞なく必要事項を記載した届出書を所轄税務署をはじめ地方税事務所や市区町村に届け出なければなりません。なお、税務署以外の届出には履歴事項証明書の添付を要します。税務署に提出する異動届出書の具体的記載例を示すと、次のとおりです。

> **設例** ひかり商事株式会社（３月決算法人、資本金１億円、卸売業、本店：京都市中京区）は下記のとおり解散しました。
> ① 解散の日 ： 令和×１年10月31日
> ② 解散登記日 ： 令和×１年11月10日

（受付印）

法人設立・異動等届出書

法人番号 ☐☐☐☐☐☐☐☐☐☐☐☐☐

令和 ×1年 11月 15日

	（フリガナ）	ヒカリショウジ カブシキガイシャ
京都地方税機構 広域連合長　様	法人名	ひかり商事　株式会社
京都府管理番号 ☐☐☐☐☐	登記簿の 本店所在地	〒604-1234 京都市中京区三本木5丁目4番地 電話（　075-252-9999　）

◆京都府内の市町村（京都市を除く）

☐	福知山市	☐	舞鶴市	☐	綾部市
☐	宇治市	☐	宮津市	☐	亀岡市
☐	城陽市	☐	向日市	☐	長岡京市
☐	八幡市	☐	京田辺市	☐	京丹後市
☐	南丹市	☐	木津川市	☐	大山崎町
☐	久御山町	☐	井手町	☐	宇治田原町
☐	和束町	☐	笠置町	☐	精華町
☐	南山城村	☐	京丹波町	☐	伊根町
☐	与謝野町				

※事務所、事業所が所在（設置・廃止を含む）する全ての市町村に✓を入れてください

代表者	（フリガナ）	ヒカリ　イチロウ
	氏名	ひかり　一郎

申告書 送付先 連絡先 ※本店所在地以 外の送付先を 希望される場 合は記入して ください	（フリガナ）	
	名称	
	所在地	〒 電話（　　　　）

関与税理士名	
	電話（　　　　）

添付書類	○履歴事項全部証明書○　・定款等　・連結納税書類等　・その他（　　　　　）

設立年月日	年　　月　　日	資本金又は 出資金の額	100,000,000円
事業年度	4月 1日 ～ 3月 31日 　月　　日 ～ 　月　　日	資本金と資本 準備金の合計額	100,000,000円
		資本金等の額	100,000,000円
申告期限 延長の有無	法人税　無 ・有（　　月） 事業税　無 ・有（　　月）	全従業員数	10人
		主たる事業種目	製造業 ・その他（　卸売業　）
分割法人区分	都道府県　　分割 ・非分割	一般社団法人・ 一般財団法人である場合	普通法人　・　非営利型法人
	市町村　　　分割 ・非分割	公益法人等である場合の 収益事業の有無	収益事業有　・　収益事業無

◎設立・異動等の内容
（該当する番号を項目番号欄に記載してください）

1. 設立
2. 商号、名称変更
3. 事業年度、連結事業年度の変更
4. 代表者の変更
5. 本店の異動
6. 支店、営業所等の設置、異動、廃止
7. 法人組織形態の変更
8. 資本金の額、出資金の額の変更
9. 連結納税の適用、加入、離脱等
10. 合併、会社分割
11. 解散、残余財産の確定、清算結了、継続、破産開始決定、破産廃止、終結決定
12. 会社更生開始決定、更生計画承認、更生終了
13. 公益法人等の収益事業の開始、廃止
14. 申告書送付先の設定、変更
15. その他

項目 番号	異動内容等	変更前	変更後	異動年月日
11	解散		代表清算人　ひかり一郎 住所　京都市中京区三本木5丁目4番地 （令和×1年11月10日　登記）	令和×1年 10月 31日
3	事業年度変更	4月1日～3月31日	11月1日～10月31日	令和×1年 10月 31日
				年　　月　　日

設置又は廃止する 府内の事務所名等	名称	所在地	従業員数	区分	状況 番号	設置・廃止年月日
			人	設置・廃止		年　月　日
			人	設置・廃止		年　月　日
			人	設置・廃止		年　月　日

（異動後の状況）	1. 変更前の市町村に事務所が残る 2. 変更前の市町村には残らないが京都府内に事務所が残る 3. 京都府内に事務所が残らない

連結親法人の場合	最初連結事業年度	年　月　日 ～ 　年　月　日
連結子法人の場合	連結親法人の決算期 （事業年度）	年　月　日～　年　月　日	連結子法人適用開始 事業年度	年　月　日～　年　月　日

連結親法人	（フリガナ） 法人名	所在地	〒 電話（　　　　）
清算人 管財人等	（フリガナ）　ヒカリ　イチロウ 氏名　ひかり　一郎	住所	〒604-1234 京都市中京区三本木5丁目4番地　電話（　075-252-9999　）
被合併法人	（フリガナ） 法人名	所在地	〒 電話（　　　　）

第3章　会社清算の税務

法人等設立・解散・変更届出書

管理番号

（宛先）京都市長 令和X1年 11 月 15 日 下記のとおり届出をします。	届出法人	登記上の本店所在地	〒604-1234 京都市中京区三本木5丁目4番地 電話 075-252-9999
		送付先・連絡先	〒 -　同上　電話 - -
		フリガナ	ヒカリショウジ カブシキガイシャ
		法人名等	ひかり商事 株式会社
		代表者氏名	ひかり 一郎

基本事項	登記上の設立年月日	年 月 日	資本金の額又は出資金の額	100,000,000 円
	事業種目		資本金の額及び資本準備金の額の合算額	100,000,000 円
	事業年度	月 日～ 月 日	資本金等の額	100,000,000 円
	公益法人等である場合の収益事業の有無	□ 有　☑ 無		
	一般社団法人・一般財団法人の場合	□ 非営利型法人　□ 普通法人		
	本市内に本店所在地があり，市外に事務所等が	□ 有（市町村名　　　　　　）　☑ 無		

法人税申告期限の延長	□ 有（ か月）　☑ 無	※有の場合は，添付書類「申告期限延長の特例申請書の写し」を提出してください。

開設・廃止の場合	事務所等の所在地	事務所等の名称	開設年月日
			廃止年月日
	この事務所等の開設・廃止により本市内の別の事務所等は　□ 同一区内にまだ有　□ 他区内にまだ有　□ 全く無		

連結法人の場合	届出法人が連結納税を行う	□ 最初　□ 最後　連結事業年度 年 月 日～ 年 月 日
		通常 の 連結事業年度 月 日～ 月 日
	連結親法人　（本店所在地）	（名称）

届出内容に変更があった場合	項目	変更前	変更後	変更年月日		
	□ 本店所在地 □ 名称・組織 □ 送付先 □ 代表者 ☑ （連結）事業年度 □ 資本金等の額 □ 事務所等の名称・所在地 □ その他（　　　　）	4月1日～3月31日	11月1日～10月31日	X1	10	31
		事務所等が移転したとき，旧事務所等は　□ 廃止する　□ 継続する				

合併分割があった場合	合併（分割）期日 年 月 日	市内事務所等を合併法人又は分割承継法人に	□ 引き継ぐ □ 引き継がない	適格区分	□ 適格 □ その他
	被合併法人又は分割承継法人の本店所在地・名称				

解散清算結了の場合	☑ 法人等の解散 令和X1年 10 月 31 日 □ 法人等の清算結了 年 月 日	清算人（住所）	京都市中京区三本木5丁目4番地
		（氏名）	ひかり 一郎 電話 075-252-9999

休業の場合	休業 年 月 日	※添付書類「法人の現況申立書」についても記載のうえ提出してください。

事業所税に関する事項	本市内において事務所等の開設・廃止があった場合は，本市内の各事務所等の床面積及び従業員数の合計について，該当する□に✓印を付してください。		
	本市内の各事務所等の床面積の合計	□ 800㎡以上　□ 500㎡以上～800㎡未満　□ 500㎡未満	
	本市内の各事務所等の従業員数の合計	□ 80人以上　□ 79人以下	

添付書類届出内容がわかる書類	☑ 商業登記簿謄本（履歴事項全部証明）の写し	□ 法人の現況申立書
	□ 事業年度等が確認できる定款等の写し	□ 連結法人関係の法人税の書類の写し
	□ 株主総会議事録の写し	□ 申告期限延長の特例申請書の写し
	□ 合併契約書，分割計画書，分割契約書の写し	□ その他（　　　　　）

マイナンバー制度上の法人番号		関与税理士	
		氏名・連絡先	電話 - -

115

3　清算手続きが完了した場合の届出書

　会社の清算結了登記が終了し、清算手続きが完了した場合には、遅滞なく必要事項を記載した届出書を所轄税務署をはじめ地方税事務所や市区町村に届け出なければなりません。なお、税務署以外の届出には閉鎖事項証明書の添付を要します。この届出書の提出で清算結了までのすべての税務手続きが完了します。異動届出書の具体的記載例を示しますと次のとおりです。

> **設例**　ひかり商事株式会社（3月決算法人、資本金1億円、卸売業、本店：京都市中京区）は下記のとおり清算結了登記をしました。
> ①　清算結了の日　　：　令和×2年8月31日
> ②　清算結了登記日　：　令和×2年9月10日

異　動　届　出　書
（☑ 法人税　☑ 消費税）

※整理番号	
※通算グループ整理番号	

税務署受付印

令和X2年　9月 15日

中京　税務署長殿

次の事項について異動したので届け出ます。

提出区分

□□□□
通算親法人が提出する場合
通算親法人となる法人が提出する場合
通算子法人が提出する場合
通算子法人となる法人が提出する場合

（フリガナ）	キョウトシナカギョウクサンボンギ
本店又は主たる事務所の所在地	〒604-1234　京都市中京区三本木5丁目4番地　電話（075）252 － 9999
（フリガナ）	
納　税　地	〒　同上
（フリガナ）	ヒカリショウジ　カブシキガイシャ
法人等の名称	ひかり商事　株式会社
法　人　番　号	
（フリガナ）	ヒカリ　イチロウ
代表者氏名	ひかり　一郎
（フリガナ）	キョウトシナカギョウクサンボンギ
代表者住所	〒604-1234　京都市中京区三本木5丁目4番地

異動事項等	異　動　前	異　動　後	異動年月日（登記年月日）
清算結了		令和X2年8月31日　清算結了	令和X2・8・31（令和X2・9・10）
所轄税務署	税務署	税務署	

納税地等を変更した場合	給与支払事務所等の移転の有無　□ 有　□ 無（名称等変更有）　□ 無（名称等変更無）※「有」及び「無（名称等変更有）」の場合には「給与支払事務所等の開設・移転・廃止届出書」の提出も必要です。
事業年度を変更した場合	変更後最初の事業年度：（自）令和　年　月　日～（至）令和　年　月　日
合併、分割の場合	合　併　□適格合併　□非適格合併　分　割　□分割型分割：□ 適格 □ その他　□分社型分割：□ 適格 □ その他
（その他参考となるべき事項）	

（規格A4）

税理士署名	

※税務署処理欄	部門		決算期		業種番号	．	番号		入力		名簿	

04.03改正

第3章　会社清算の税務

法人設立・異動等届出書

法人番号													

令和　×2年　9月　15日

受付印

京都地方税機構
　広域連合長　　様

京都府管理番号 [　　　　　]

◆京都府内の市町村（京都市を除く）

□ 福知山市	□ 舞鶴市	□ 綾部市
□ 宇治市	□ 宮津市	□ 亀岡市
□ 城陽市	□ 向日市	□ 長岡京市
□ 八幡市	□ 京田辺市	□ 京丹後市
□ 南丹市	□ 木津川市	□ 大山崎町
□ 久御山町	□ 井手町	□ 宇治田原町
□ 和束町	□ 笠置町	□ 精華町
□ 南山城村	□ 京丹波町	□ 伊根町
□ 与謝野町		

※事務所、事業所が所在（設置・廃止を含む）する全ての市町村に✓を入れてください

（フリガナ）		ヒカリショウジ　カブシキガイシャ
法人名		ひかり商事　株式会社
登記簿の本店所在地		〒604-1234　京都市中京区三本木5丁目4番地　　　　電話（ 075-252-9999 ）
代表者　氏名	（フリガナ）	ヒカリ　イチロウ　　　ひかり　一郎
申告書送付先連絡先　名称　所在地　※本店所在地以外の送付先を希望される場合は記入してください	（フリガナ）	〒　　　　電話（　　　）
関与税理士名		電話（　　　）

添付書類	○履歴事項全部証明 ・定款等 ・連結納税書類等 ・その他（　　　　）

設立年月日	年　月　日	資本金又は出資金の額	100,000,000円
事業年度	4月1日 ～ 3月31日　　月　日 ～ 　月　日	資本金と資本準備金の合計額	100,000,000円
		資本金等の額	100,000,000円
申告期限延長の有無	法人税 ○無・有（　月）　事業税 ○無・有（　月）	全従業員数	10人
		主たる事業種目	製造業・その他（ 卸売業 ）
分割法人区分	都道府県　分割・○非分割　　市町村　分割・○非分割	一般社団法人・一般財団法人である場合	普通法人　・　非営利型法人
		公益法人等である場合の収益事業の有無	収益事業有　・　収益事業無

◎設立・異動等の内容
（該当する番号を項目番号欄に記載してください）
1. 設立
2. 商号、名称変更
3. 事業年度、連結事業年度の変更
4. 代表者の変更
5. 本店の異動
6. 支店、営業所等の設置、異動、廃止
7. 法人組織形態の変更
8. 資本金の額、出資金の額の変更
9. 連結納税の適用、加入、離脱等
10. 合併、会社分割
11. 解散、残余財産の確定、清算結了、継続、破産開始決定、破産廃止、終結決定
12. 会社更生開始決定、更生計画承認、更生終了
13. 公益法人等の収益事業の開始、廃止
14. 申告書送付先の設定、変更
15. その他

項目番号	異動内容等	変更前	変更後	異動年月日
11	清算結了		令和×2年 8月31日　清算結了（令和×2年 9月10日　登記）	令和×2年 8月31日
				年　月　日
				年　月　日

設置又は廃止する府内の事務所名等	名称	所在地	従業員数	区分	状況番号	設置・廃止年月日
			人	設置・廃止		年　月　日
			人	設置・廃止		年　月　日
			人	設置・廃止		年　月　日

（異動後の状況）
1. 変更前の市町村に事務所が残る
2. 変更前の市町村には残らないが京都府内に事務所が残る
3. 京都府内に事務所が残らない

連結親法人の場合	最初連結事業年度	年　月　日 ～ 　年　月　日		
連結子法人の場合	連結親法人の決算期（事業年度）	年 月 日～ 年 月 日	連結子法人適用開始事業年度	年 月 日～ 年 月 日
連結親法人	（フリガナ）法人名	所在地	〒　　　電話（　　　）	
清算人管財人等	（フリガナ）氏名 ヒカリ　イチロウ　ひかり　一郎	住所	〒604-1234 京都市中京区三本木5丁目4番地　電話（ 075-252-9999 ）	
被合併法人	（フリガナ）法人名	所在地	〒　　　電話（　　　）	

117

法人等設立・解散・変更届出書

管理番号 _____

（宛先）	届 出 法 人	登 記 上 の 本 店 所 在 地	〒 604-1234 京都市中京区三本木5丁目4番地　　電話 075 - 252 - 9999
京都市長 令和X2年 9 月 15 日		送付先・連絡先	〒 同上　　電話 　- 　-
		フリガナ	ヒカリショウジ　カブシキガイシャ
下記のとおり 届出をします。		法 人 名 等	ひかり商事　株式会社
		代 表 者 氏 名	ひかり 一郎

基 本 事 項	登記上の設立年月日　　年　　月　　日	資本金の額又は出資金の額	100,000,000 円
	事業種目	資本金の額及び資本準備金の額の合算額	100,000,000 円
	事業年度　　月　　日～　　月　　日	資本金等の額	100,000,000 円
	公益法人等である場合の収益事業の有無	□ 有　　　☑ 無	
	一般社団法人・一般財団法人の場合	□ 非営利型法人　　　□ 普通法人	
	本市内に本店所在地があり，市外に事務所等が	□ 有（市町村名　　　　　　　）　☑ 無	

法人税申告期限の延長	□ 有（　か月）　☑ 無　　※有の場合は，添付書類「申告期限延長の特例申請書の写し」を提出してください。

開設・廃止の場合	事 務 所 等 の 所 在 地	事 務 所 等 の 名 称	開 設 年 月 日
			廃 止 年 月 日
	この事務所等の開設・廃止により本市内の別の事務所等は　□ 同一区内にまだ有　□ 他区内にまだ有　□ 全く無		

連結法人の場合	届出法人が連結納税を行う　□ 最初　□ 最後　連結事業年度　年　月　日～　年　月　日
	通常　の連結事業年度　　月　日～　月　日
	連結親法人　（本店所在地）　　　　　　　　（名称）

届出内容に変更があった場合	項　　目	変 更 前	変 更 後	変更年月日
	□ 本店所在地			
	□ 名称・組織			
	□ 送付先			
	□ 代表者			
	□ (連結)事業年度			
	□ 資本金等の額			
	□ 事務所等の名称・所在地			
	□ その他（　　　）	事務所等が移転したとき，旧事務所等は　□ 廃止する　□ 継続する		

合併分割があった場合	合併(分割)期日　　年　　月　　日	市内事務所等を合併法人又は分割承継法人に	□ 引き継ぐ　□ 引き継がない	適格区分	□ 適格　□ その他
	被合併法人又は分割承継法人の本店所在地・名称				

解散清算結了の場合	□ 法人等の解散　　　年　　月　　日	清算人(住所)	京都市中京区三本木5丁目4番地
	☑ 法人等の清算結了 令和X2年 8 月 31 日	(氏名)	ひかり 一郎　　電話 075 - 252 - 9999

休業の場合	休業年月日　　年　　月　　日　　※添付書類「法人の現況申立書」についても記載のうえ提出してください。

事業所税に関する事項	本市内において事務所等の開設・廃止があった場合は，本市内の各事務所等の床面積及び従業員数の合計について，該当する□に✔印を付けてください。
	本市内の各事務所等の床面積の合計　□ 800㎡以上　□ 500㎡以上～800㎡未満　□ 500㎡未満
	本市内の各事務所等の従業員数の合計　□ 80人以上　□ 79人以下

添付書類届出内容がわかる書類	☑ 商業登記簿謄本（履歴事項全部証明）の写し	□ 法人の現況申立書
	□ 事業年度等が確認できる定款等の写し	□ 連結法人関係の法人税の書類の写し
	□ 株主総会議事録の写し	□ 申告期限延長の特例申請書の写し
	□ 合併契約書，分割計画書，分割契約書の写し	□ その他（　　　　　　　）

マイナンバー制度上の法人番号 _____	関与税理士 氏名・連絡先　　　電話 　- 　-

Q28 会社の解散と事業年度

株式会社が解散した場合および清算中の会社が継続した場合には、税務上「みなし事業年度」という考え方により、事業年度が変わることがあると聞きましたが、この点について具体的に教えてください。

A28 解説

1 会社が解散した場合のみなし事業年度

会社の事業年度は、定款に定められた会計期間によることとされていますが（法法13①）、会社が事業年度の中途において解散した場合には、税務上、事業年度をどのように捉えるのかが問題になります。

この点、株式会社の場合には、事業年度開始の日から解散の日までを1事業年度とみなし、その後は、解散の日の翌日から1年ごとの期間（清算事務年度）を清算中の各事業年度とする（法基通1-2-9）ことになりますので注意が必要です（法法14①一）。なお、破産手続開始の決定による解散の場合や持分会社、協同組合等が解散した場合には、清算中においても会社が定めた事業年度となります。ここでいう解散の日とは、会社の解散を決議した株主総会において解散の日を定めたときはその日とし、定めていなかったときは解散の決議があった日となります（法基通1-2-4）。

また、清算中の会社の残余財産が事業年度の中途において確定した場合には、その事業年度開始の日から残余財産確定の日までを1事業年度とみなします（法法14①五）。残余財産確定の日とは、財産が現金化され、債務の弁済が完了した日のことをいいますが、実務的には清算人が常識的に判断して確定させることになります。

次に簡単な設例によって株式会社が解散した場合の事業年度の考え方について確認してみましょう。

> **設例** ひかり商事株式会社（3月決算法人）は、次のようなスケジュールで清算手続きを進める予定です。
>
> ① 解散の日　　　　　　：令和×1年11月30日
> ② 残余財産確定の日　　：令和×3年7月31日

回答

* 解散事業年度　　　　　　　→ 令和×1年4月1日～令和×1年11月30日
* 清算事業年度（未確定）　　→ 令和×1年12月1日～令和×2年11月30日
* 清算事業年度（確定）　　　→ 令和×2年12月1日～令和×3年7月31日

回答に示したように、解散の日までの事業年度を解散事業年度といい、清算手続き開始後の事業年度を清算事業年度といいます。

2　清算中の会社が継続した場合のみなし事業年度

　会社の継続とは、会社が解散によって清算事業年度に入った後に、その後の情勢の変化により解散前の会社に戻して事業の再開を図ることをいいます。自らが被合併会社となり、他の会社と合併することで継続させることも可能です。

　このように、清算中の会社が事業年度の中途において継続した場合にも、みなし事業年度の規定が適用されます。この場合には、事業年度開始の日から継続の日の前日までの期間および継続の日から事業年度末日までの期間をそれぞれ1事業年度とみなします（法法14①六）。ここでいう継続の日とは、会社の継続を決議した株主総会において継続の日を定めたときはその日とし、定めていなかったときは継続の決議があった日となります（法基通1－2－4）。

　なお、清算会社は会社法に定める清算事務年度が事業年度となりますので、会社継

続をするときは、改めて事業年度を定める定款変更決議をするのが通例となります。
　このようなケースについても、簡単な設例によって事業年度の考え方を確認しておきましょう。

設例　清算手続き中のひかり商事株式会社（3月決算法人）は、次のとおり清算事業年度の中途に、株主総会において会社継続の決議をしました。

① 解散の日　　　　　：　令和×1年11月30日
② 会社継続の決議日　：　令和×2年8月1日

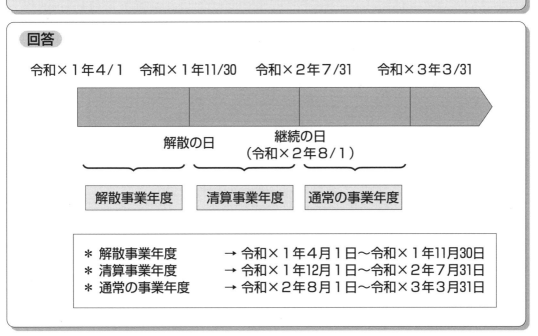

　回答に示したとおり、清算中の会社を継続させる場合には、会社の事業年度が原則どおり定款に定める会計期間に戻ることになりますので注意が必要です。

Q29 解散事業年度の確定申告①—所得計算

解散事業年度の確定申告はどのように行えばよいのでしょうか。通常の事業年度の所得計算と異なる点や、計算上の留意点があれば教えてください。

A29 解説

1 解散事業年度における所得計算の考え方

解散事業年度には、通常の事業年度と同じく、各事業年度の所得に対する法人税が課税されます（法法5）。したがって、益金の額から損金の額を控除することによって所得の金額を計算するという原則は何ら変わりません（法法22①）。

また、法人税法をはじめとする税務上の規定の多くは、会社が将来にわたって存続し、継続して事業を行うことを前提として設けられています。しかし、会社が解散し清算手続きに入ると、会社は通常の営業活動を停止し、清算の目的の範囲内でのみ活動することになるため（会476）、会社が解散した場合には、継続企業に認められる税務上の特例が一部認められなくなります。

また、財産の評価について、会社法と法人税法では大きく立場が異なります。会社が解散すると、会社法上は財産を処分価格（時価）で評価しなければなりませんが（会規144②）、法人税法上は、評価換えによる評価損益を益金または損金の額に算入することができません（法法25①、33①）。

解散事業年度における所得計算の主な留意点について以下で解説します。

2 減価償却

(1) 普通償却

解散事業年度は、通常1年間に満たない月数となるので、普通償却限度額の計算上、償却率の改定を行う必要があります（耐令4②、5②④、耐通5-1-1）。

① 平成19年３月31日以前に取得した資産

●旧定額法

$$\text{法定耐用年数に基づく旧定額法の償却率} \times \frac{\text{解散事業年度の月数}}{12月} = \begin{array}{c}\text{改定償却率}\\(\text{小数点３位未満切上げ})\end{array}$$

●旧定率法

$$\text{法定耐用年数} \times \frac{12月}{\text{解散事業年度の月数}} = \begin{array}{c}\text{改定耐用年数}\\(１年未満切捨て)\end{array}$$

→改定耐用年数に基づく旧定率法の償却率

② 平成19年４月１日以後に取得した資産

●定額法

$$\text{法定耐用年数に基づく定額法の償却率} \times \frac{\text{解散事業年度の月数}}{12月} = \begin{array}{c}\text{改定償却率}\\(\text{小数点３位未満切上げ})\end{array}$$

●定率法

　イ　帳簿価額　×　償却率
　ロ　取得価額　×　保証率
　ハ　イが多い場合

$$\text{法定耐用年数に基づく定率法の償却率} \times \frac{\text{解散事業年度の月数}}{12月} = \begin{array}{c}\text{改定償却率}\\(\text{小数点３位未満切上げ})\end{array}$$

　　　ロが多い場合

$$\text{改定償却率} \times \frac{\text{解散事業年度の月数}}{12月} = \begin{array}{c}\text{改定償却率}\\(\text{小数点３位未満切上げ})\end{array}$$

⑵　特別償却（割増償却含む）

　特別償却は、企業の設備投資を促進したり、中小企業対策などの政策的な要請から、税務上の特例として認められたものです。しかし、解散事業年度においては、もはやそのような目的を達成することができなくなるため、次に掲げる特別償却は適用できなくなります。

① 中小企業者等が機械等を取得した場合の特別償却（措法42の６）
② 国家戦略特別区域において機械等を取得した場合の特別償却（措法42の10）
③ 国際戦略総合特別区域において機械等を取得した場合の特別償却（措法42の11）
④ 地域経済牽引事業の促進区域内において特定事業用機械等を取得した場合の特別償却（措法42の11の２）

⑤　地方活力向上地域等において特定建物等を取得した場合の特別償却（措法42の11の3）

⑥　中小企業者等が特定経営力向上設備等を取得した場合の特別償却（措法42の12の4）

⑦　認定特定高度情報通信技術活用設備を取得した場合の特別償却（措法42の12の6）

⑧　事業適応設備を取得した場合等の特別償却（措法42の12の7）

　なお、特別償却の会計処理を準備金方式により行ったことによる特別償却準備金の残高は、解散事業年度において全額を取り崩して益金の額に算入するのではなく、当初計算した期間内に、均等に取り崩して益金の額に算入します（措法52の3⑤）。

3　引当金および準備金

　法人税法に定める引当金については、繰入要件を満たす限り、通常の事業年度と同様に繰入限度額の範囲内で設定することができます。

解散事業年度において設定可能な引当金
貸倒引当金（法法52）

　なお、退職給与引当金の益金算入については、解散事業年度においても引き続き適用されます。

　一方、租税特別措置法に定める特別償却準備金以外の準備金については、設定要件を満たしている場合であっても、解散事業年度において新たに設定することはできません。また、前期から繰り越された準備金があるときは、解散事業年度において全額を取り崩して益金の額に算入しなければなりません。

解散事業年度において新たに設定することができない主な準備金
①　海外投資等損失準備金（措法55）
②　中小企業事業再編投資損失準備金（措法56）
③　原子力発電施設解体準備金（措法57の4）
④　特定原子力施設炉心等除去準備金（措法57の4の2）
⑤　保険会社等の異常危険準備金（措法57の5）
⑥　原子力保険又は地震保険に係る異常危険準備金（措法57の6）
⑦　特定船舶に係る特別修繕準備金（措法57の8）
⑧　探鉱準備金又は海外探鉱準備金（措法58）
⑨　農業経営基盤強化準備金（措法61の2）

4　圧縮記帳および圧縮特別勘定

　圧縮記帳とは、税務上、課税所得として発生している特定の利益について、代替資産を取得するなど一定の要件のもとに課税の繰延べを行うための仕組みのことであり、圧縮特別勘定は、指定期間内に代替資産の取得ができなかった場合、実際に取得する年度まで課税の繰延べを維持するために設けられる勘定科目をいいます。

　解散事業年度においても、法人税法および租税特別措置法に定める圧縮記帳の適用は認められますが、資産の取得が解散事業年度の翌事業年度以降となる場合の圧縮特別勘定の計上は、認められません。

　また、前期以前に計上した圧縮特別勘定の残高がある場合には、期限経過前であっても全額取り崩して益金の額に算入することになります。

　これらについてまとめますと次のとおりです。

| 法人税法・租税特別措置法上の主な圧縮記帳 | | 解散事業年度における | |
		圧縮記帳	圧縮特別勘定
法人税法	・工事負担金で取得した固定資産等（法法45） ・交換により取得した資産（法法50）	適用あり	該当なし
	・国庫補助金等で取得した固定資産等（法法42〜44） ・保険金等で取得した固定資産等（法法47〜49）		適用なし
租税特別措置法	・収用等に伴い取得した資産（措法64、64の2） ・特定の資産の買換え等により取得した資産（措法65の7〜65の9）		

5　所得の特別控除

　収用換地等に伴い代替資産を取得した場合の課税の特例については、圧縮記帳（措法64、65）と所得の特別控除（措法65の2）の選択適用が認められていますが、解散事業年度においても、圧縮記帳の適用に代えて所得の特別控除の適用を受けることができます。

6　期間計算と端数処理

　解散事業年度は、通常1年に満たない月数となります。したがって、減価償却の他に次の項目においても月数に応じた期間計算が必要になります。

項目	計算方法	月数 端数処理
繰延資産の 償却限度額 （法法32①、 法令64①）（注1）	$支出額 \times \dfrac{その事業年度の月数（注2）}{支出の効果の及ぶ期間の月数} = 限度額$	1月未満 切り上げ
交際費の 定額控除限度額 （措法61の4） （注3）	$800万円 \times \dfrac{その事業年度の月数}{12月} = 定額控除限度額$	1月未満 切り上げ
一般寄付金の 損金算入限度額 （法法37①、 法令73①）	$\{(期末資本金等の額 \times \dfrac{その事業年度の月数}{12月} \times \dfrac{2.5}{1000}) +$ $(その事業年度の所得の金額 \times \dfrac{2.5}{100})\} \times \dfrac{1}{4} = 限度額$	1月未満 切り捨て

（注1）繰延資産とされ、支出の対象となった固定資産や契約について、解散事業年度に解約等があった場合には、該当の繰延資産の未償却残額を全額損金に算入します（法基通8－3－6）。

（注2）解散事業年度に支出した場合、分子は「支出した日から事業年度末までの月数」となります（法令64①二）。

（注3）期末の資本金の額または出資金の額が1億円以下の法人（資本金の額が5億円以上の法人または相互会社等の完全子法人を除きます）に適用があります。

Q30 解散事業年度の確定申告② ――税額計算

解散事業年度の法人税額はどのように算出されるのでしょうか。通常の事業年度の税額計算と異なる点や、計算上の留意点があれば教えてください。

1 税率

解散事業年度において適用される法人税率および地方税率は、通常の事業年度と同じです（法法66、措法42の3の2）。

| 普通法人の法人税率 | 23.2％（中小法人の年800万円以下の金額は15％）（注1）（注2） |

（注1）中小法人の平成24年4月1日から令和7年3月31日までの間に開始する各事業年度の所得の金額のうち、年800万円以下の金額に対する軽減税率は19％から15％に引き下げられています（措法42の3の2）。ただし、資本金の額が5億円以上の法人または相互会社等の完全子法人を除きます。

（注2）平成31年4月1日以後に開始する事業年度において適用除外事業者（その事業年度開始の日前3年以内に終了した各事業年度の所得金額の年平均額が15億円を超える法人等をいいます）に該当する法人の年800万円以下の部分については、19％の税率が適用されます。

2 税額控除

通常の事業年度において適用が認められている税額控除のうち、法人税法に規定する税額控除は、解散事業年度においても適用が認められています。ただし、租税特別措置法に規定する税額控除については、企業の設備投資を促進するなどの政策的な要件を満たさなくなるため、解散事業年度においては適用することができません。

(1)	適用が認められるもの
	① 所得税額の控除（法法68）
	② 外国税額の控除（法法69）
	③ 仮装経理に基づく過大申告の場合の更正に伴う法人税額の控除（法法70）
(2)	適用が認められない主なもの
	① 試験研究を行った場合の法人税額の特別控除（措法42の４）
	② 中小企業者等が機械等を取得した場合の法人税額の特別控除（措法42の６）
	③ 沖縄の特定地域において工業用機械等を取得した場合の法人税額の特別控除（措法42の９）
	④ 国家戦略特別区域において機械等を取得した場合の法人税額の特別控除（措法42の10）
	⑤ 国際戦略総合特別区域において機械等を取得した場合の法人税額の特別控除（措法42の11）
	⑥ 地域経済牽引事業の促進区域内において特定事業用機械等を取得した場合の法人税額の特別控除（措法42の11の２）
	⑦ 地方活力向上地域等において特定建物等を取得した場合の法人税額の特別控除（措法42の11の３）
	⑧ 地方活力向上地域等において雇用者の数が増加した場合の法人税額の特別控除（措法42の12）
	⑨ 認定地方公共団体の寄附活用事業に関連する寄附をした場合の法人税額の特別控除（措法42の12の２）
	⑩ 中小企業者等が特定経営力向上設備等を取得した場合の法人税額の特別控除（措法42の12の４）
	⑪ 給与等の支給額が増加した場合の法人税額の特別控除（措法42の12の５）
	⑫ 認定特定高度情報通信技術活用設備を取得した場合の法人税額の特別控除（措法42の12の６）
	⑬ 事業適応設備を取得した場合等の法人税額の特別控除（措法42の12の７）

3 留保金課税

　留保金課税とは、特定同族会社が一定の限度額を超えて各事業年度の所得を留保した場合に、通常の法人税の他に、その超える金額に応じた特別税率による法人税を課す制度です（法法67①）。解散法人の各事業年度における留保金課税の適用関係は次のとおりです。

解散事業年度	清算事業年度	
	確定申告 （残余財産未確定）	確定申告 （残余財産確定）
適用あり	適用なし	適用なし

　なお、資本金の額が５億円以上の法人または相互会社等の完全子法人以外の法人で、資本金の額が１億円以下のものについては、中小企業の財務基盤の強化を図る観点から、留保金課税の適用対象から除外されています。

4　土地重課

　土地重課制度とは、法人が土地等の譲渡等を行った場合において、通常の法人税のほかに、その土地等の譲渡利益に対し特別税率による法人税を追加課税する制度で、次のような仕組みになっています。

一般土地重課	一般の土地譲渡利益に対し、５％の追加課税（措法62の３）
短期土地重課	所有期間５年以下の短期所有土地の譲渡利益に対し、10％の追加課税（措法63）

　この土地重課は解散事業年度においても適用されますが、平成10年１月１日から令和８年３月31日までの間における土地の譲渡等には適用しないとする特例措置が設けられています（措法62の３⑮、63⑧）。

5　使途秘匿金に対する特別税額

　法人が使途秘匿金の支出を行った場合には、通常の法人税のほかに、その使途秘匿金の支出額に対し40％の特別税率による法人税が課税されます（措法62①）。解散法人の各事業年度における制度の適用関係は次のようになります。

解散事業年度	清算事業年度	
	確定申告 （残余財産未確定）	確定申告 （残余財産確定）
適用あり	適用あり	適用あり

6　期間計算と端数処理

　解散事業年度は、通常１年に満たない月数となります。したがって、中小法人の年間所得800万円の計算と留保金課税の計算において、次のような月数に応じた期間計

算が必要になります（法法66④⑤、67⑥⑦）。

中小法人の軽減税率	月数の計算上生じた１月未満の端数は切り上げる
留保金課税における定額基準額	月数の計算上生じた１月未満の端数は切り上げる

7　地方税の取扱い

(1)　法人住民税

解散事業年度における都道府県民税および市町村民税の均等割については、解散事業年度開始の日から解散事業年度終了の日までの月割計算を行います。なお、１月に満たないときは１月とし、１月に満たない端数を生じたときは切り捨てます。

(2)　法人事業税

解散日において資本金の額が１億円を超える法人については、法人事業税における外形標準課税の申告が必要になります。

解散事業年度	清算事業年度	
	確定申告 （残余財産未確定）	確定申告 （残余財産確定）
所得割	所得割	所得割
付加価値割	付加価値割	×
資本割	×	×

第3章　会社清算の税務

Q31 解散事業年度の確定申告③ ―欠損金の繰戻還付

解散事業年度における欠損金の繰戻還付の特例について教えてください。

A31 解説

1　欠損金が発生した場合の税務上の取扱い

　わが国の法人税における課税所得計算は、事業年度単位課税を原則としています。しかし、各事業年度における利益または欠損の発生状況によっては、税負担に著しい不均衡が生じたり、担税力の低下を招く恐れがあります。

　このため、事業年度単位課税の例外措置として、青色申告法人には、欠損金の繰越控除と欠損金の繰戻還付の制度が設けられており、解散事業年度においても両者の選択適用が認められています。

　なお、欠損金の繰戻還付の制度については、令和6年3月31日までに終了する事業年度までは、一部例外を除き適用が停止されていますが（措法66の12）（注）、解散事業年度においては、解散事業年度または解散があった前事業年度の欠損金について繰戻還付を受けることが認められています（法法80④）。

（注）中小法人等の平成21年2月1日以後に終了する各事業年度において生じた欠損金額については、欠損金の繰戻還付の制度を適用することができます。ただし、原則として、資本金の額が5億円以上の法人または相互会社等の完全子法人を除きます。

2　解散事業年度における欠損金の繰戻還付

(1)　欠損金の繰戻還付の原則

　青色申告法人は、次に掲げる要件に該当するときは、青色申告書に記載された欠損金額を、その事業年度（以下、欠損事業年度といいます）開始の日前1年以内に開始したいずれかの事業年度（以下、還付所得事業年度といいます）に繰り戻して、法人税の還付を請求することができます（法法80①～③）。

131

①	欠損事業年度に欠損金額が生じていること
②	還付所得事業年度から欠損事業年度まで連続して青色申告書を提出し、かつ、欠損事業年度の青色申告書を原則として提出期限までに提出していること
③	欠損事業年度の確定申告書の提出期限までに、欠損金の繰戻しによる還付請求書を提出すること

(2) 解散事業年度における欠損金の繰戻還付の特例

　法人について次の事実が生じた場合に、その事実の生じた日前1年以内に終了した事業年度およびその事実の生じた日を含む事業年度において生じた欠損金額については、その事実の生じた日から1年以内に、欠損金の繰戻しによる法人税額の還付請求をすることができます（法法80④、法令156）。

①	解散（合併による解散も含まれる。ただし、適格合併による解散を除く）
②	事業の全部の譲渡
③	会社更生法または金融機関等の更生手続の特例等に関する法律の規定による更生手続の開始
④	事業の全部の相当期間の休止または重要部分の譲渡で、これらの事実が生じたことにより青色申告書を提出する法人の繰越欠損金の損金算入の規定の適用を受けることが困難となると認められるもの
⑤	再生手続開始の決定

(3) 還付法人税額の計算

$$還付所得事業年度の法人税額（注）\times\frac{欠損事業年度の欠損金額}{還付所得事業年度の所得金額}=還付法人税額$$

（注）還付所得事業年度の法人税額は、次のように計算されます。

還付所得事業年度の所得に対する法人税の額	
加算	所得税額控除額
	外国税額控除額
	仮装経理の場合の法人税額
減算	使途秘匿金に対する特別税額
	土地譲渡利益に対する税額
	リース特別控除取戻税額
還付所得事業年度の法人税額	

第3章 会社清算の税務

(4) 欠損事業年度と還付所得事業年度

3月決算法人が令和4年10月31日に解散した場合を例にとると、欠損事業年度と還付所得事業年度は、それぞれのケースに応じ、次のとおりとなります。

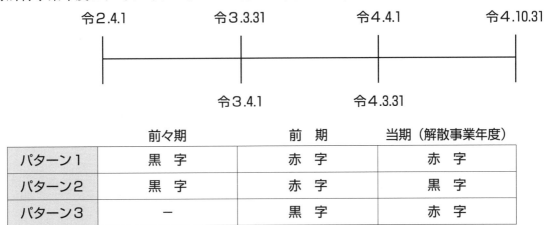

	前々期	前　期	当期（解散事業年度）
パターン1	黒　字	赤　字	赤　字
パターン2	黒　字	赤　字	黒　字
パターン3	－	黒　字	赤　字

ケース	欠損事業年度および還付所得事業年度
パターン1	前　期・・・欠損事業年度 前々期・・・還付所得事業年度
パターン2	前　期・・・欠損事業年度 前々期・・・還付所得事業年度 （注）前期繰越欠損金額のうち、当期の所得から控除した金額は、還付法人税額の計算上、欠損事業年度の欠損金額から控除します。
パターン3	当　期・・・欠損事業年度 前　期・・・還付所得事業年度

(5) 欠損金の繰戻しによる還付請求書の提出期限

欠損金の繰戻しによる還付請求書の提出期限は、解散の日から1年以内とされています（法法80④）。

(6) 地方税法の取扱い

事業税、都道府県民税および市町村民税には、欠損金の繰戻還付制度はありません。

3　欠損金の繰戻しによる還付請求書の記載例

次に掲げる法人が、業績不振を理由に、令和4年10月31日をもって解散しました。

設例に基づいて、欠損金の繰戻しによる還付請求書を作成してみましょう。

(1) 法人基本情報
   ① 法人名………ひかり商事株式会社（３月決算法人）
   ② 所在地………京都市中京区三本木５丁目４番地
   ③ 代表者………ひかり一郎
   ④ 業　種………卸売業
(2) 課税所得金額および法人税額
   ① 課税所得金額
        前々期（令和３年３月期）………… 40,000千円
        前　期（令和４年３月期）……… △10,000千円
        当　期（令和４年10月期）……… △15,000千円
   ② 前々期の課税所得金額に係る確定法人税額
        所得に対する法人税額……………… 12,000千円
        使途秘匿金に対する法人税額………… 500千円
        所得税額控除額……………………… △400千円
        差引法人税額………………………… 12,100千円
   ③ 前期において欠損金の繰戻還付は行っていません。
(3) 還付法人税額の計算
   ① 欠損事業年度…………前期
   ② 還付所得事業年度………前々期
   ③ 還付法人税額
        イ．還付所得事業年度の法人税額
           12,100千円＋400千円（所得税額控除）－500千円（使途秘匿金に対する法人税額）＝12,000千円
        ロ．還付法人税額

$$12,000,000円 \times \frac{10,000,000円}{40,000,000円} = 3,000,000円$$

第3章　会社清算の税務

欠損金の繰戻しによる還付請求書

※ 整 理 番 号	
※連結グループ整理番号	

税務署受付印

令和　4年　12月　31日

中京　税務署長殿

納　税　地	〒604－1234　京都市中京区三本木5丁目4番地 電話（075　）252－9999
（フリガナ）	ヒカリショウジ　カブシキガイシャ
法 人 名 等	ひかり商事　株式会社
法 人 番 号	
（フリガナ）	ヒカリ　イチロウ
代表者氏名	ひかり　一郎
代表者住所	〒604－1234　京都市中京区三本木5丁目4番地
事 業 種 目	卸売　　　　　　　　　　　　　　　　　　　　業

所得税法等の一部を改正する法律（令和2年法律第8号）による改正前の法人税法（以下「令和2年旧法人税法」といいます。）第80条の規定に基づき下記のとおり欠損金の繰戻しによる法人税額の還付を請求します。

記

欠 損 事 業 年 度	自 令和　3年　4月　1日 至 令和　4年　3月　31日	還付所得事業年度	自 令和　2年　4月　1日 至 令和　3年　3月　31日

	区　　　　　　　分		請 求 金 額	※　金　額
欠損事業年度の欠損金額	欠　　損　　金　　額	(1)	10,000,000	
	同上のうち還付所得事業年度に繰り戻す欠損金額	(2)	10,000,000	
還付所得事業年度の所得金額	所　　得　　金　　額	(3)	40,000,000	
	既 に 欠 損 金 の 繰 戻 し を 行 っ た 金 額	(4)		
	差 引 所 得 金 額 （（3）－（4））	(5)	40,000,000	
還付所得事業年度の法人税額	納 付 の 確 定 し た 法 人 税 額	(6)	12,100,000	
	仮装経理に基づく過大申告の更正に伴う控除法人税額	(7)	0	
	控　　　　除　　　　税　　　　額	(8)	400,000	
	使 途 秘 匿 金 額 に 対 す る 税 額	(9)	500,000	
	課 税 土 地 譲 渡 利 益 金 額 に 対 す る 税 額	(10)	0	
	リ ー ス 特 別 控 除 取 戻 税 額	(11)	0	
	法 人 税 額 （（6）＋（7）＋（8）－（9）－（10）－（11））	(12)	12,000,000	
	既に欠損金の繰戻しにより還付を受けた法人税額	(13)	0	
	差 引 法 人 税 額 （（12）－（13））	(14)	12,000,000	
還　付　金　額　（（14）×（2）／（5））		(15)	3,000,000	

請 求 期 限	令和　5年　10月　30日	確定申告書提出年月日	令和　4年　12月　31日

還付を受けようとする金融機関等	1　銀行等の預金口座に振込みを希望する場合 古都　銀行　駅前　支店 普通　預金　口座番号　012345	2　ゆうちょ銀行の貯金口座に振込みを希望する場合 貯金口座の記号番号　　　　－ 3　郵便局等の窓口での受け取りを希望する場合 郵便局名等

この請求が次の場合に該当するときは、次のものを添付してください。
1　期限後提出の場合、確定申告書をその提出期限までに提出することができなかった事情の詳細を記載した書類
2　令和2年旧法人税法第80条第4項の規定に基づくものである場合には、解散、事業の全部の譲渡等の事実発生年月日及びその事実の詳細を記載した書類
3　特定設備廃棄等欠損金額に係る請求である場合には、農業競争力強化支援法施行規則第20条第1項の証明に係る同条第2項の申請書の写し及び当該証明に係る証明書の写し

この手続に係る通知等がある場合、e-Taxによる通知を希望します。　（□ 還付金振込）
※1　通知の内容によっては、e-Taxによる通知を行うことができない場合があります。
※2　通知の内容を確認するためには、マイナンバーカード等の電子証明書による認証が必要です。

税 理 士 署 名	ひかり税理士法人

規格A4

※税務署処理欄	部門	決算期	業種番号	番号	整理簿	備考	通信日付印	年　月　日	確認

04.06改正　　　　　　　　　　　　　　　　　　　　　　　　　　　（令和4年4月1日前開始事業年度等分）

（注1）この請求書は、1通（調査部所管法人は2通）提出します。
（注2）解散の場合は、その事実の発生年月日およびその事実の詳細を記載した書類を添付しなければなりません（法法80⑤、法規36の4）。

Q 32 解散事業年度の確定申告④ ―添付すべき計算書類

解散事業年度の確定申告において、添付すべき計算書類を教えてください。

A 32 解説

1 2種類の計算書類

法人の解散に伴って事業年度が終了し、清算事業年度に移行します。このため、解散日において決算を行い、その結果に基づいて税務申告をする必要が生じますが、会社法と法人税法では、その目的が異なるため、それぞれの法律に基づいた2種類の計算書類の作成が求められます。

2 会社法に基づく計算書類と税務申告用の計算書類

清算手続きや特別清算手続きの準拠法は会社法であり、清算人は選任された後、ただちに会社の財産の状況を調査した上で財産目録および貸借対照表を作成し、株主総会において承認を求めなければなりません（会492）。

ここで作成される計算書類に求められるのは、会社の財産状況の実態を株主や債権者に正しく知らせることであり、財産目録および貸借対照表は、財産をいくらで換価できるかという処分価格で作成されることになります（会規144、145）。

一方、法人が解散した場合には、解散の日の翌日から2か月（確定申告書の提出期限の延長特例を受けた法人は3か月）以内に法人税の確定申告書を提出しなければなりません（法法74、75の2）。

この確定申告書には、通常の事業年度と同様、貸借対照表、損益計算書、株主資本等変動計算書および勘定科目内訳明細書ならびに事業概況書を添付する必要があり（法法74③、法規35）、この場合の貸借対照表は取得原価主義に基づく評価により作成することになります。

準拠法	計算書類	財産の評価方法
会 社 法	財産目録 貸借対照表	清算時価（処分価格）による評価
法人税法	貸借対照表 損益計算書 株主資本等変動計算書 勘定科目内訳明細書 事業概況書	取得原価主義に基づく評価

3　計算書類作成上の留意点

(1)　確定決算の原則

　法人税法上、法人が確定した決算において損金経理をした場合に限って損金算入が認められる項目があります。例えば、減価償却費の計上や引当金の繰入れなどが該当します。

　ところで、損金経理とは、法人がその確定した決算において費用または損失として経理すること（確定した決算において積立金として積み立てる方法を含む）（法法2二十五）であり、確定した決算とは株主総会で承認された決算のことをいいます。

　この点、会社法は、解散事業年度における株主総会において、通常の事業年度を基礎とした計算書類の提出および承認を要求していませんので、確定決算に基づく損金経理という法人税法の要請を満たすのかどうか若干の疑問が生じるところです。しかし、会社法をベースとした適正な決算が行われ、その決算において損金経理が行われている場合には、法人税法上の損金経理要件も満たしているものとして取り扱われます。

(2)　会社法に基づく処分価格基準で計算書類を作成した場合の税務調整

　会社法に基づく処分価格基準により計算書類を作成した場合、取得原価主義に基づいて作成された税務上の貸借対照表とは異なり、清算貸借対照表の剰余金には未実現の損益が含まれることになります。つまり、清算貸借対照表は、処分価格基準で作成されるため、法人税法上は損金算入が認められない資産の評価損や負債の見積計上等が行われることになります。この場合、法人税法上認められない資産の評価損や負債の見積計上については、別表において税務調整をする必要があります。

⑶　剰余金の分配に注意

　解散事業年度は法人税法上のみなし事業年度であり、会社法上の事業年度ではなく、そこで行われる決算は会社法上の決算ではありません。したがって剰余金の分配を行うことはできず、その分配は残余財産によって行われることになります。

4　届出書

　法人が解散した場合には、異動届出書に必要事項を記載し、所轄の税務署と地方税務事務所に対し遅滞なく届け出なければなりません。

Q33 解散事業年度の確定申告⑤ ―申告書の記載例

解散事業年度における確定申告書および異動届出書の記載方法を、具体的な設例を交えて教えてください。

設例に基づいて、ひかり商事株式会社の解散事業年度における確定申告書および異動届出書を作成します。

1 設例

(1) 法人基本情報

法人名	ひかり商事株式会社（3月決算法人）	代表者	ひかり一郎
所在地	京都市（他に事業所は有していない）	業　種	卸売業
解散日	令和4年10月31日	決算確定日	令和4年12月22日
株主構成	発行済株式のすべて（200株）をひかり一郎が所有			
解散日現在の従業員数	30名（代表者の他に親族はいない）			
解散登記日	令和4年11月2日			

(2) 解散事業年度末における貸借対照表（税務申告用）

貸借対照表

令和4年10月31日現在　　　　　　（単位：円）

資産の部		負債の部	
科　目	金　額	科　目	金　額
現金及び預金	15,825,000	買掛金	38,000,000
売掛金	40,000,000	未払金	7,000,000
商　品	15,000,000	未払法人税等	40,700
貸倒引当金	△400,000	長期借入金	220,000,000
建　物	28,400,000	負債の部　合計	265,040,700
器具及び備品	1,175,000	純資産の部	
土　地	130,000,000	資本金	10,000,000
		繰越利益剰余金	△45,040,700
		純資産の部　合計	△35,040,700
資産の部　合計	230,000,000	負債・純資産の部　合計	230,000,000

(3) 解散事業年度における損益計算書

損益計算書

自令和4年4月1日　至令和4年10月31日　　　　（単位：円）

Ⅰ　売上高			400,000,000
Ⅱ　売上原価			280,000,000
売上総利益			120,000,000
Ⅲ　販売費及び一般管理費			
役員報酬		10,500,000	
給　与		40,000,000	
賞　与		8,000,000	
減価償却費		1,150,000	
接待交際費		3,000,000	
寄附金		1,500,000	
貸倒引当金繰入額		400,000	
その他経費		52,000,000	116,550,000
営業利益			3,450,000
Ⅳ　営業外収益			
受取利息		500,000	500,000

V 営業外費用		
支払利息	2,215,000	2,215,000
経常利益		1,735,000
税引前当期純利益		1,735,000
法人税、住民税及び事業税		115,700
当期純利益		1,619,300

(4) 解散事業年度の所得金額の計算上留意すべき事項

① 役員給与に関する事項

・役員報酬は、定期同額給与の要件を満たしています。

・賞与勘定には、損金経理された役員賞与1,200,000円が含まれています。

② 寄附金勘定の内訳

・京都府に対する寄附金（指定寄附金）………………………………… 200,000円

・日本赤十字社に対する寄附金（特定公益増進法人に対する寄附金）… 300,000円

・その他の寄附金…………………………………………………………… 1,000,000円

③ 減価償却費の計算に関する事項

資産区分	取得価額	会社計上償却費	期首帳簿価額	耐用年数	償却方法	償却率
建物	30,000,000円	400,000円	28,800,000円	50年	定額法	0.020
器具及び備品	5,000,000円	750,000円	2,500,000円	4年	定率法	0.5

④ 貸倒引当金に関する事項

・法定繰入率により計算しています。

⑤ 法人税、住民税及び事業税勘定の内訳

・預金利息に係る源泉所得税額……… 75,000円

・当期の税額に係る納税充当金……… 40,700円

⑥ 繰越欠損金に関する事項

・令和4年3月期に生じた繰越欠損金が5,000,000円あります。

・いわゆる期限切れ欠損金については、簡便な計算方法により処理するものとします（法基通12－3－2）。

⑦ 期首現在の繰越利益剰余金の額……△46,660,000円

⑧ 解散日における土地の時価は150,000,000円です。

⑨ ひかり商事株式会社は設立以来、青色申告による確定申告書を毎期継続して提出しており、消費税については考慮しないものとします。

⑸ 計算における留意点

【減価償却費】
① 建物
イ 会社損金経理額…400,000円
ロ 償却限度額………30,000,000円×0.012^(注)＝360,000円
（注）償却率の改定　0.020×7月／12月＝0.0116…→0.012（小数点３位未満切上げ）
ハ イ－ロ＝40,000円（減価償却超過額）
② 器具及び備品
イ 750,000
ロ 償却限度額……2,500,000円×0.292＝730,000円
㋑ 2,500,000円×0.5＝1,250,000円
㋺ 5,000,000円×0.12499＝624,950円
㋩ ㋑＞㋺　（保証率）
（注）償却率の改訂　0.5×7月／12月＝0.2916…→0.292
ハ イ－ロ＝20,000円（減価償却超過額）

【月数の処理】
次に掲げる各項目の計算をする際、解散事業年度の月数（7月）に換算する必要があるので注意してください。
① 交際費等の損金不算入額の計算における定額控除限度額の計算
② 寄附金の損金不算入額の計算における資本基準額の計算
③ 法人税額の計算における中小法人の年800万円以下の金額の計算
④ 法人事業税の所得割額の計算における各課税標準額の計算
⑤ 法人住民税の計算における均等割額の計算

第3章　会社清算の税務

2　解散確定申告書の記載例

FB0612

別表一　各事業年度の所得に係る申告書―内国法人の分……令四・四・一以後終了事業年度等分

令和 4 年 12 月 31 日
中京 税務署長殿

納税地　京都市中京区三本木5丁目4番地
電話（ 075）252 －9999

（フリガナ）ヒカリショウジ　カブシキガイシャ
法人名　ひかり商事　株式会社

法人番号

（フリガナ）ヒカリ　イチロウ
代表者氏名　ひかり　一郎

代表者住所　京都市中京区三本木5丁目4番地

事業種目　卸売業

期末現在の資本金の額又は出資金の額　10,000,000円　非中小法人
同上が1億円以下の普通法人のうち中小法人に該当しないもの

同非区分　特定同族会社・同族会社・非同族会社

青色申告　一連番号

事業年度分の法人税 解散確定申告書
課税事業年度分の地方法人税 解散確定申告書

令和 4 年 4 月 1 日
令和 4 年 10 月 31 日
（中間申告の場合 令和 年 月 日　の計算期間 令和 年 月 日）

適用額明細書提出の有無　有・無
税理士法第30条の書面提出有　有
税理士法第33条の2の書面提出有　有

			金額
所得金額又は欠損金額（別表四「52の①」）	1		0
法人税額 (52)+(53)+(54)	2		0
法人税額の特別控除額（別表六（六）「5」）	3		
税額控除超過額相当額等の加算額	4		
課税土地譲渡利益金額	5		0 0 0
同上に対する税額 (74)+(75)+(76)	6		
課税留保金額（別表三（一）「4」）	7		0 0 0
同上に対する税額（別表三（一）「8」）	8		
法人税額計 (2)-(3)+(4)+(6)+(8)	9		0 0
	10		
仮装経理に基づく過大申告の更正に伴う控除法人税額	11		
控除税額	12		
差引所得に対する法人税額 (9)-(10)-(11)-(12)	13		0 0
中間申告分の法人税額	14		0 0
差引確定法人税額 (13)-(14)	15		0 0

控除税額の計算			金額
所得税の額（別表六（一）「6の③」）	16		75000
外国税額（別表六（二）「24」）	17		
計 (16)+(17)	18		75000
控除した金額 (12)	19		
控除しきれなかった金額 (18)-(19)	20		75000

この申告による還付金額			金額
所得税額等の還付金額 (20)	21		75000
中間納付額 (14)-(13)	22		
欠損金の繰戻しによる還付請求税額	23		
計 (21)+(22)+(23)	24		75000

この申告が修正申告である場合			金額
この申告前の所得金額又は欠損金額 (59)	25		
この申告により納付すべき法人税額又は減少する還付請求税額 (64)	26		0 0

| 欠損金又は災害損失金の当期控除額（別表七（一）「4の計」+（別表七（二）「9」若しくは「21」又は別表七（四）「10」）） | 27 | | 4114668 |
| 翌期へ繰り越す欠損金又は災害損失金（別表七（一）「5の合計」） | 28 | | 885332 |

			金額
所得の金額に対する法人税額	29		0
課税留保金額に対する法人税額 (8)	30		
課税標準法人税額 (29)+(30)	31		0 0 0
地方法人税額 (57)	32		0
税額控除超過額相当額の加算額（別表六（二）付表六「14の計」）	33		
課税留保金額に係る地方法人税額 (58)	34		
所得地方法人税額 (32)+(33)+(34)	35		0
	36		
仮装経理に基づく過大申告の更正に伴う控除地方法人税額	37		
外国税額の控除額	38		
差引地方法人税額 (35)-(36)-(37)-(38)	39		0 0
中間申告分の地方法人税額	40		0 0
差引確定地方法人税額 (39)-(40)	41		0 0

この申告が修正申告である場合			金額
外国税額の還付金額 (79)	42		
中間納付額 (40)-(39)	43		0
計 (42)+(43)	44		0
所得の金額に対する法人税額 (67)	45		
課税留保金額に対する法人税額 (68)	46		
課税標準法人税額 (69)	47		0 0 0
この申告により納付すべき地方法人税額 (73)	48		0 0

剰余金・利益の配当（剰余金の分配）の金額

残余財産の最後の分配又は引渡しの日　令和 年 月 日

決算確定の日　令和 4 1 2 2 2

還付を受けようとする金融機関等　銀行・金庫・組合・農協・漁協　本店・支店・出張所　本所・支所　預金
口座番号
ゆうちょ銀行の貯金記号番号等
※税務署処理欄

郵便局名等

税理士署名

143

別表一次葉　令四・四・一以後終了事業年度等分

事業年度等	4・4・1 4・10・31	法人名	ひかり商事　株式会社

法 人 税 額 の 計 算

			(49) の 15.0 ％ 相 当 額	52	
(1)のうち中小法人等の年800万円相当額以下の金額 ((1)と800万円×7/12のうち少ない金額)又は別表一付表「5」)	49	000	(49) の 15.0 ％ 相 当 額	52	
(1)のうち特例税率の適用がある協同組合等の年10億円相当額を超える金額 (1)－10億円×7/12	50	000	(50) の ％ 相 当 額	53	
そ の 他 の 所 得 金 額 (1)－(49)－(50)	51	000	(51) の 23.2 ％ 相 当 額	54	

地 方 法 人 税 額 の 計 算

所得の金額に対する法人税額 (29)	55	000	(55) の 10.3 ％ 相 当 額	57	0
課税留保金額に対する法人税額 (30)	56	000	(56) の 10.3 ％ 相 当 額	58	

こ の 申 告 が 修 正 申 告 で あ る 場 合 の 計 算

この申告前の法人税額の計算	所得金額又は欠損金額	59	地方法人税額の計算	所得の金額に対する法人税額	67
課税土地譲渡利益金額	60			課税留保金額に対する法人税額	68	
課 税 留 保 金 額	61			課税標準法人税額 (67)＋(68)	69	000
法 人 税 額	62			確 定 地 方 法 人 税 額	70	
還 付 金 額	63	外		還 付 金 額	71	
この申告により納付すべき法人税額又は減少する還付請求税額 ((15)－(62))若しくは((15)＋(63))又は((63)－(24))	64	外　　00		欠損金の繰戻しによる還付金額	72	
この申告前の欠損金又は災害損失等の当期控除額	65			この申告により納付すべき地方法人税額 ((41)－(70))若しくは((41)＋(71)＋(72))又は(((71)－(44))＋((72)－(44の外書)))	73	00
翌期へ繰り越す欠損金又は災害損失金	66					

土 地 譲 渡 税 額 の 内 訳

土 地 譲 渡 税 額 (別表三(二)「27」)	74	0	土 地 譲 渡 税 額 (別表三(三)「23」)	76	00
同　　　上 (別表三(二の二)「28」)	75	0			

地 方 法 人 税 額 に 係 る 外 国 税 額 の 控 除 額 の 計 算

外 国 税 額 (別表六(二)「57」)	77		控除しきれなかった金額 (77)－(78)	79	
控 除 し た 金 額 (38)	78				

144

第3章 会社清算の税務

同族会社等の判定に関する明細書

事業年度又は連結事業年度	4・4・1 ～ 4・10・31	法人名	ひかり商事　株式会社

別表二　令四・四・一以後終了事業年度又は連結事業年度分

同族会社の判定 / 特定同族会社の判定

同族会社の判定				特定同族会社の判定		
期末現在の発行済株式の総数又は出資の総額	1	内 200		(21)の上位1順位の株式数又は出資の金額	11	
(19)と(21)の上位3順位の株式数又は出資の金額	2	200		株式数等による判定 $\frac{(11)}{(1)}$	12	%
株式数等による判定 $\frac{(2)}{(1)}$	3	100.0 %		(22)の上位1順位の議決権の数	13	
期末現在の議決権の総数	4	内		議決権の数による判定 $\frac{(13)}{(4)}$	14	%
(20)と(22)の上位3順位の議決権の数	5			(21)の社員の1人及びその同族関係者の合計人数のうち最も多い数	15	
議決権の数による判定 $\frac{(5)}{(4)}$	6	%		社員の数による判定 $\frac{(15)}{(7)}$	16	%
期末現在の社員の総数	7			特定同族会社の判定割合 ((12)、(14)又は(16)のうち最も高い割合)	17	
社員の3人以下及びこれらの同族関係者の合計人数のうち最も多い数	8			判定結果	18	特定同族会社 / ⦅同族会社⦆ / 非同族会社
社員の数による判定 $\frac{(8)}{(7)}$	9	%				
同族会社の判定割合 ((3)、(6)又は(9)のうち最も高い割合)	10	100.0				

判定基準となる株主等の株式数等の明細

順位		判定基準となる株主（社員）及び同族関係者		判定基準となる株主等との続柄	株式数又は出資の金額等			
					被支配会社でない法人株主等		その他の株主等	
株式数等	議決権数	住所又は所在地	氏名又は法人名		株式数又は出資の金額 19	議決権の数 20	株式数又は出資の金額 21	議決権の数 22
1		京都市中京区三本木5丁目4番地	ひかり　一郎	本　人			200	

別表四（簡易様式）令四・四・一以後終了事業年度分

所得の金額の計算に関する明細書（簡易様式）

事業年度　4・4・1 ～ 4・10・31　　法人名　ひかり商事　株式会社

御注意
1 「52」の「①」欄の金額は、「②」欄の金額に「③」欄の本書の金額を加算し、これから「※」の金額を加減算した額と符合することになります。
2 沖縄の認定法人の課税の特例等の規定の適用を受ける法人にあっては、別様式による別表四を御使用ください。

区　分		総　額 ①	処分 留保 ②	社外流出 ③
当期利益又は当期欠損の額	1	1,619,300 円	1,619,300 円	配当 その他
加算 損金経理をした法人税及び地方法人税（附帯税を除く。）	2			
損金経理をした道府県民税及び市町村民税	3			
損金経理をした納税充当金	4	40,700	40,700	
損金経理をした附帯税（利子税を除く。）、加算金、延滞金（延納分を除く。）及び過怠税	5			その他
減価償却の償却超過額	6	60,000	60,000	
役員給与の損金不算入額	7	1,200,000		その他 1,200,000
交際費等の損金不算入額	8	0		その他 0
通算法人に係る加算額（別表四付表「5」）	9			外※
	10			
次葉合計				
小　　計	11	1,300,700	100,700	外※ 0 1,200,000
減算 減価償却超過額の当期認容額	12			
納税充当金から支出した事業税等の金額	13			
受取配当等の益金不算入額（別表八(一)「13」又は「26」）	14			※
外国子会社から受ける剰余金の配当等の益金不算入額（別表八(二)「26」）	15			※
受贈益の益金不算入額	16			※
適格現物分配に係る益金不算入額	17			※
法人税等の中間納付額及び過誤納に係る還付金額	18			
所得税額等及び欠損金の繰戻しによる還付金額等	19			※
通算法人に係る減算額（別表四付表「10」）	20			※
	21			
次葉合計				
小　　計	22	0	0	外※ 0 0
仮　計 (1)+(11)-(22)	23	2,920,000	1,720,000	外※ 0 1,200,000
対象純支払利子等の損金不算入額（別表十七(二の二)「29」又は「34」）	24			その他
超過利子額の損金算入額（別表十七(二の三)「10」）	25	△		※ △
仮　計 ((23)から(25)までの計)	26	2,920,000	1,720,000	外※ 0 1,200,000
寄附金の損金不算入額（別表十四(二)「24」又は「40」）	27	1,119,668		その他 1,119,668
法人税額から控除される所得税額（別表六(一)「6の③」）	29	75,000		その他 75,000
税額控除の対象となる外国法人税の額（別表六(二の二)「7」）	30			その他
分配時調整外国税相当額及び外国関係会社等に係る控除対象所得税額等相当額（別表六(五の二)「5の②」＋別表十七(三の六)「1」）	31			その他
合　計 (26)+(27)+(29)+(30)+(31)	34	4,114,668	1,720,000	外※ 0 2,394,668
中間申告における繰戻しによる還付に係る災害損失欠損金額の益金算入額	37			※
非適格合併又は残余財産の全部分配等による移転資産等の譲渡利益額又は譲渡損失額	38			※
差　引　計 (34)+(37)+(38)	39	4,114,668	1,720,000	外※ 0 2,394,668
更生欠損金又は民事再生等評価換えが行われる場合の再生等欠損金の損金算入額（別表七(三)「9」又は「21」）	40	△		※ △
通算対象欠損金額の損金算入額又は通算対象所得金額の益金算入額（別表七の三「5」又は「11」）	41			※
差　引　計 (39)+(40)±(41)	43	4,114,668	1,720,000	外※ 0 2,394,668
欠損金又は災害損失金等の当期控除額（別表七(一)「4の計」＋別表七(四)「10」）	44	△ 4,114,668		※ △ 4,114,668
総　計 (43)+(44)	45	0	1,720,000	外※ △4,114,668 2,394,668
残余財産の確定の日の属する事業年度に係る事業税及び特別法人事業税の損金算入額	51	△	△	
所得金額又は欠損金額	52	0	1,720,000	外※ △4,114,668 2,394,668

(簡)

利益積立金額及び資本金等の額の計算に関する明細書

事業年度	4・4・1 4・10・31	法人名	ひかり商事　株式会社

別表五(一)　令四・四・一以後終了事業年度分

I　利益積立金額の計算に関する明細書

区　　分		期首現在 利益積立金額 ①	当期の増減 減 ②	当期の増減 増 ③	差引翌期首現在 利益積立金額 ①－②＋③ ④
利 益 準 備 金	1	円	円	円	円
別 途 積 立 金	2				
減価償却超過額	3			60,000	60,000
	4				
	5				
	6				
	7				
	8				
	9				
	10				
	11				
	12				
	13				
	14				
	15				
	16				
	17				
	18				
	19				
	20				
	21				
	22				
	23				
次 葉 合 計	24				
繰越損益金（損は赤）	25	△46,660,000	△46,660,000	△45,040,700	△45,040,700
納 税 充 当 金	26	70,000	70,000	40,700	40,700
未納法人税及び未納地方法人税（附帯税を除く。）	27	△	△	中間 △ 確定 △ 0	△ 0
未払通算税効果額（附帯税の額に係る部分の金額を除く。）	28			中間 確定	
未納道府県民税（均等割額を含む。）	29	△ 20,000	△ 20,000	中間 △ 確定 △ 11,600	△ 11,600
未納市町村民税（均等割額を含む。）	30	△ 50,000	△ 50,000	中間 △ 確定 △ 29,100	△ 29,100
差 引 合 計 額	31	△46,660,000	△46,660,000	△44,980,700	△44,980,700

II　資本金等の額の計算に関する明細書

区　　分		期首現在 資本金等の額 ①	当期の増減 減 ②	当期の増減 増 ③	差引翌期首現在 資本金等の額 ①－②＋③ ④
資 本 金 又 は 出 資 金	32	10,000,000 円	円	円	10,000,000 円
資 本 準 備 金	33				
	34				
	35				
差 引 合 計 額	36	10,000,000			10,000,000

御注意

この表は、通常の場合には次の算式により検算ができます。

期首現在利益積立金額合計「31」①　＋　別表四留保所得金額又は欠損金額「52」　－　中間分・確定分の法人税県市町村民税の合計額　＝　差引翌期首現在利益積立金額合計「31」④

租税公課の納付状況等に関する明細書

事業年度	4・4・1 4・10・31	法人名	ひかり商事　株式会社

別表五(二)

令四・四・一以後終了事業年度分

税目及び事業年度			① 期首現在未納税額	② 当期発生税額	当期中の納付税額 ③ 充当金取崩しによる納付	④ 仮払経理による納付	⑤ 損金経理による納付	⑥ 期末現在未納税額 ①+②-③-④-⑤
法人税及び地方法人税		・　・	1					
		・　・	2					
	当期分	中　間	3		円			
		確　定	4		0			0
	計		5		0			0
道府県民税		・　・	6					
	令 3・4・1 4・3・31		7	20,000		20,000			0
	当期分	中　間	8					
		確　定	9		11,600			11,600
	計		10	20,000	11,600	20,000		11,600
市町村民税		・　・	11					
	令 3・4・1 4・3・31		12	50,000		50,000			0
	当期分	中　間	13					
		確　定	14		29,100			29,100
	計		15	50,000	29,100	50,000		29,100
事業税及び特別法人事業税		・　・	16					
		・　・	17					
	当期中間分		18					
	計		19					
その他 損金算入のもの	利　子　税		20					
	延滞金（延納に係るもの）		21					
			22					
			23					
損金不算入のもの	加算税及び加算金		24					
	延　滞　税		25					
	延滞金（延納分を除く。）		26					
	過　怠　税		27					
	源泉所得税		28		75,000			75,000	0
			29					

納税充当金の計算

期首納税充当金	30	70,000 円	その崩他	損金算入のもの	36		円
繰入額	損金経理をした納税充当金	31	40,700		損金不算入のもの	37	
		32				38	
	計 (31)+(32)	33	40,700		仮払税金消却	39	
取崩額	法人税額等 (5の③)+(10の③)+(15の③)	34	70,000		計 (34)+(35)+(36)+(37)+(38)+(39)	40	70,000
	事業税及び特別法人事業税 (19の③)	35			期末納税充当金 (30)+(33)-(40)	41	40,700

通算法人の通算税効果額又は連結法人税個別帰属額及び連結地方法人税個別帰属額の発生状況等の明細

事業年度		① 期首現在未決済額	② 当期発生額	当期中の決済額 ③ 支払額	④ 受取額	⑤ 期末現在未決済額
・　・	42	円	円	円	円	円
・　・	43					
当期分	44		中間			
			確定			
計	45					

148

第3章　会社清算の税務

所得税額の控除に関する明細書

| | 事業年度 | 4・4・1
4・10・31 | 法人名 | ひかり商事　株式会社 | 別表六（一） |

区　　　分		収　入　金　額 ①	①について課される所得税額 ②	②のうち控除を受ける所得税額 ③
公社債及び預貯金の利子、合同運用信託、公社債投資信託及び公社債等運用投資信託(特定公社債等運用投資信託を除く。)の収益の分配並びに特定公社債等運用投資信託の受益権及び特定目的信託の社債的受益権に係る剰余金の配当	1	円 500,000	円 75,000	円 75,000
剰余金の配当（特定公社債等運用投資信託の受益権及び特定目的信託の社債的受益権に係るものを除く。）、利益の配当、剰余金の分配及び金銭の分配（みなし配当等を除く。）	2			
集団投資信託(合同運用信託、公社債投資信託及び公社債等運用投資信託(特定公社債等運用投資信託を除く。)を除く。)の収益の分配	3			
割　引　債　の　償　還　差　益	4			
そ　　　　の　　　　他	5			
計	6	500,000	75,000	75,000

剰余金の配当（特定公社債等運用投資信託の受益権及び特定目的信託の社債的受益権に係るものを除く。）、利益の配当、剰余金の分配及び金銭の分配（みなし配当等を除く。）、集団投資信託（合同運用信託、公社債投資信託及び公社債等運用投資信託（特定公社債等運用投資信託を除く。）を除く。）の収益の分配又は割引債の償還差益に係る控除を受ける所得税額の計算

個別法による場合	銘　　　　柄	収　入　金　額 7	所　得　税　額 8	配　当　等の計算期間 9	(9)のうち元本所　有　期　間 10	所有期間割合 $\frac{(10)}{(9)}$ (小数点以下3位未満切上げ) 11	控除を受ける所得税額 (8)×(11) 12
		円	円	月	月		円

銘柄別簡便法による場合	銘　　　　柄	収　入　金　額 13	所　得　税　額 14	配当等の計算期末の所有元本数等 15	配当等の計算期首の所有元本数等 16	$\frac{(15)-(16)}{2又は12}$ （マイナスの場合は0） 17	所有元本割合 $\frac{(16)+(17)}{(15)}$ (小数点以下3位未満切上げ) （1を超える場合は1） 18	控除を受ける所得税額 (14)×(18) 19
		円	円					円

その他に係る控除を受ける所得税額の明細

支払者の氏名又は法人名	支払者の住所又は所在地	支払を受けた年月日	収入金額 20	控除を受ける所得税額 21	参　　考
		・　・	円	円	
		・　・			
		・　・			
		・　・			
		・　・			
計					

令四・四・一以後終了事業年度分

欠損金又は災害損失金の損金算入等に関する明細書	事業年度	4・4・1 4・10・31	法人名	ひかり商事　株式会社	別表七(一) 令四・四・一以後終了事業年度分

控除前所得金額 (別表四「43の①」)	1	4,114,668 円	損金算入限度額 (1) × $\frac{50又は100}{100}$	2	4,114,668 円

事業年度	区分	控除未済欠損金額 3	当期控除額 (当該事業年度の(3)と((2)－当該事業年度前の(4)の合計額)のうち少ない金額) 4	翌期繰越額 ((3)－(4))又は(別表七(四)「15」) 5
・ ・	青色欠損・連結みなし欠損・災害損失	円	円	
・ ・	青色欠損・連結みなし欠損・災害損失			円
・ ・	青色欠損・連結みなし欠損・災害損失			
・ ・	青色欠損・連結みなし欠損・災害損失			
・ ・	青色欠損・連結みなし欠損・災害損失			
・ ・	青色欠損・連結みなし欠損・災害損失			
・ ・	青色欠損・連結みなし欠損・災害損失			
・ ・	青色欠損・連結みなし欠損・災害損失			
・ ・	青色欠損・連結みなし欠損・災害損失			
令 3・4・1 令 4・3・31	青色欠損・連結みなし欠損・災害損失	5,000,000	4,114,668	885,332
計		5,000,000	4,114,668	885,332

当期分	欠損金額 (別表四「52の①」)		欠損金の繰戻し額	
	同上のうち	災害損失金		
		青色欠損金		
合計				885,332

災害により生じた損失の額の計算

災害の種類		災害のやんだ日又はやむを得ない事情のやんだ日	・ ・

災害を受けた資産の別		棚卸資産 ①	固定資産 (固定資産に準ずる繰延資産を含む。) ②	計 ①＋② ③
当期の欠損金額 (別表四「52の①」)	6			円
災害により生じた損失の額	資産の滅失等により生じた損失の額	7	円	円
	被害資産の原状回復のための費用等に係る損失の額	8		
	被害の拡大又は発生の防止のための費用に係る損失の額	9		
	計 (7)＋(8)＋(9)	10		
保険金又は損害賠償金等の額	11			
差引災害により生じた損失の額 (10)－(11)	12			
同上のうち所得税額の還付又は欠損金の繰戻しの対象となる災害損失金額	13			
中間申告における災害損失欠損金の繰戻し額	14			
繰戻しの対象となる災害損失欠損金額 ((6の③)と((13の③)－(14の③))のうち少ない金額)	15			
繰越控除の対象となる損失の額 ((6の③)と((12の③)－(14の③))のうち少ない金額)	16			

150

第3章　会社清算の税務

民事再生等評価換えが行われる場合以外の再生等欠損金の損金算入及び解散の場合の欠損金の損金算入に関する明細書	事業年度	4・4・1 4・10・31	法人名	ひかり商事　株式会社	別表七(四) 令四・四・一以後終了事業年度分

債務免除等による利益の内訳	債務の免除を受けた金額	1	円	所得金額差引計 (別表四「43の①」)－(別表七(一)「4の計」)	9	円
	私財提供を受けた金銭の額	2				
	私財提供を受けた金銭以外の資産の価額	3		当期控除額 ((4)、(8)と(9)のうち少ない金額)	10	
	計 (1)＋(2)＋(3)	4				
欠損金額等の計算	適用年度終了の時における前期以前の事業年度又は連結事業年度から繰り越された欠損金額及び個別欠損金額	5		調整前の欠損金の翌期繰越額 (13の計)	11	
	適用年度終了の時における資本金等の額 (別表五(一)「36の④」) (プラスの場合は0)	6	△			
	欠損金又は災害損失金の当期控除額 (別表七(一)「4の計」)又は((別表七(二)「3」の当期分以外の計)＋(別表七(二)「6」の当期分以外の計))	7		欠損金額からないものとする金額 ((10)と(11)のうち少ない金額)	12	
	差引欠損金額 (5)－(6)－(7)	8				

欠損金の翌期繰越額の調整

発生事業年度	調整前の欠損金の翌期繰越額 (別表七(一)「3」－「4」)又は(別表七(二)「1」－「3」－「6」) 13	欠損金額からないものとする金額 (当該発生事業年度の(13)と((12)－当該発生事業年度前の(14)の合計額)のうち少ない金額)又は(別表七(四)付表「6」) 14	差引欠損金の翌期繰越額 (13)－(14) 15
・　・	円	円	内 円
・　・			内
・　・			内
・　・			内
・　・			内
・　・			内
・　・			内
・　・			内
・　・			内
令 3・4・1 令 4・3・31	885,332		内 885,332
計	885,332		885,332

151

一括評価金銭債権に係る貸倒引当金 の損金算入に関する明細書	事業年度 又は連結 事業年度	4・4・1 4・10・31	法人名	ひかり商事　株式会社

			円			
当　　期　　繰　　入　　額	1	400,000		前3年内事業年度(設立事業年度である場合には当該事業年度又は連結事業年度)末における一括評価金銭債権の帳簿価額の合計額	9	
繰入限度額の計算	期末一括評価金銭債権の帳簿価額の合計額 (24の計)	2	40,000,000	貸倒実績率の計算	$\dfrac{(9)}{\text{前3年内事業年度における事業年度及び連結事業年度の数}}$	10	
	貸　倒　実　績　率 (17)	3			令第96条第6項第2号イの貸倒れによる損失の額の合計額	11	
	実質的に債権とみられないものの額を控除した期末一括評価金銭債権の帳簿価額の合計額 (26の計)	4	40,000,000		損金の額に算入された令第96条第6項第2号ロの金額の合計額	12	
	法　定　の　繰　入　率 5	5	$\dfrac{10.0}{1,000}$		損金の額に算入された令第96条第6項第2号ハの金額の合計額	13	
	繰　入　限　度　額 ((2)×(3))又は((4)×(5))	6	400,000		益金の額に算入された令第96条第6項第2号ハ又は令和2年旧令96条第6項第2号ニの金額の合計額	14	
	公益法人等・協同組合等の繰入限度額 (6)×$\dfrac{104\text{又は}102}{100}$	7			貸倒れによる損失の額等の合計額 (11)+(12)+(13)-(14)	15	
繰　入　限　度　超　過　額 (1)-((6)又は(7))	8	0		(15)×$\dfrac{12}{\text{前3年内事業年度における事業年度及び連結事業年度の月数の合計}}$	16	
				貸　倒　実　績　率　$\dfrac{(16)}{(10)}$ (小数点以下4位未満切上げ)	17	

一　括　評　価　金　銭　債　権　の　明　細

勘　定　科　目	期末残高	売掛債権等とみなされる額及び貸倒否認額	(18)のうち税務上貸倒れがあったものとみなされる額及び売掛債権等に該当しないものの額	個別評価の対象となった売掛債権等の額及び非適格合併等により合併法人等に移転する売掛債権等の額	法第52条第1項第3号に該当する法人の令第96条第9項各号の金銭債権以外の金銭債権の額	連結完全支配関係又は完全支配関係がある他の法人に対する売掛債権等の額	期末一括評価金銭債権の額 (18)+(19)-(20)-(21)-(22)-(23)	実質的に債権とみられないものの額	差引期末一括評価金銭債権の額 (24)-(25)
	18	19	20	21	22	23	24	25	26
売掛金	円 40,000,000	円	円	円	円	円	円 40,000,000	円	円 40,000,000
計	40,000,000						40,000,000		40,000,000

基　準　年　度　の　実　績　により　実　質　的　に　債　権　とみられないものの額を計算する場合の明細

平成27年4月1日から平成29年3月31日までの間に開始した各事業年度末の一括評価金銭債権の額の合計額	27	円	債権からの控除割合　$\dfrac{(28)}{(27)}$ (小数点以下3位未満切捨て)	29	
同上の各事業年度末の実質的に債権とみられないものの額の合計額	28		実質的に債権とみられないものの額 (24の計)×(29)	30	円

第3章　会社清算の税務

寄附金の損金算入に関する明細書

事業年度	4・4・1 4・10・31	法人名	ひかり商事　株式会社	別表十四（二）令四・四・一以後終了事業年度分

公益法人等以外の法人の場合

一般寄附金の損金算入限度額の計算	指定寄附金等の金額（41の計）	1	200,000 円
	特定公益増進法人等に対する寄附金額（42の計）	2	300,000
	その他の寄附金額	3	1,000,000
	計 (1)＋(2)＋(3)	4	1,500,000
	完全支配関係がある法人に対する寄附金額	5	
	計 (4)＋(5)	6	1,500,000
	所得金額仮計（別表四「26の①」）	7	2,920,000
	寄附金支出前所得金額 (6)＋(7)（マイナスの場合は0）	8	4,420,000
	同上の 2.5又は1.25/100 相当額	9	110,500
	期末の資本金等の額又は資本金の額及び資本準備金の額の合計額若しくは出資金の額（別表五(一)「36の④」又は別表五(一)「32の④」＋「33の④」）（マイナスの場合は0）	10	10,000,000
	同上の月数換算額 (10)×7/12	11	5,833,333
	同上の 2.5/1,000 相当額	12	14,583
	一般寄附金の損金算入限度額 ((9)＋(12))×1/4	13	31,270
特定公益増進法人等に対する寄附金の特別損金算入限度額に損	寄附金支出前所得金額の 6.25/100 相当額 (8)×6.25/100	14	276,250
	期末の資本金等の額及び資本準備金の額の合計額若しくは出資金の額の月数換算額 (11)×3.75/1,000 相当額	15	21,874
	特定公益増進法人等に対する寄附金の特別損金算入限度額 ((14)＋(15))×1/2	16	149,062
	特定公益増進法人等に対する寄附金の損金算入額 ((2)と((14)又は(16))のうち少ない金額)	17	149,062
	指定寄附金等の金額 (1)	18	200,000
	国外関連者に対する寄附金額及び本店等に対する内部寄附金額	19	
	(4)の寄附金額のうち同上の寄附金以外の寄附金額 (4)－(19)	20	1,500,000
損金不算入額	同上のうち損金の額に算入されない金額 (20)－((9)又は(13))－(17)－(18)	21	1,119,668
	国外関連者に対する寄附金額及び本店等に対する内部寄附金額 (19)	22	
	完全支配関係がある法人に対する寄附金額 (5)	23	
	計 (21)＋(22)＋(23)	24	1,119,668

公益法人等の場合

損金算入限度額の計算	長期給付事業への繰入利子額	25	円
	同上以外のみなし寄附金額	26	
	その他の寄附金額	27	
	計 (25)＋(26)＋(27)	28	
	所得金額仮計（別表四「26の①」）	29	
	寄附金支出前所得金額 (28)＋(29)（マイナスの場合は0）	30	
	同上の 20又は50/100 相当額〔50/100 相当額が年200万円に満たない場合（当該法人が公益社団法人又は公益財団法人である場合を除く。）は、年200万円〕	31	
	公益社団法人又は公益財団法人の公益法人特別限度額（別表十四(二)付表「3」）	32	
	長期給付事業を行う共済組合等の損金算入限度額 ((25)と融資額の年5.5％相当額のうち少ない金額)	33	
	損金算入限度額 (31)、((31)＋(32))のうち多い金額) 又は((31)＋(33))のうち多い金額	34	
	指定寄附金等の金額 (41の計)	35	
	国外関連者に対する寄附金額及び完全支配関係がある法人に対する寄附金額	36	
	(28)の寄附金額のうち同上の寄附金以外の寄附金額 (28)－(36)	37	
損金不算入額	同上のうち損金の額に算入されない金額 (37)－(34)－(35)	38	
	国外関連者に対する寄附金額及び完全支配関係がある法人に対する寄附金額 (36)	39	
	計 (38)＋(39)	40	

指定寄附金等に関する明細

寄附した日	寄附先	告示番号	寄附金の使途	寄附金額 41
令4・8・1	京都府	令4 5 1 999	重要文化財補修費用	200,000 円
計				200,000

特定公益増進法人若しくは認定特定非営利活動法人等に対する寄附金又は認定特定公益信託に対する支出金の明細

寄附した日又は支出した日	寄附先又は受託者	所在地	寄附金の使途又は認定特定公益信託の名称	寄附金額又は支出金額 42
令4・8・1	日本赤十字社	京都市東山区	災害救護活動	300,000 円
計				300,000

その他の寄附金のうち特定公益信託（認定特定公益信託を除く。）に対する支出金の明細

支出した日	受託者	所在地	特定公益信託の名称	支出金額
				円

153

交際費等の損金算入に関する明細書		事業年度	4・4・1 4・10・31	法人名	ひかり商事　株式会社				別表十五

支出交際費等の額 (8の計)	1	3,000,000 円	損金算入限度額 (2)又は(3)	4	3,000,000 円
支出接待飲食費損金算入基準額 (9の計)×$\frac{50}{100}$	2		損金不算入額 (1)－(4)	5	0
中小法人等の定額控除限度額 ((1)と((800万円×$\frac{7}{12}$)又は(別表十五付表「5」))のうち少ない金額)	3	3,000,000			

支　出　交　際　費　等　の　額　の　明　細

科　　　目	支　出　額	交際費等の額から控除される費用の額	差引交際費等の額	(8)のうち接待飲食費の額
	6	7	8	9
交　際　費	3,000,000 円	円	3,000,000 円	円
計	3,000,000		3,000,000	

154

第3章　会社清算の税務

旧定額法又は定額法による減価償却資産の償却額の計算に関する明細書

事業年度又は連結事業年度	4・4・1 〜 4・10・31	法人名	ひかり商事　株式会社	別表十六（一）令四・四・一以後終了事業年度又は連結事業年度分

								合　計
資産区分	種　　類	1	建物（定額）					
	構　　造	2						
	細　　目	3						
	取　得　年　月　日	4	令2・4・1					
	事業の用に供した年月	5	令2・4					
	耐　用　年　数	6	50					
取得価額	取得価額又は製作価額	7	外 30,000,000	外	外	外	外	30,000,000
	(7)のうち積立金方式による圧縮記帳の場合の償却額計算の対象となる取得価額に算入しない金額	8						
	差引取得価額 (7)−(8)	9	30,000,000					30,000,000
帳簿価額	償却額計算の対象となる期末現在の帳簿記載金額	10	28,400,000					28,400,000
	期末現在の積立金の額	11						
	積立金の期中取崩額	12						
	差引帳簿記載金額 (10)−(11)−(12)	13	外△ 28,400,000	外△	外△	外△	外△	28,400,000
	損金に計上した当期償却額	14	400,000					400,000
	前期から繰り越した償却超過額	15	外	外	外	外	外	
	合　計 (13)+(14)+(15)	16	28,800,000					28,800,000
当期分の普通償却限度額等	残　存　価　額	17						
	差引取得価額×5% (9)×5/100	18						
	旧定額法の償却額計算の基礎となる金額(9)−(17)	19						
	旧定額法の償却率	20						
	算出償却額 (19)×(20)	21						
	増加償却額 (21)×割増率	22	( )	( )	( )	( )	( )	
	計 (21)+(22)又は(16)−(18)	23						
	算出償却額 (18)−1円)×7/60	24						
	定額法の償却額計算の基礎となる金額(9)	25	30,000,000					30,000,000
	定額法の償却率	26	0.012					
	算出償却額 (25)×(26)	27	360,000					360,000
	増加償却額 (27)×割増率	28	( )	( )	( )	( )	( )	
	計 (27)+(28)	29	360,000					360,000
	当期分の普通償却限度額等 (23)、(24)又は(29)	30	360,000					360,000
当期分の償却限度額	特別償却又は割増償却限度額	租税特別措置法適用条項	31	条　項	条　項	条　項	条　項	条　項
		特別償却限度額	32	外	外	外	外	外
	前期から繰り越した特別償却不足額又は合併等特別償却不足額	33						
	合　計 (30)+(32)+(33)	34	360,000					360,000
差引	当　期　償　却　額	35	400,000					400,000
	償却不足額(34)−(35)	36						
	償却超過額(35)−(34)	37	40,000					40,000
償却超過額	前期からの繰越額	38	外	外	外	外	外	
	当期損金認容額 償却不足によるもの	39						
	積立金取崩しによるもの	40						
	差引合計翌期への繰越額 (37)+(38)−(39)−(40)	41	40,000					40,000
特別償却不足額	翌期に繰り越すべき特別償却不足額 ((36)−(39))と((32)+(33))のうち少ない金額	42						
	当期において切り捨てる特別償却不足額又は合併等特別償却不足額	43						
	差引翌期への繰越額 (42)−(43)	44						
	翌期繰越額への訳	: :	45					
	当期分不足額	46						
	適格組織再編成により引き継ぐべき合併等特別償却不足額 ((36)−(39))と(32)のうち少ない金額	47						
備　考								

155

旧定率法又は定率法による減価償却資産の償却額の計算に関する明細書	事業年度又は連結事業年度	4・4・1 4・10・31	法人名	ひかり商事　株式会社

別表十六(二)　令四・四・一以後終了事業年度又は連結事業年度分

資産区分	項目						合計
	種類	1	器具及び備品				合計
	構造	2					
	細目	3					
	取得年月日	4	令3・4・1				
	事業の用に供した年月	5	令3・4				
	耐用年数	6	4 年	年	年	年	年
取得価額	取得価額又は製作価額	7	5,000,000				5,000,000
	(7)のうち積立金方式による圧縮記帳の場合の償却額計算の対象となる取得価額に算入しない金額	8					
	差引取得価額 (7)-(8)	9	5,000,000				5,000,000
償却額計算の基礎となる額	償却額計算の対象となる期末現在の帳簿記載金額	10	1,750,000				1,750,000
	期末現在の積立金の額	11					
	積立金の期中取崩額	12					
	差引帳簿記載金額 (10)-(11)-(12)	13	1,750,000				1,750,000
	損金に計上した当期償却額	14	750,000				750,000
	前期から繰り越した償却超過額	15					
	合計 (13)+(14)+(15)	16	2,500,000				2,500,000
	前期から繰り越した特別償却不足額又は合併等特別償却不足額	17					
	償却額計算の基礎となる金額 (16)-(17)	18	2,500,000				2,500,000
当期分の普通償却限度額等	平成19年3月31日以前取得分 差引取得価額×5% (9)×5/100	19					
	旧定率法の償却率	20					
	算出償却額 (18)×(20)	21					
	増加償却額 (21)×割増率	22	( )	( )	( )	( )	( )
	計 (21)+(22)又は(18)-(19)	23					
	算出償却額 ((19)-1円)×7/60	24					
	平成19年4月1日以後取得分 定率法の償却率	25	(0.5) 0.292				
	調整前償却額 (18)×(25)	26	(1,250,000) 730,000				(1,250,000) 730,000
	保証率	27	0.12499				
	償却保証額 (9)×(27)	28	624,950				624,950
	改定取得価額	29					
	改定償却率	30					
	改定償却額 (29)×(30)	31					
	増加償却額 ((26)又は(31))×割増率	32	( )	( )	( )	( )	( )
	計 ((26)又は(31))+(32)	33	730,000				730,000
	当期分の普通償却限度額等 (23)、(24)又は(33)	34	730,000				730,000
当期分の償却限度額	特別償却限度額 租税特別措置法適用条項	35	条 項	条 項	条 項	条 項	条 項
	特別償却限度額	36					
	前期から繰り越した特別償却不足額又は合併等特別償却不足額	37					
	合計 (34)+(36)+(37)	38	730,000				730,000
	当期償却額	39	750,000				750,000
差引	償却不足額 (38)-(39)	40					
	償却超過額 (39)-(38)	41	20,000				20,000
償却超過額	前期からの繰越額	42					
	当期損金認容額 償却不足によるもの	43					
	積立金取崩しによるもの	44					
	差引合計翌期への繰越額 (41)+(42)-(43)-(44)	45	20,000				20,000
特別償却不足額	翌期に繰り越すべき特別償却不足額 (((40)-(43))と((36)+(37))のうち少ない金額)	46					
	当期において切り捨てる特別償却不足額又は合併等特別償却不足額	47					
	差引翌期への繰越額 (46)-(47)	48					
	翌期繰越額の明細	49	・ ・				
	当期分不足額	50					
	適格組織再編成により引き継ぐべき合併等特別償却不足額 (((40)-(43))と(36)のうち少ない金額)	51					
備考							

第3章　会社清算の税務

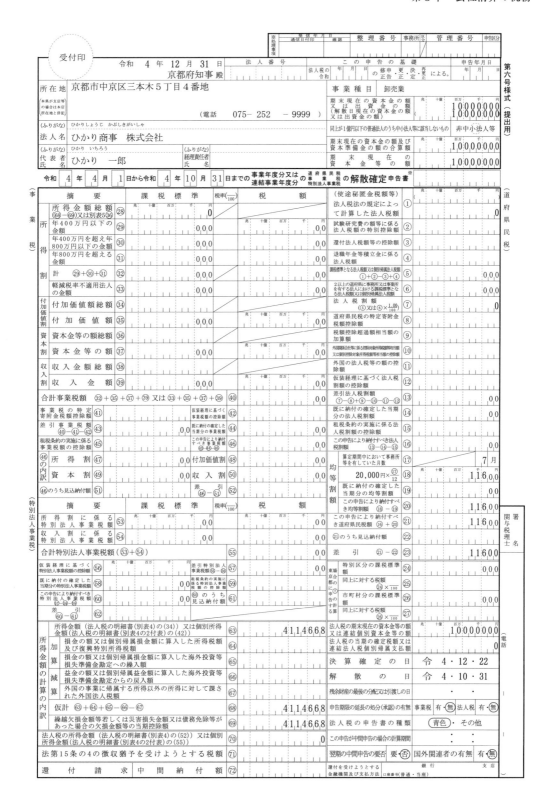

欠損金額等及び災害損失金の 控除明細書 (法第72条の2第1項 第1号 第3号 に掲げる事業)		事業 年度	4 ・ 4 ・ 1 4 ・ 10 ・ 31	法人名	ひかり商事　株式会社		第六号様式別表九（提出用）

控 除 前 所 得 金 額 第6号様式⑱-（別表10⑨又は㉑）	①	円 4,114,668	損 金 算 入 限 度 額 ① × 50又は100/100	②	円 4,114,668

事 業 年 度	区　　　分	控除未済欠損金額等又は 控除未済災害損失金③	当 期 控 除 額 ④ (当該事業年度の③と(②－当該事業年度前の④の合計額)のうち少ない金額)	翌 期 繰 越 額 ⑤ ((③－④)又は別表11⑰)
・　・ ・　・	欠損金額等・災害損失金	円	円	
・　・ ・　・	欠損金額等・災害損失金			円
・　・ ・　・	欠損金額等・災害損失金			
・　・ ・　・	欠損金額等・災害損失金			
・　・ ・　・	欠損金額等・災害損失金			
・　・ ・　・	欠損金額等・災害損失金			
・　・ ・　・	欠損金額等・災害損失金			
令 3 ・ 4 ・ 1 令 4 ・ 3 ・ 31	欠損金額等・災害損失金	5,000,000	4,114,668	885,332
・　・ ・　・	欠損金額等・災害損失金			
・　・ ・　・	欠損金額等・災害損失金			
計		5,000,000	4,114,668	885,332
当期分	欠 損 金 額 等 ・ 災 害 損 失 金			
	同上のうち 災 害 損 失 金			円
	同上のうち 青 色 欠 損 金			
合　　　計				885,332

災 害 に よ り 生 じ た 損 失 の 額 の 計 算				
災 害 の 種 類		災害のやんだ日又は やむを得ない事情のやんだ日		・　・
当 期 の 欠 損 金 額 ⑥	円	差引災害により生じ た損失の額(⑦－⑧) ⑨		円
災害により生じた損 失の額 ⑦		繰越控除の対象とな る損失の額(⑥と⑨ のうち少ない金額) ⑩		
保険金又は損害賠償 金等の額 ⑧				

第3章 会社清算の税務

3　異動届出書の記載例

異　動　届　出　書
（　☑ 法人税　　☑ 消費税　）

※ 整理番号	
※ 通算グループ整理番号	

税務署受付印

令和　4 年 12 月 31 日

中京　　　　税務署長殿

次の事項について異動したので届け出ます。

提出区分			
☑	☐	☐	☐
通算親法人が提出する場合	通算親法人となる法人が提出する場合	通算子法人が提出する場合	通算子法人となる法人が提出する場合

（フリガナ）	キョウトシナカギョウクサンボンギ
本店又は主たる事務所の所在地	〒604 － 1234 京都市中京区三本木5丁目4番地 　　　電話（ 075 　）252 － 9999
（フリガナ）	
納　税　地	〒　－ 同上
（フリガナ）	ヒカリショウジ カブシキガイシャ
法人等の名称	ひかり商事　株式会社
法人番号	
（フリガナ）	ヒカリ イチロウ
代表者氏名	ひかり　一郎
（フリガナ）	キョウトシナカギョウクサンボンギ
代表者住所	〒604 － 1234 京都市中京区三本木5丁目4番地

異動事項等	異　動　前	異　動　後	異動年月日 （登記年月日）
解散		代表清算人 ひかり 一郎 住所 京都市中京区 　　　三本木5丁目4番地	令和　4・10・31 （令和　4・11・2）
事業年度	4月1日〜3月31日	11月1日〜10月31日	令和　4・10・31
			・　・
			・　・

所轄税務署	税務署	税務署	

納　税　地　等　を変　更　し　た　場　合	給与支払事務所等の移転の有無　☐ 有　☐ 無（名称等変更有）　☐ 無（名称等変更無） ※「有」及び「無（名称等変更有）」の場合には「給与支払事務所等の開設・移転・廃止届出書」の提出も必要です。
事業年度を変更した場合	変更後最初の事業年度：（自）令和　4年 11 月 1 日〜（至）令和　5年 10 月 31 日

合併、分割の場合	合　併	☐ 適格合併　☐ 非適格合併	分　割	☐ 分割型分割 ： ☐ 適　格　☐その他 ☐ 分社型分割 ： ☐ 適　格　☐その他

（その他参考となるべき事項）

税　理　士　署　名	

※税務署処理欄	部門	．	決算期	業種番号	番号	入力	名簿	

05.01改正

（規格 A 4）

第3章　会社清算の税務

法人設立・異動等届出書

法人番号 [　　　　　　　　　　　　　]

令和 4年 12月 31日

受付印

（フリガナ）	ヒカリショウジ　カブシキガイシャ
法人名	ひかり商事　株式会社

京都地方税機構
広域連合長　様

京都府管理番号 [　　　　　]

登記簿の本店所在地	〒604-1234 京都市中京区三本木5丁目4番地 電話（　075-252-9999　）

◆京都府内の市町村（京都市を除く）

福知山市	舞鶴市	綾部市
宇治市	宮津市	亀岡市
城陽市	向日市	長岡京市
八幡市	京田辺市	京丹後市
南丹市	木津川市	大山崎町
久御山町	井手町	宇治田原町
和束町	笠置町	精華町
南山城村	京丹波町	伊根町
与謝野町		

※事務所、事業所が所在（設置・廃止を含む）する全ての市町村に✓を入れてください

代表者	（フリガナ）	ヒカリ　イチロウ
	氏名	ひかり　一郎

申告書送付先連絡先 ※本店所在地以外の送付先を希望される場合は記入してください	名称	（フリガナ）
	所在地	〒 電話（　　　　　）

関与税理士名	 電話（　　　　　）

添付書類	⦅履歴事項全部証明書⦆ ・定款等 ・税務署書類（写） ・その他（　　　）

設立年月日	昭和56年　10月　1日	資本金又は出資金の額	10,000,000円
事業年度	4月 1日 ～ 3月 31日 　月 　日 ～ 　月 　日	資本金と資本準備金の合計額	10,000,000円
		資本金等の額	10,000,000円

申告期限延長の有無	法人税	⦅無⦆・有（　　月）	全従業員数	30人
	事業税	⦅無⦆・有（　　月）	主たる事業種目	製造業・⦅その他⦆（卸売業　）

分割法人区分	都道府県	分割・⦅非分割⦆	一般社団法人・一般財団法人である場合	普通法人 ・ 非営利型法人
	市町村	分割・⦅非分割⦆	公益法人等である場合の収益事業の有無	収益事業有 ・ 収益事業無

◎設立・異動等の内容
（該当する番号を項目番号欄に記載してください）

1. 設立
2. 商号、名称変更
3. 事業年度、通算事業年度の変更
4. 本店の異動
5. 本店の異動
6. 支店、営業所等の設置、異動、廃止
7. 法人組織形態の変更
8. 資本金の額、出資金の額の変更
9. 通算制度の適用、加入、離脱等
10. 合併、会社分割
11. 解散、残余財産の確定、清算結了、継続、破産開始決定、破産廃止、終結決定
12. 会社更生開始決定、更生計画承認、更生終了
13. 公益法人等の収益事業の開始、廃止
14. 申告書送付先の設定、変更
15. その他

項目番号	異動内容等	変更前	変更後	異動年月日
11	解散		代表清算人 ひかり 一郎 住所 京都市中京区三本木5丁目4番地 （令和 4年 11月2日　登記）	令和 4年 10月 31日
3	事業年度変更	4月1日～3月31日	11月1日～10月31日	令和 4年 10月 31日
				年 　月 　日

設置又は廃止する府内の事務所名等	名称	所在地	従業員数	区分	状況番号	設置・廃止年月日
			人	設置・廃止		年 月 日
			人	設置・廃止		年 月 日

（異動後の状況）
1. 変更前の市町村に事務所が残る
2. 変更前の市町村には残らないが京都府内に事務所が残る
3. 京都府内に事務所が残らない

グループ通算制度の適用、加入、離脱等 （連結納税に係る異動の場合は「通算」を「連結」に読み替えてください）	今回届出事由	承認・加入・離脱・取りやめ		事由が生じた日	年 月 日
	通算親法人	最初通算事業年度	年 月 日 ～ 年 月 日		
	通算子法人	加入時期の特例の有無	有・無	最初通算事業年度	年 月 日～ 年 月 日
		通算親法人	（フリガナ） 法人名	所在地 〒 電話（　　　　　）	
		離脱・取りやめ等の場合	本来の事業年度	年 月 日 ～ 年 月 日	

清算人管財人等	（フリガナ）ヒカリ　イチロウ 氏名 ひかり 一郎	住所	〒604-1234 京都市中京区三本木5丁目4番地 電話（　075-252-9999　）
被合併法人	（フリガナ） 法人名	所在地	〒 電話（　　　　　）

※裏面もご覧ください

161

法人等設立・解散・変更届出書

管理番号　□

（宛先）	届出法人	登記上の本店所在地	〒 604 - 1234　京都市中京区三本木5丁目4番地　　　　電話 075 - 252 - 9999
京都市長		送付先・連絡先	〒 　-　　同上　　　　電話 　-　-
令和 4 年 12 月 31 日		フリガナ	ヒカリショウジ　カブシキガイシャ
下記のとおり届出をします。		法人名等	ひかり商事 株式会社
		代表者氏名	ひかり 一郎

基本事項	登記上の設立年月日　昭和56 年 10 月 1 日	資本金の額又は出資金の額	10,000,000 円
	事業種目	資本金の額及び資本準備金の額の合算額	10,000,000 円
	事業年度 4 月 1 日～ 3 月 31 日	資本金等の額	10,000,000 円
	公益法人等である場合の収益事業の有無	□ 有　　　☑ 無	
	一般社団法人・一般財団法人の場合	□ 非営利型法人　　　□ 普通法人	
	本市内に本店所在地があり、市外に事務所等が	□ 有 （市町村名　　　　　　　）　☑ 無	

法人税申告期限の延長	□ 有（　か月）　□ 無	※有の場合は、添付書類「申告期限延長の特例申請書の写し」を提出してください。

開設・廃止の場合	事務所等の所在地	事務所等の名称	開設年月日
			廃止年月日
	この事務所等の開設・廃止により本市内の別の事務所等は　□ 同一区内にまだ有　□ 他区内にまだ有　□ 全く無		

連結法人の場合	届出法人が連結納税を行う	□ 最初 □ 最後 の連結事業年度 年 月 日～ 年 月 日
		通常 の連結事業年度 月 日～ 月 日
	連結親法人 （本店所在地）	（名称）

届出内容に変更があった場合	項　目	変　更　前	変　更　後	変更年月日		
	□ 本店所在地　□ 名称・組織　□ 送付先　□ 代表者　□ (連結)事業年度　□ 資本金等の額　□ 事務所等の名称・所在地	4月1日～3月31日	11月1日～10月31日	4	10	31
	□ その他（　　　　　）	事務所等が移転したとき、旧事務所等は　□ 廃止する　□ 継続する				

合併分割があった場合	合併（分割）期日　年 月 日	市内事務所等を合併法人又は分割承継法人に	□ 引き継ぐ　□ 引き継がない	適格区分	□ 適格　□ その他
	被合併法人又は分割承継法人の本店所在地・名称				

解散清算結了の場合	☑ 法人等の解散　令和 4 年 10 月 31 日	清算人(住所)　京都市中京区三本木5丁目4番地
	□ 法人等の清算結了　年 月 日	（氏名）ひかり 一郎　　　　電話 075 - 252 - 9999

休業の場合	休業年月日 年 月 日	※添付書類「法人の現況申立書」についても記載のうえ提出してください。

事業所税に関する事項	本市内において事務所等の開設・廃止があった場合は、本市内の各事務所等の床面積及び従業員数の合計について、該当する□に✓印を付けてください。		
	本市内の各事務所等の床面積の合計	□ 800㎡以上	□ 500㎡以上～800㎡未満	□ 500㎡未満
	本市内の各事務所等の従業員数の合計	□ 80人以上	□ 79人以下	

添付書類届出内容がわかる書類	☑ 商業登記簿謄本（履歴事項全部証明）の写し	□ 法人の現況申立書
	□ 事業年度等が確認できる定款等の写し	□ 連結法人関係の法人税の書類の写し
	□ 株主総会議事録の写し	□ 申告期限延長の特例申請書の写し
	□ 合併契約書、分割計画書、分割契約書の写し	□ その他（　　　　　　　　　）

マイナンバー制度上の法人番号		関与税理士
		氏名・連絡先　　　電話 　-　-

162

Q34 清算事業年度の確定申告①
―所得計算

清算事業年度の確定申告はどのように行えばよいのでしょうか。通常の事業年度の所得計算と異なる点や計算上の留意点があれば教えてください。

A34 解説

1 清算事業年度における所得計算の特徴

内国法人である普通法人または協同組合等が平成22年10月1日以後に解散した場合には、清算事業年度についても、通常の事業年度と同じく、その事業年度の益金の額から損金の額を控除した金額が課税標準となります（法法5、平22改正法附則10②）。

しかしながら、会社が解散し清算手続きに入ると、会社は通常の営業活動を停止し、清算の目的の範囲内でのみ活動することになるため（会476）、継続企業に認められる税法上の特例については、解散事業年度と同様に、基本的には適用を受けることができなくなります。また、清算を前提とした事業年度であるため、通常の事業年度とは異なる特例も設けられていますので注意が必要です。

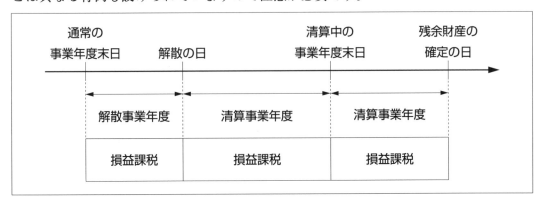

2 残余財産が確定していない事業年度の留意点

清算事業年度における所得計算においては、解散事業年度と同様に、継続企業を前提とした各種税法上の特典が認められなくなりますが、解散事業年度と一部異なる取

扱いもありますので、次表のとおりに整理しておきます。なお、期限切れ欠損金の損金算入については、Q35で解説することにします。

	解散事業年度	清算事業年度
租税特別措置法の準備金の繰入	×	×
交際費等の損金不算入	○	○
役員給与の損金不算入	○	○
法人税法または租税特別措置法の圧縮記帳	○	×
法人税法または租税特別措置法の特別勘定	×	×
収用換地等の所得の特別控除	○	×
期限切れ欠損金の損金算入	×	○
留保金課税	○	×
使途秘匿金課税	○	○
土地重課	○（適用停止）	○（適用停止）

○：適用あり　×：適用なし

3　残余財産が確定した日の属する事業年度の留意点

　残余財産が確定した日の属する清算事業年度は、通常1年に満たない期間となるため、減価償却費の償却率の改定、中小企業の軽減税率の計算、交際費等の定額控除限度額の計算および法人住民税の均等割額の計算などについて、解散事業年度と同様に、月数按分することを忘れないよう留意してください。また、最後事業年度特有の論点として次の4つの特例が設けられていますのでおさえておきたいところです。

(1)　最後事業年度の事業税の損金算入

　清算確定事業年度には次年度が存在しないため、事業税について損金処理する機会が永久に訪れないことを考慮し、残余財産が確定した日の属する事業年度に係る事業税の額および特別法人事業税の額をその事業年度の損金の額に算入します（法法62の5⑤）。なお、事業税の課税標準の計算方法については、事業税の損金算入前の法人所得とすることで、循環計算に陥ることを回避する措置が設けられています（地法72の23）。

(2)　一括償却資産および繰延消費税額等の損金算入

　会社の残余財産が確定した場合には、その残余財産の分配が適格現物分配に該当す

る場合を除き、残余財産が確定した日の属する事業年度終了時における一括償却資産の金額および繰延消費税等を損金の額に算入します（法令133の2④、139の4⑨）。

(3) 引当金の繰入制限

法人税法に定める貸倒引当金については、残余財産が適格現物分配に該当する場合の貸倒引当金を除き、非適格合併による解散の場合と同様に戻入れの機会がないため、残余財産が確定した日の属する事業年度において繰り入れることができません（法法52①②）。

(4) 現物分配による資産の譲渡の特例

残余財産の全部の分配または引渡しにより生じる資産の譲渡損益は、本来であれば実際の分配または引渡しの時点の価額で計算することが原則ですが、その時点にならなければ納付税額が確定しないとすれば、残余財産が永久に確定せずに循環計算に陥ることとなります。また、その損益の認識時点も、本来ならば、実際の分配または引渡しの日の属する事業年度に計上することが原則ですが、残余財産の確定の日で清算に伴う最後事業年度が終了することとなると（法法14①二十一）、この譲渡損益を所得計算に反映させることができません。

そこで、残余財産の全部の分配または引渡し（適格現物分配を除く）により金銭以外の資産の移転をした場合には、残余財産の確定の時の価額による譲渡をしたものとし、その確定の日の属する事業年度において譲渡損益を計上する特例措置が設けられています（法法62の5①②）。

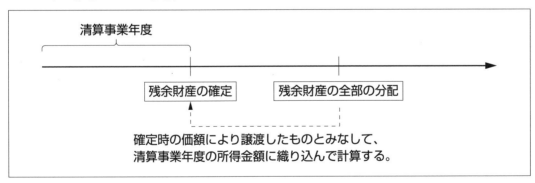

Q35 清算事業年度の確定申告②
―期限切れ欠損金の損金算入

清算中の法人に残余財産がないと見込まれる場合には、いわゆる期限切れ欠損金額を損金の額に算入することができるそうですが、具体的にはどのようにして残余財産の有無を判定し、期限切れ欠損金額を計算するのでしょうか。

A35 解説

1 期限切れ欠損金の損金算入の概要

　内国法人が平成22年10月１日以後に解散した場合において、残余財産がないと見込まれるときは、清算中に終了する事業年度前の各事業年度において生じた欠損金額のうち、期限切れ欠損金額に相当する金額について、青色欠損金および災害損失金控除後かつ最後事業年度の事業税の損金算入（Q34の３参照）前の所得金額を限度として、損金の額に算入することとしています（法法59④）。これは、清算中の法人に対して損益法による所得課税が行われると、繰越欠損金を超える債務免除があった場合には、残余財産がないにもかかわらず税負担が生じることになるため、残余財産がないと見込まれるときは、所得金額を限度として、期限切れ欠損金額を損金の額に算入することにより、税額が発生しないよう配慮したものです。

　そのため、通常の事業年度で適用されている資本金１億円超の法人及び大法人への欠損金額の利用制限（平成30年４月１日以後開始事業年度の利用限度額＝所得金額×50％）も設けられていません。

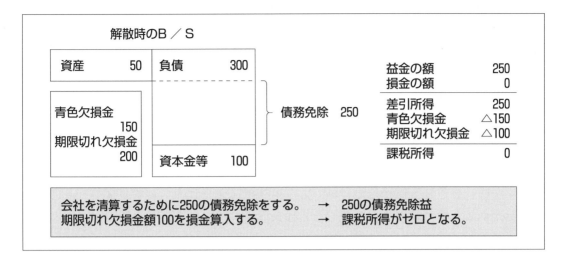

2　期限切れ欠損金額の算定方法

　損金算入の対象となる期限切れ欠損金額は、次の①の金額から②の金額を控除した金額になりますが（法令118）、①の金額を法人の設立事業年度から清算事業年度まで詳細に記録していることは稀であり、正確な金額を把握することができない場合も考えられることから、別表五㈠の「利益積立金額及び資本金等の額の計算に関する明細書」の「期首現在利益積立金額①」の「差引合計額31」欄に記載されるべき金額がマイナス（△）である場合のその金額（マイナス符号がないものとした金額）を用いることとしています（法基通12－3－2）。

①	この適用を受けようとする事業年度の前事業年度以前から繰り越された欠損金額の合計額
②	この適用を受けようとする事業年度において損金算入される青色欠損金額（法法57①）または災害損失欠損金額（法法58①）

　なお、適用事業年度終了の時における資本金等の額が0以下である場合には、そのマイナスの資本金等の額を欠損金額と同様に損金算入の対象とします。具体的には、資本金等の額が0以下である場合の上記①の金額は、「この適用を受けようとする事業年度の前事業年度以前から繰り越された欠損金額の合計額からこの適用を受けようとする事業年度終了の時における資本金等の額を減算した金額」となります。

```
（例）前事業年度以前から繰り越された欠損金額の合計額      2,500
　　　適用事業年度終了の時における資本金等の額           △1,000
　　　上記①の金額　　2,500　－（△1,000）　＝           3,500
```

3　残余財産がないと見込まれる場合の判定

　残余財産がないと見込まれる場合とは、時価債務超過であることを意味し、実態貸借対照表の上で債務超過であることが求められます。とはいえ、実務上は、残余財産が確定する日の属する事業年度において、最終的に残った株主や役員からの借入金を債務免除することで清算結了登記を行う事例が多いと思われます。その場合、最後事業年度終了時の実態貸借対照表では、清算費用の未払金だけが負債に残り、それと同額の現金預金だけが資産に計上されているケースが一般的であり、資産と負債が同額となるため、必ずしも債務超過とはいえない状況になります。しかしながら、資産に含み益があるわけではなく、分配できる残余財産もないことから、期限切れ欠損金額を損金算入できるものと思われます。

　債務超過の判定の時期については、解散をした日や債務免除を受けた日ではなく、解散した法人の清算中に終了する各清算事業年度の終了の時の現況により行うこととされています（法基通12－3－7）。したがって、当初は残余財産がないと見込まれたことから、期限切れ欠損金額を損金の額に算入して法人税の確定申告書を提出し、その後の各事業年度終了の時において再判定したところ、土地の価額が上昇するなど状況が変化して残余財産が生じる見込みとなった場合においても、過去において適用した期限切れ欠損金の損金算入を遡って修正する必要はありません。

4　青色欠損金と期限切れ欠損金の両方がある場合の適用順位

　会社更生手続の開始決定があった場合の期限切れ欠損金の損金算入制度（法法59①）または民事再生手続の開始決定等があった場合の期限切れ欠損金の損金算入制度（法法59②）の適用を受ける事業年度については、上記1の期限切れ欠損金の損金算入制度の適用を受けることができないこととされています（法法59④）。

　したがって、清算事業年度において残余財産がないと見込まれるときは、原則として①青色欠損金、②期限切れ欠損金の順番で損金算入することになりますが、会社更生法等による更生手続開始の決定によって債務免除等があった場合や民事再生法による再生手続開始の決定によって資産の評定を行い評価益を計上した場合には、逆に①

期限切れ欠損金、②青色欠損金の順番で損金算入することに注意が必要です。

順番	会社更生法等 （法法59①）	民事再生法等 《資産の評価益あり》 （法法59②）	民事再生法等 《資産の評価益なし》 （法法59③）	通常の清算 （法法59④）
①	期限切れ欠損金	期限切れ欠損金	青色欠損金	青色欠損金
②	青色欠損金	青色欠損金	期限切れ欠損金	期限切れ欠損金

青色欠損金が残るケース有り。　　　　青色欠損金から先に利用される。

5　適用を受けるための要件

　期限切れ欠損金の損金算入の規定の適用を受ける場合には、確定申告書、修正申告書または更正請求書に期限切れ欠損金額に相当する金額の損金算入に関する明細書（法人税申告書別表七㈠および七㈢）を記載し、かつ、残余財産がないと見込まれることを説明する書類を添付しなければなりません（法法59⑥、法規26の6三、法基通12－3－9）。

　ただし、残余財産がないと見込まれることを説明する書類の添付がない確定申告書、修正申告書または更正請求書を提出した場合においても、その添付がなかったことについてやむを得ない事情があると認められるときは、適用を受けることができる宥恕規定も設けられています。

6　残余財産がないと見込まれることを説明する書類

　残余財産がないと見込まれることを説明する書類とは、一般的には、法人の清算中に終了する各事業年度終了の時の実態貸借対照表（その法人の有する資産と負債の時価により作成される貸借対照表）が該当するといえますが（法基通12－3－9）、これに限定されるわけではなく、たとえば、裁判所もしくは公的機関が関与する手続き、または一定の準則により独立した第三者が関与する手続きにおいて、法人が債務超過の状況であることなどをこれらの機関が確認している場合には、残余財産がないと見込まれるときに該当するものと考えられます。具体的には次のような書類で確認することになります。

	手続きの状況		添付する書類
①	清算型の法的整理手続である破産または特別清算の手続き開始の決定または開始の命令がなされた場合（特別清算の開始の命令が「清算の遂行に著しい支障を来たすべき事情があること」のみを原因としてなされた場合を除く）		「破産手続開始決定書の写し」「特別清算開始決定書の写し」
②	再生型の法的整理手続である民事再生または会社更生の手続き開始の決定後、清算手続きが行われる場合において、		
		民事再生または会社更生の手続き開始の決定後、再生計画または再生計画の認可決定（以下「計画認可決定」といいます）を経て事業譲渡が行われ、清算が開始しているとき	「再生計画または再生計画に従った清算であることを示す書面」
		計画認可決定前に事業譲渡が行われ、清算が開始しているとき	「民事再生または会社更生の手続開始の決定の写し」
③	公的機関が関与または一定の準則に基づき独立した第三者が関与して策定された事業再生計画に基づいて清算手続きが行われる場合（注）		「公的機関または独立した第三者の調査結果で会社が債務超過であることを示す書面」

（注1）公的機関または独立した第三者が関与する私的整理手続において、第二会社方式による事業再生（再生会社が第二会社に事業を譲渡し、再生会社自体は清算をするスキームをいいます）が行われる場合には、公的機関または独立した第三者が関与した上で債務超過であることの検証がなされ、その検証結果に基づいて策定された事業再生計画に従って再生会社の清算が行われます。

（注2）公的機関または独立した第三者が関与する私的整理手続としては、たとえば、企業再生支援機構、整理回収機構、中小企業再生支援協議会等の公的機関が関与する手続きや、私的整理ガイドライン、産業活力再生特別措置法に基づく特定認証紛争解決手続により関与するものが挙げられます。

7　実態貸借対照表を作成する場合の資産の価額

　実態貸借対照表を作成する場合における資産の評価基準は、期限切れ欠損金の損金算入の適用を受けようとする事業年度終了の時における処分価格となります。

　この処分価格とは、資産の売却見積額から売却に係るコストの見積額を控除した金額となりますが、実務上は、日本公認会計士協会会計制度委員会研究報告11号「継続企業の前提が成立していない会社等における資産及び負債の評価について」に示され

ている評価方法が参考になるでしょう（Q17の2参照）。

　一方で、法人の解散が事業譲渡等を前提としたもので、その法人の資産が継続して他の法人の事業の用に供される見込みであるときは、その資産が使用収益されるものとして、その事業年度終了の時において譲渡される場合に通常付される価額によらなければなりません（法基通12－3－9注書き）。

Q36 清算事業年度の確定申告③ —仮装経理法人を清算する場合

当社は金融機関や取引先に対する信用維持や株主対策などの面から、過去にやむを得ず粉飾決算に手を染め、結果として過大な法人税等を納付してきました。このたび会社の清算手続きを開始するにあたって、過去において過大に納付してきた法人税を取り戻すことはできるのでしょうか。

また、清算手続きを進める過程で多額の債務免除を受けることになりそうですが、当社のように粉飾決算を行ってきた場合において、特に注意すべき点があれば教えてください。

A36 解説

1 粉飾決算による過大納付があった場合の取扱い

(1) 仮装経理に基づく過大申告があった場合の更正の請求

粉飾決算とは、会社が本来は赤字であるにもかかわらず、金融機関や取引先に対する信用を維持するために、会計処理を意図的に操作し、時には事実を仮装して利益を過大に装う決算を行うことをいいます。当然のことながら、このような行為が許されるはずもなく、経営陣は違法行為についての責任を問われることになりますので、コンプライアンスを重視する昨今の社会情勢を鑑みるまでもなく、厳に慎むべき行為であることを肝に銘じるべきです。

ところで、お尋ねのように過去において粉飾決算に手を染めてしまった場合に、過大に納付してきた法人税を取り戻すことはできるのでしょうか。これについては、法人税法上、一定の条件のもとで粉飾決算に係る過大納付税額を取り戻す救済の道が残されています。具体的には、法人が確定した決算において仮装経理にかかる部分の「修正経理」を行い、かつ、その決算に基づく確定申告書を提出した上で、更正の請求手続を行うことになります（法法70、129）。更正の請求に際し、確定決算において既往事業年度の経理を修正した事実を明確にすることが義務づけられるのは、このような違法行為を未然に防止する目的も踏まえたものであるといえるでしょう。

なお、この救済措置の適用範囲は、更正日の属する事業年度開始前5年間の事業年

172

度分の法人税に限られます。これより以前の過大納付額については、法人が粉飾決算の修正経理をしたとしても、更正の対象とはなりません（国通法70①）。

(2) 平成23年度税制改正により、嘆願手続きが不要に

さて、従来の清算実務においては、直前１事業年度分について更正の請求を行い、それ以前４年分の事業年度については税務署長への減額更正の嘆願手続きによらざるを得なかったのですが、平成23年度税制改正において「更正の請求ができる期間」が１年間から５年間へと延長されたことから、すべての事業年度について更正の請求をすることが可能となりました（国通法23）。

この「更正の請求ができる期間」の５年間への延長は平成23年12月２日以後に法定申告期限が到来する国税から適用されますので、それ以前に申告期限が到来するものについては、「更正の申出書」によることになります。

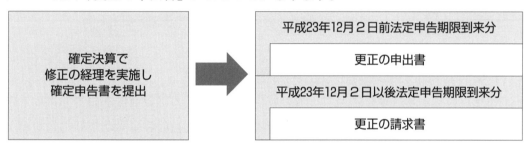

2　仮装経理に基づく過大申告の場合の更正に伴う法人税額の控除

(1) 過大納付額の「還付」と「税額控除」

仮装経理による過大納付額については、その全額が直ちに還付されるわけではなく、更正の日の属する事業年度前１年以内に開始した事業年度分の法人税のみが還付されます。残額は更正の日の属する事業年度以後５年間の各事業年度の所得に対する法人税から控除され、原則的には５年間で控除しきれない法人税が残った場合にのみ、控除未済額が一括で還付されることになります（法法70、135①②③）。

減額更正によって過納となった法人税の取扱い	
①	更正の日の属する事業年度開始の日前１年以内に開始する事業年度の所得に対する法人税の額（附帯税を除く。）で、その更正の日の前日までに確定しているものがあるときは、その税額の範囲内で還付されます。
②	①によって還付しきれない金額があるときは、更正の日の属する事業年度の開始の日から５年を経過する日までに開始する各事業年度の法人税の額から控除します。

			②によっても控除しきれない金額がある場合には、その控除未済額が還付されます。
③			（注）更正の日から５年を経過する日の属する事業年度終了の日までに次のイ～ニの事実が生じたときは、それぞれに定める日が到来した時における控除未済額が還付されます。
	イ		残余財産が確定した場合には、その残余財産確定日の属する事業年度の確定申告書の提出期限
	ロ		合併により解散した場合には、その合併の日の前日の属する事業年度の確定申告書の提出期限
	ハ		破産手続開始の決定により解散した場合には、その破産手続開始の決定の日の属する事業年度の確定申告書の提出期限
	ニ		普通法人または協同組合等が公益法人等になった場合には、その該当日の前日の属する事業年度の確定申告書の提出期限

(2) 企業再生事由が生じた場合の控除未済額の還付請求

減額更正の日から５年を経過する日の属する事業年度の確定申告期限までに以下の事由が生じた場合には、納税地の所轄税務署長に対して、その事実が生じた日から１年以内に控除未済額の還付を請求することができます（法法135④、法令175②）。

５年以内の還付請求が認められる企業再生事由		
①		会社更生法または金融機関等の更生手続の特例等に関する法律の規定による更生手続開始の決定
②		民事再生法の規定による再生手続開始の決定
③		特別清算開始の決定
④		①および②に準ずる下記の事業再生計画の決定
	イ	法人税法施行令に定める再生計画認可の決定に準ずる一定の私的整理
	ロ	法令の規定による整理手続によらない負債の整理に関する計画の決定または契約の締結で第三者が関与する協議による一定のもの

3 実在性のない資産の取扱いに注意

粉飾決算を行ってきた法人は、その多くのケースで架空の売掛金や棚卸資産などが貸借対照表上に計上されています。清算所得課税が廃止されたことに伴い、残余財産がないと見込まれる場合には期限切れ欠損金が利用できるように整備されたのは**Q35**

のとおりですが、このような粉飾決算の副産物である「実在性のない資産」が計上されている際には、理論上債務免除益に対して課税が生ずる可能性があり、主に事業再生の場面において、清算手続きに支障を来すのでないかと懸念する声がありました。

すなわち、この実在性のない資産を処理するにあたり、清算事業年度の確定申告においてその評価損や除却損を計上することになりますが、そもそも実在性のない資産に係る処理であるために、これらは損金の額に算入されません（法法33①）。そのため、清算手続きにおいて実在性のない資産に相当する部分を含めて金融機関から債務免除を受けた場合には、その債務免除益の一部について税負担を生ずるのではないか、というわけです。

このような実在性のない資産を抱える法人の清算に際し、裁判所が関与する破産等の法的整理手続き、または、公的機関が関与もしくは一定の準則に基づき独立した第三者が関与する私的整理手続きに従って処理されるときは、実在性がないことの客観性が担保されるため、国税庁より次の表に示すように取り扱われることが明らかにされています（平成22年度税制改正に係る法人税質疑応答事例「グループ法人税制その他の資本に関係する取引等に係る税制関係」（情報）問11より一部抜粋）。

(1)	期限切れ欠損金の損金算入の可否	
	法人が、その事業年度末の時点の実態貸借対照表により債務超過の状態にあるときは、残余財産がないものと見込まれることになるが、実在性のない資産は実態貸借対照表上ないものとして評価されることから、その評価の結果、実態貸借対照表上、債務超過の状態にあるときは、残余財産がないと見込まれることになり、期限切れ欠損金額を損金の額に算入することができる。	
(2)	実在性のない資産の取扱い	
①	過去の帳簿書類等を調査した結果、実在のない資産の計上根拠が明らかである場合	
	イ	実在性のない資産の発生原因が更正期間内の事業年度である場合には、法法129①《更正に関する特例》の規定により、法人において原因に応じた修正の経理を行い、かつ、その修正の経理を行った事業年度の確定申告書を提出した後、税務当局による更正の手続きを経て、発生原因の生じた事業年度の欠損金額（その事業年度が青色申告の場合は青色欠損金額、青色申告でない場合には期限切れ欠損金額）とする。
	ロ	実在性のない資産の発生原因が更正期限を過ぎた事業年度中に生じたものである場合には、税務当局による更正手続はないものの、実在性のない資産は当該発生原因の生じた事業年度に計上したものであることか

ら、法人において当該原因に応じた修正の経理を行い、その修正の経理を行った事業年度の確定申告書上で、仮に更正期限内であればその修正の経理により当該発生原因の生じた事業年度の損失が増加したであろう金額をその事業年度から繰り越された欠損金額として処理する（期首利益積立金額から減算する）ことにより、その発生原因の生じた事業年度の欠損金額（その事業年度が青色申告であるかどうかに関わらず期限切れ欠損金額）とする。

② 過去の帳簿書類等を調査した結果、実在性のない資産の計上根拠が不明である場合

　裁判所が関与する破産等の法的整理手続、または、公的機関が関与もしくは一定の準則に基づき独立した第三者が関与する私的整理手続を経て、資産につき実在性のないことが確認された場合には、実在性のないことの客観性が担保されていると考えられる。このように客観性が担保されている場合に限っては、その実在性のない資産がいつの事業年度でどのような原因により発生したものか特定できないとしても、その帳簿価額に相当する金額分だけ過大となっている利益積立金額を適正な金額に修正することが適当であると考えられる。したがって、このような場合には、法人において修正の経理を行い、その修正の経理を行った事業年度の確定申告書上で、その実在性のない資産の帳簿価額に相当する金額を過去の事業年度から繰り越されたものとして処理する（期首利益積立金額から減算する）ことにより、期限切れ欠損金額とする。

4　手続き上の注意点

最後に、実務上の手続きに際して注意すべき点を確認しておきましょう。

(1) 確定決算において修正経理・申告が要件

　仮装経理後の各事業年度において、会社が事実に係る修正の経理をし、かつ修正の経理をした事業年度の確定申告書を提出するまでは、税務署長は更正をしないことができるとされています（法法129）。具体的には、確定決算で過年度粉飾額を「前期損益修正損」などの科目で損失として計上し、税務申告書上は当期の損失ではないので、加算処理をすることになります。例えば過年度において掛売上2,000を架空計上したような場合には、次のような処理になります。

会　計	前期損益修正損　／　売　　掛　　金　　2,000
税　務	別表4→前期損益修正損否認（加算・留保）　2,000

⑵　更正の時効

　　更正には時効があるため、仮装経理に基づく過大申告の場合の更正ができるの
　は、法定申告期限から5年（欠損金を増加させる場合は10年）に限られています。
　したがって、それ以前の徴収分については更正による減額が認められない点に注
　意する必要があります（国通法70①②）。

⑶　地方税の取扱い

　　仮装経理に基づく過大申告の場合の更正に伴う控除・還付の手続きは、事業税
　や都道府県民税などの地方税についても適用があります。

⑷　消費税の取扱いと手続き

　　消費税法には、仮装経理があった場合の更正の請求に際して、確定決算におけ
　る修正経理を要請する規定や、5年間での税額控除の規定は設けられていません。
　したがって、仮装経理により課税売上を過大計上したような場合でも、法定申告
　期限から5年間は更正の請求をすることにより、還付を受けることができます（国
　通法24、70）。

Q37 清算事業年度の確定申告④ ―退職金を支給する場合

当社は過去5期にわたって赤字経営が続き、潤沢にあった内部留保が急速に減少してしまいました。経営の先行きに不安が募る中で、事業を託せる後継者もいないため、この度、自主廃業を決断するに至ったところです。

現在は解散時の退職金支給について検討しているのですが、引き続き会社に残って清算事務に携わる役員・使用人に対しても同時期に支給することはできるのでしょうか。また、清算期間中の給与について注意すべき点があれば教えてください。

A37 解説

1　引き続き清算事務に携わる役員・使用人に対する退職金の取扱い

当社のように、会社解散時に引き続き清算事務に携わる役員・使用人に対して給与を支給する場合において、次の2つの条件を満たすものは、所得税法上、退職所得として取り扱われます（所基通30-2(6)）。

①	法人が解散した場合において引き続き役員または使用人として清算事務に従事する者に対し、その解散前の勤続期間に係る退職手当等として支払われる給与であること。
②	その給与が支払われた後に支払われる退職手当等の計算上その給与の計算の基礎となった勤続期間を一切加味しない条件の下に支払われること。

また、解散前に役員であった者が清算人に就任し、引き続き清算事務に携わる場合において、上記の条件を満たす退職手当等が支給されたときは、法人税法上も退職給与として取り扱われることが明らかにされています。（国税庁質疑応答事例（法人税）より引用）

なお、退職金を支給する場合には、退職所得の受給に関する申告書の提出を受給者から受け、支給側で保管しておくことが必要です。

第3章　会社清算の税務

解散後引き続き役員として清算事務に従事する者に支給する退職給与

【照会要旨】

　法人が解散した場合において、引き続き清算人として清算事務に従事する旧役員に対しその解散前の勤続期間に係る退職手当等として支払われる給与については、法人税法上退職給与として取り扱われますか。

【回答要旨】

　退職給与として取り扱われます。

（理由）

　法人が解散した場合において、引き続き役員又は使用人として清算事務に従事する者に対し、その解散前の勤続期間に係る退職手当等として支払われる給与は、所得税法上退職手当等として取り扱われています（所得税基本通達30－2⑹）ので、法人税法上も退職給与として取り扱うことが相当と考えられます。

【関係法令通達】

　法人税法第34条

　所得税基本通達30－2⑹

2　清算期間中の給与支給における注意点

　なお、平成22年10月1日以後に解散した法人については、清算期間中においても通常の事業年度と同様の課税がされることになったことから、次の2点には注意する必要があります。

⑴	定期同額給与の取扱いに注意
	清算人は会社法上の役員となりますので、清算人報酬の損金算入については、通常の事業年度と同様に、定期同額給与の要件を満たす必要があります（法法34）。
⑵	役員退職給与額の妥当性に注意
	清算期間中についても役員給与の損金不算入規定の適用対象となっていますので、清算期間中に役員退職金を支給する際にも通常の事業年度と同様に、その金額の算定について合理性を確保する必要があります（法法34、法令70②）。

179

Q38 清算事業年度の確定申告⑤ ―役員借入金が残った場合

会社の解散登記後、資産を売却して、一般債権者に対する未払金や借入金を優先的に返済したため、現在は、役員借入金のみが残っている状況です。あとは役員借入金を債務免除してもらうことによって債務超過を解消し、清算手続きを完了させたいと思っていますが、債務免除を受けるにあたって、何か注意すべきことがあれば教えてください。

A38 解説

1 清算手続きのカンどころ

　清算する会社が実質債務超過であっても、特別清算手続きとせずに、一般債権者に対する未払金や借入金を優先的に弁済して、同族関係者や親会社等に対する債務だけを残し、最後にこれらの同族関係者や親会社等から債務免除を受けて、清算業務を完了させる手法は、私的整理による清算手続きの場面ではめずらしくありません。

　この場合、債権放棄を受けた会社は、債務免除益が計上され、その債務免除を受けた日の属する事業年度の益金の額に算入されます。なお、債務免除益が繰越欠損金額の範囲内であれば、課税所得は生じませんが、債務免除益が繰越欠損金額を超える場合は課税所得が発生することになりますので、期限切れ欠損金の損金算入の特例を上手に活用して法人税の負担を回避することが、清算手続きを円滑に終了させるためのカンどころといえるでしょう。

2 債務免除益に係る未払法人税等を負債に含めて判定

　内国法人が解散した場合において、残余財産がないと見込まれるときは、その清算中に終了する事業年度前の各事業年度において生じた欠損金額のうち、期限切れ欠損金額に相当する金額について、青色欠損金および災害損失金控除後かつ最後事業年度の事業税の損金算入前の所得金額を限度として、損金の額に算入することとしています（法法59④、法令117の5）。

　この残余財産がないと見込まれる場合とは、時価債務超過であることを意味し、実

態貸借対照表の上で債務超過であることが求められます。そうしますと、法人住民税（均等割）と清算結了登記費用（未払費用）を残して役員借入金の債務免除を受ければ、最後事業年度末では債務超過状態とならないことから、期限切れ欠損金の利用が認められないのではないかという疑義が生じます。

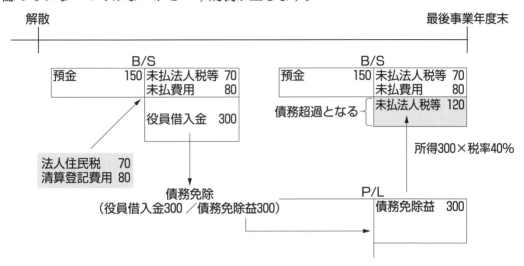

この点について、国税庁の質疑応答事例（解散法人の残余財産がないと見込まれる場合の損金算入制度（法法59④）における「残余財産がないと見込まれるとき」の判定について）では、実質債務超過の判定時の未払法人税等の取扱いを下記のように示しています。

【質疑応答事例 抜粋】

一般的に、実態貸借対照表を作成するに当たっては、事業年度終了の時において有する資産に係る含み損益、退職が見込まれる従業員に将来支給する退職金など、その時において税務上損益の実現を認められないものであっても、法人の清算に当たって実現が見込まれる損益まで考慮して、その作成がされているところです。

このようなことからすれば、本件照会における未払法人税等についても清算中の事業年度（適用年度）において税務上損益の実現は認められないものではありますが、実態貸借対照表の作成時（X年11月末）の状況で将来発生が見込まれるものであることから、その実態貸借対照表に計上しているものと考えられます。

したがって、本件の場合、X年11期（適用年度）の未払法人税等60,000千円を負債に含めた実態貸借対照表に基づき「残余財産がないと見込まれるとき」の判定を行うこととなります。

この質疑応答事例の考え方を斟酌して、上記図解の債務免除益300に係る未払法人税等120を実態貸借対照表の負債に加えて判定すると、実質債務超過となりますの

で、期限切れ欠損金の損金算入の特例を適用できるのでないかと思われます。

3　親会社や関連会社からの借入金が残った場合

　一般債権者からの未払金や借入金を優先して弁済した結果、親会社や関連会社からの借入金が残った場合でも、期限切れ欠損金の損金算入の特例を上手に活用することが清算実務のカンどころとなりますが、役員と違って債権者が自然人ではないため、親会社や関連会社の債権放棄が寄附金と認定される可能性があります。この論点については、Q50で解説していますので参考にしてください。

4　保証債務の履行によって役員借入金が残った場合

　所有と経営が分離されていない中小企業の場合、代表権を有する役員等が連帯保証人として、個人名義の不動産を法人の資金調達のために担保提供しているケースがめずらしくないと思います。会社の業績が順調で借入金を滞りなく返済していれば問題はないのですが、本来の債務者である会社が経営不振等に陥って借入金の返済ができなくなってしまった場合、保証人が肩代わりを余儀なくされて、個人名義の不動産を譲渡し、その売却代金で会社の借入金を返済することも考えられます。

　このようなケースでは、経営不振等で資金繰りが行き詰まって借入金の返済ができなくなった会社に対し、保証債務を履行した保証人が求償権を行使することは事実上困難でしょうから、肩代わりを余儀なくされた借入金はそのまま役員借入金として残ってしまうことになります。

　このように求償権の行使が不能となった場合、実質的な担税力を喪失することに配慮して、土地建物等を売却してもその譲渡所得をなかったものとする特例（資産の譲渡代金が回収不能となった場合等の所得計算の特例）が設けられていますので、保証債務を履行した役員個人の譲渡所得に係る税負担を軽減できないか検討しておきたいところです（所法64）。

　この特例によって、譲渡所得の計算上なかったものとみなされる部分の金額は、次の3つのうち一番低い金額となります。

①	肩代りをした債務のうち、回収できなくなった金額。
②	保証債務を履行した者のその年分の総所得金額等の合計額。
③	保証債務を履行するために譲渡した土地建物等の譲渡所得の金額。

　なお、この特例を受けるためには次の3つの要件をすべて満たすとともに、役員個人の確定申告書にこの規定の適用を受ける旨を記載し、保証債務の履行のための資産

の譲渡に関する計算明細書、保証債務の事実が分かる書類および求償権が行使不能であることを証する書類を添付して、納税地の所轄税務署長に提出しなければなりません（所法64③）。

①	主たる債務者が既に債務を弁済できない状態であるときに、債務の保証をしたものでないこと。
②	保証債務を履行するために土地建物等を売却していること。
③	履行をした債務の全額または一部の金額が、本来の債務者から回収できなくなったこと。

Q 39　清算事業年度の確定申告⑥ ―税額計算

清算事業年度の法人税額の計算について、通常の事業年度の税額計算と異なる点や、特に注意すべき点はあるのでしょうか。

A 39 解説

1　解散事業年度との相違点に注意

清算事業年度の税額計算における注意点は、基本的には解散事業年度と同様ですが、一部取扱いが異なる規定も存在しているところです。そこで、解散事業年度の取扱いとの相違点を中心に次のとおり整理しておきましょう。

2　税率

清算事業年度において適用される法人税率は、通常の事業年度と同様です（法法66、措法42の3の2）。

所得金額の区分	期末資本金の額が1億円以下の普通法人（注1）	左記以外の普通法人
所得金額年800万円以下	15%（本則19%）（注2）	23.2%
所得金額年800万円超	23.2%	

（注1）資本金の額が5億円以上の法人または相互会社等の完全子法人を除きます。

（注2）平成24年4月1日から令和7年3月31日までの間に開始する各事業年度については15%の軽減税率が適用されます。

（注3）平成31年4月1日以後に開始する事業年度において適用除外事業者（その事業年度開始の日前3年以内に終了した各事業年度の所得金額の年平均額が15億円を超える法人等をいいます）に該当する法人の年800万円以下の部分については、19%の税率が適用されます。

なお、残余財産の確定する日の属する事業年度の期間が1年に満たない場合には、解散事業年度と同様に、中小企業者等の軽減税率の適用所得金額の計算において月割計算を行う必要があります（詳細は**Q30**をご参照ください）。

3　税額控除

清算事業年度では、解散事業年度と同様に、法人税法に規定する税額控除について適用することができますが、租税特別措置法に規定する税額控除はその適用が認められません（詳細は**Q30**をご参照ください）。

4　特定同族会社の特別税率（留保金課税）

いわゆる留保金課税制度ですが、清算手続きの目的は、資産の換価や債務の弁済によって、会社の財産と債務を整理し、株主に分配すべき残余財産の価額を確定させることにあります。したがって、意図的な配当回避や過大な内部留保を抑止する留保金課税を適用する必要がないことから、清算事業年度においてはその適用がありません。この取扱いは解散事業年度とも異なりますので、注意が必要です（法法67）。

5　欠損金の繰戻還付

平成22年度税制改正により、欠損金の繰戻還付制度は、清算事業年度中においても適用されることになりました（法法80）。そのため、たとえば解散事業年度に黒字申告を行って法人税を納税し、その後の清算事業年度の第一期において赤字となった場合には、その第一期における確定申告の際に、欠損金の繰戻し還付請求を行うことができます。

なお、通常の事業年度ではその適用が停止されている中小企業者等以外の法人についても、清算事業年度中は適用が認められます（措法66の12①）。

制度の詳細については、**Q31**をご参照ください。

Q40 清算事業年度の確定申告⑦ ―申告手続き

清算事業年度の確定申告における申告書の提出期限や添付すべき計算書類など、申告手続き上の留意点などについて教えてください。

A40 解説

1 申告書の提出期限

　会社法では、残余財産の分配手続きが完了し清算事務が終了した場合には、清算人は遅滞なく、清算手続き中の収支額、残余財産の額、1株当たりの分配額などを記載した決算報告書を作成し、株主総会の承認を受けなければならないとされています（会507）。

　一方、法人税法では、清算中の各事業年度終了の日の翌日から2か月以内に所轄税務署長に対して、確定した決算に基づき確定申告書を提出することになりますが、残余財産が確定した場合には、その確定した日の翌日から1か月以内に、確定申告書を提出しなければなりません。ただし、その確定した日の翌日から1か月以内に残余財産の最後の分配または引渡しが行われる場合には、その行われる日の前日までに確定申告書を提出する必要があります（法法74①②）。株主総会の開催時期や申告書の提出期限などの前後関係については、齟齬が生じないよう、しっかりとおさえておきたいところです。

　また、提出期限の起算日となる残余財産が確定した日とは、特に法令や通達などで定められているわけではありませんが、残余財産は、法人の財産を換価し、債務を弁済することで確定しますので、一般的には財産の換価手続きや債務の弁済処理が終了し、残余財産として分配すべき額が確定した時点であるとされています。実務上は、残余財産が確定した日の翌日から1か月以内に残余財産の最後の分配をする会社が多いと思われますので、その場合の清算結了までの流れについて確認しておきましょう。

【残余財産の確定日から1か月以内に最後の分配を行う場合】

③の前日までに申告書を提出　③の分配後遅滞なく承認

①残余財産の確定　②確定申告書の提出　③残余財産の最後分配　④株主総会の承認　⑤清算結了

①から③まで1か月以内

　なお、残余財産が確定した日の属する事業年度については、提出期限の延長の特例の適用が受けられませんので、ご留意ください（法法75の2①）。

2　清算事業年度の確定申告による納付または還付

　清算事業年度において確定申告書を提出する会社は、その申告書の提出期限までに、清算確定申告により納付すべき法人税を納めなければなりません（法法77）。

　一方、清算確定申告により納付すべき法人税の額から控除しきれなかった清算中の所得税額がある場合には、清算確定申告書の提出により、その金額に相当する税額が還付されます（法法78①）。

3　添付すべき計算書類

　清算事業年度の確定申告書には、次に掲げる書類を添付しなければなりません（法法74③、法規35）。

①	貸借対照表および損益計算書
②	株主資本等変動計算書
③	勘定科目内訳明細書
④	法人の事業等の概況に関する書類

　なお、会社が解散した場合において、残余財産がないと見込まれるときは、清算中に終了する事業年度前の各事業年度において生じた欠損金額のうち、期限切れ欠損金額に相当する金額について、一定金額を限度として、損金の額に算入できることになりましたが（法法59④）、この規定の適用を受ける場合には、残余財産がないと見込まれることを説明する書類を添付しなければなりません（法法59⑥、法規26の6三）。

4 届出書の提出

会社が清算結了した場合には、遅滞なく、登記事項証明書を添付した異動届出書を所轄税務署長および地方税所轄事務所長に提出しなければなりません（記載例はQ27参照）。

5 解散事業年度および清算事業年度における申告手続きの相違点

最後に、解散事業年度および清算事業年度における申告手続きの相違点について整理しておきます。

	解散事業年度	清算事業年度	
		右記以外の事業年度	残余財産が確定した日を含む事業年度
申告書の提出期限	2か月（延長特例あり）	2か月（延長特例あり）	1か月または最後分配日の前日（延長特例なし）
申告書の添付書類	貸借対照表		
	損益計算書		
	株主資本等変動計算書		
	勘定科目内訳明細書		
	法人の事業等の概況に関する書類		
		残余財産がないと見込まれることを説明する書類（注）	
異動届出書	必要	不要	必要

（注）期限切れ欠損金の損金算入規定（法法59④）の適用を受ける場合

Q41 清算事業年度の確定申告⑧ —申告書の記載例

清算確定申告書の記載方法を教えてください。

次の設例に基づいて、ひかり商事株式会社の清算確定申告書を作成してみましょう。なお、この設例はQ33の続きになります。

1 設例

(1) 法人基本情報

法人名	ひかり商事株式会社（3月決算法人）	清算人	ひかり一郎
所在地	京都市（他に事業所は有していない）	業　種	卸売業
解散日	令和4年10月31日		
株主構成	発行済株式の全て（200株）をひかり一郎が所有		

(2) 清算のスケジュール

①	残余財産の確定の日	……令和5年10月31日
②	清算確定申告書の提出の日	……令和5年11月17日
③	残余財産の最後分配の日	……令和5年11月18日
④	清算結了登記の日	……令和5年11月21日

189

(3)　残余財産確定時の貸借対照表（税務申告用）

貸借対照表			
令和5年10月31日現在			（単位：円）
資産の部		負債の部	
科　目	金　額	科　目	金　額
現金及び預金	70,000	未払法人税等	70,000
		負債の部　合計	70,000
		純資産の部	
		資本金	10,000,000
		繰越利益剰余金	△10,000,000
		純資産の部　合計	0
資産の部合計	70,000	負債・純資産の部合計	70,000

(4)　清算事業年度の損益計算書

損益計算書			
令和4年11月1日～令和5年10月31日			（単位：円）
Ⅰ　売上高			22,000,000
Ⅱ　売上原価			15,000,000
売上総利益			7,000,000
Ⅲ　販売費及び一般管理費			
その他の費用		1,000,000	1,000,000
営業利益			6,000,000
Ⅳ　営業外収入			
雑収入		75,000	75,000
経常利益			6,075,000
Ⅴ　特別利益			
固定資産売却益		20,000,000	
債務免除益		10,000,000	30,000,000
Ⅵ　特別損失			
固定資産売却損		964,300	964,300
税引前当期純利益			35,110,700
法人税、住民税及び事業税			70,000
当期純利益			35,040,700

⑸　清算事業年度の取引内容の詳細

① 商品の全てを22,000,000円で売却しています。

② 売掛金のうち400,000円が回収不能となり、貸倒引当金を充当しています。
その他の売掛金は全額回収しています。

③ 前期分の法人税、住民税及び事業税を次のとおり支払っています。

　イ　法人府民税　　　　　　　　　11,600円

　ロ　法人市民税　　　　　　　　　29,100円

　また、前期分の源泉所得税還付を受けています。

　ハ　源泉所得税　　　　　　　　　75,000円

④ 土地を150,000,000円で売却しています。

⑤ 建物を28,400,000円で売却しています。

⑥ 買掛金38,000,000円、未払金7,000,000円の支払いを行っています。

⑦ 金融機関に対する長期借入金210,000,000円を全額返済しています。

⑧ 代表者からの長期借入金10,000,000円については全額債務免除を受けています。

⑨ 器具備品を210,700円で売却しています。

⑩ 次の清算費用を支払っています。

　清算人報酬、旅費交通費、水道光熱費　　　1,000,000円

⑪ 未払法人税等を次のとおり計上しています。　　　70,000円

　イ　法人府民税　　　　　　　　　　　　　　20,000円

　ロ　法人市民税　　　　　　　　　　　　　　50,000円

⑹　計算上の留意点

① ひかり商事株式会社は設立以来、青色申告による確定申告書を毎期継続して提出しており、消費税については考慮しないものとします。

② 当期中に財産の分配は行われていません。

③ 前期より繰り越した青色欠損金885,332円および期限切れ欠損金額44,980,700円（別表五㈠期首現在利益積立金額の合計額）のうち34,090,368円を損金の額に算入しています。（注）

（注）　本設例のように残余財産がゼロになるような場合にも、法人税法基本通達12－3－8（残余財産がないと見込まれることの意義）における事業年度終了の時において債務超過の状態にあるときに該当し、解散した場合の期限切れ欠損金額の損金算入の規定の適用が可能であると考えます。

2 清算申告書の記載例

FB0613

令和 5 年 11 月 17 日
中京税務署長殿

納税地 京都市中京区三本木5丁目4番地
電話(075)252 － 9999

(フリガナ) ヒカリショウジ　カブシキガイシャ
法人名 ひかり商事　株式会社

法人番号

(フリガナ) ヒカリ　イチロウ
代表者 ひかり　一郎

代表者住所 京都市中京区三本木5丁目4番地

期末現在の資本金の額又は出資金の額 **10,000,000** 円

青色申告　一連番号

令和 **4** 年 **11** 月 **1** 日
令和 **5** 年 **10** 月 **31** 日
事業年度分の法人税 清算確定 申告書
課税事業年度分の地方法人税 清算確定 申告書
(中間申告の場合の計算期間　令和　年　月　日　令和　年　月　日)

税理士法第30条の書面提出有　有
税理士法第33条の2の書面提出有　有

所得金額又は欠損金額（別表四「52の①」）	1		0
法人税額 (48)＋(49)＋(50)	2		0
法人税額の特別控除額（別表六(六)「5」）	3		
税額控除超過額相当額等の加算額	4		
土地譲渡税額 課税土地譲渡利益金額（別表三(二の二)「24」）＋（別表三(二の三)「25」）＋（別表三(三)「20」）	5		000
同上に対する税額 (62)＋(63)＋(64)	6		
留保金 課税留保金額（別表三(一)「4」）	7		
同上に対する税額（別表三(一)「8」）	8		
法人税額計 (2)－(3)＋(4)＋(6)＋(8)	9		
分配時調整外国税相当額及び外国関係会社等に係る控除対象所得税額等相当額の控除額（別表六(五の二)「7」）＋（別表十七(三の六)「3」）	10		
仮装経理に基づく過大申告の更正に伴う控除法人税額	11		
控除税額 ((9)－(10)－(11)と(18)のうち少ない金額)	12		0
差引所得に対する法人税額 (9)－(10)－(11)－(12)	13		00
中間申告分の法人税額	14		
差引確定法人税額（中間申告の場合はその税額とし、マイナスの場合は、(22)へ記入）(13)－(14)	15		00

控除税額の計算			金額
所得税の額（別表六(一)「6の③」）	16		
外国税額（別表六(二)「23」）	17		
計 (16)＋(17)	18		
控除した金額 (12)	19		0
控除しきれなかった金額 (18)－(19)	20		
所得税額等の還付金額 (20)	21		
中間納付額 (14)－(13)	22		0
欠損金の繰戻しによる還付請求税額	23	外	
計 (21)＋(22)＋(23)	24		0
この申告が修正申告である場合のこの申告により納付すべき法人税額又は減少する還付請求税額 (57)	25	外	00
欠損金等の当期控除額（別表七(一)「4の計」）＋（別表七(三)「9」若しくは「21」又は別表七(四)「10」）	26		34975700
翌期へ繰り越す欠損金額（別表七(一)「5の合計」）	27		

この申告書による地方法人税額の計算			金額
所得の金額に対する法人税額((2)－(3)＋(4)＋(6)＋(9)の外書)－別表六(二)付表六「7の計」)	28		0
課税留保金額に対する法人税額 (8)	29		
課税標準法人税額 (28)＋(29)	30		000
地方法人税額 (53)	31		
税額控除超過額相当額の加算額（別表六(二)付表六「14の計」）	32		
課税留保金額に係る地方法人税額 (54)	33		
所得地方法人税額 (31)＋(32)＋(33)	34		0
分配時調整外国税相当額及び外国関係会社等に係る控除対象所得税額等相当額の控除額（別表六(五の二)「8」）＋（別表十七(三の六)「4」）のうち少ない金額	35		0
仮装経理に基づく過大申告の更正に伴う控除地方法人税額	36		
外国税額の控除額((34)－(35)－(36)と(66)のうち少ない金額)	37		
差引地方法人税額 (34)－(35)－(36)－(37)	38		00
中間申告分の地方法人税額	39		00
差引確定地方法人税額（中間申告の場合はその税額とし、マイナスの場合は、(42)へ記入）(38)－(39)	40		00

この申告による還付金額			金額
外国税額の還付金額 (67)	41		
中間納付額 (39)－(38)	42		0
計 (41)＋(42)	43	外	0
この申告が修正申告である場合のこの申告により納付すべき地方法人税額 (61)	44		00

剰余金・利益の配当（剰余金の分配）の金額

残余財産の最後の分配又は引渡しの日 **5** 年 **11** 月 **18** 日　決算確定の日 令和　年　月　日

還付を受けようとする金融機関等
銀行　本店・支店
金庫・組合　出張所
農協・漁協　本所・支所
預金
口座番号
ゆうちょ銀行の貯金記号番号
郵便局名等

※税務署処理欄

税理士署名

別表一　各事業年度の所得に係る申告書―内国法人の分……令五・四・一以後終了事業年度等分

192

第3章　会社清算の税務

事業年度等	4・11・1 5・10・31	法人名	ひかり商事　株式会社

法　人　税　額　の　計　算					
(1)のうち中小法人等の年800万円相当額以下の金額 ((1)と800万円×$\frac{12}{12}$のうち少ない金額又は別表一付表「5」)	45	000	(45) の 15.0 ％ 相 当 額	48	
（1）のうち特例税率の適用がある協同組合等の年10億円相当額を超える金額 （1）−10億円×$\frac{12}{12}$	46	000	(46) の　　　％ 相 当 額	49	
その他の所得金額 (1)− (45)− (46)	47	000	(47) の 23.2 ％ 相 当 額	50	

地　方　法　人　税　額　の　計　算					
所得の金額に対する法人税額 (28)	51	000	(51) の 10.3 ％ 相 当 額	53	0
課税留保金額に対する法人税額 (29)	52	000	(52) の 10.3 ％ 相 当 額	54	

こ の 申 告 が 修 正 申 告 で あ る 場 合 の 計 算						
法人税額の計算	この申告前の	法 人 税 額	55			
		還 付 金 額	56	外		
	この申告により納付すべき法人税額又は減少する還付請求税額 ((15)−(55))若しくは((15)+(56))又は((56)−(24))	57	外　　　　00			
地方法人税額の計算	この申告前の	確 定 地 方 法 人 税 額	58			
		還 付 金 額	59			
		欠損金の繰戻しによる還 付 金 額	60			
	この申告により納付すべき地 方 法 人 税 額 ((40)−(58))若しくは((40)+(59)+(60))又は(((59)−(43))+((60)−(43の外書)))	61	00			

土　地　譲　渡　税　額　の　内　訳					
土 地 譲 渡 税 額 （別表三(二)「25」）	62	0	土 地 譲 渡 税 額 （別表三(三)「21」）	64	00
同　　　　上 （別表三(二の二)「26」）	63	0			

地 方 法 人 税 額 に 係 る 外 国 税 額 の 控 除 額 の 計 算					
外 国 税 額 （別表六(二)「56」）	65		控 除 し き れ な か っ た 金 額 (65)− (66)	67	
控 除 し た 金 額 (37)	66				

193

同族会社等の判定に関する明細書		事業年度	4・11・1 5・10・31	法人名	ひかり商事　株式会社		別表二　令五・四・一以後終了事業年度分

同族会社の判定	期末現在の発行済株式の総数又は出資の総額	1	内 200	特定同族会社の判定	(21)の上位1順位の株式数又は出資の金額	11	
	(19)と(21)の上位3順位の株式数又は出資の金額	2	200		株式数等による判定 $\frac{(11)}{(1)}$	12	%
	株式数等による判定 $\frac{(2)}{(1)}$	3	100.0 %		(22)の上位1順位の議決権の数	13	
	期末現在の議決権の総数	4	内		議決権の数による判定 $\frac{(13)}{(4)}$	14	%
	(20)と(22)の上位3順位の議決権の数	5			(21)の社員の1人及びその同族関係者の合計人数のうち最も多い数	15	
	議決権の数による判定 $\frac{(5)}{(4)}$	6	%		社員の数による判定 $\frac{(15)}{(7)}$	16	%
	期末現在の社員の総数	7			特定同族会社の判定割合 ((12)、(14)又は(16)のうち最も高い割合)	17	
	社員の3人以下及びこれらの同族関係者の合計人数のうち最も多い数	8			判定結果	18	特定同族会社 （同族会社） 非同族会社
	社員の数による判定 $\frac{(8)}{(7)}$	9	%				
	同族会社の判定割合 ((3)、(6)又は(9)のうち最も高い割合)	10	100.0				

判 定 基 準 と な る 株 主 等 の 株 式 数 等 の 明 細

順位		判定基準となる株主（社員）及び同族関係者		判定基準となる株主等との続柄	株式数又は出資の金額等			
					被支配会社でない法人株主等		その他の株主等	
株式数等	議決権数	住所又は所在地	氏名又は法人名		株式数又は出資の金額	議決権の数	株式数又は出資の金額	議決権の数
					19	20	21	22
1		京都市中京区三本木5丁目4番地	ひかり　一郎	本　人			200	

所得の金額の計算に関する明細書（簡易様式）

第3章　会社清算の税務

別表四（簡易様式）令五・四・一以後終了事業年度分

事業年度	4・11・1 ～ 5・10・31	法人名	ひかり商事　株式会社

	区　分		総　額 ①	処分 留保 ②	社外流出 ③
加算	当期利益又は当期欠損の額	1	35,040,700 円	35,040,700 円	配当 ／ その他
	損金経理をした法人税及び地方法人税（附帯税を除く。）	2			
	損金経理をした道府県民税及び市町村民税	3			
	損金経理をした納税充当金	4	70,000	70,000	
	損金経理をした附帯税（利子税を除く。）、加算金、延滞金（延納分を除く。）及び過怠税	5			その他
	減価償却の償却超過額	6			
	役員給与の損金不算入額	7			その他
	交際費等の損金不算入額	8			その他
	通算法人に係る加算額（別表四付表「5」）	9			外※
		10			
	次葉合計　小　計	11	70,000	70,000	外※ 0 ／ 0
減算	減価償却超過額の当期認容額	12	60,000	60,000	
	納税充当金から支出した事業税等の金額	13			
	受取配当等の益金不算入額（別表八(一)「5」）	14			※
	外国子会社から受ける剰余金の配当等の益金不算入額（別表八(二)「26」）	15			※
	受贈益の益金不算入額	16			※
	適格現物分配に係る益金不算入額	17			※
	法人税等の中間納付額及び過誤納に係る還付金額	18			
	所得税額等及び欠損金の繰戻しによる還付金額等	19	75,000		※ 75,000
	通算法人に係る減算額（別表四付表「10」）	20			※
		21			
	次葉合計　小　計	22	135,000	60,000	外※ 75,000 ／ 0
	仮　計 (1)+(11)-(22)	23	34,975,700	35,050,700	外※ △75,000 ／ 0
	対象純支払利子等の損金不算入額（別表十七(二の二)「29」又は「34」）	24			その他
	超過利子額の損金算入額（別表十七(二の三)「10」）	25	△		※ △
	仮　計 (23)から(25)までの計	26	34,975,700	35,050,700	外※ △75,000 ／ 0
	寄附金の損金不算入額（別表十四(二)「24」又は「40」）	27			その他
	法人税額から控除される所得税額（別表六(一)「6の③」）	29			その他
	税額控除の対象となる外国法人税の額（別表六(二の二)「7」）	30			その他
	分配時調整外国税相当額及び外国関係会社等に係る控除対象所得税額等相当額（別表六(五の二)「5の②」）+（別表十七(三の六)「1」）	31			その他
	合　計 (26)+(27)+(29)+(30)+(31)	34	34,975,700	35,050,700	外※ △75,000 ／ 0
	中間申告における繰戻しによる還付に係る災害損失欠損金額の益金算入額	37			※
	非適格合併又は残余財産の全部分配等による移転資産等の譲渡利益額又は譲渡損失額	38			※
	差　引　計 (34)+(37)+(38)	39	34,975,700	35,050,700	外※ △75,000 ／ 0
	更生欠損金又は民事再生等評価換えが行われる場合の再生等欠損金の損金算入額（別表七(三)「9」又は「21」）	40	△		※ △
	通算対象欠損金額の損金算入額又は通算対象所得金額の益金算入額（別表七の二「5」又は「11」）	41			※
	差　引　計 (39)+(40)±(41)	43	34,975,700	35,050,700	外※ △75,000 ／ 0
	欠損金等の当期控除額（別表七(一)「4の計」)+（別表七(四)「10」）	44	34,975,700		※ △ 34,975,700
	総　計 (43)+(44)	45	0	35,050,700	外※ △35,050,700 ／ 0
	残余財産の確定の日の属する事業年度に係る事業税及び特別法人事業税の損金算入額	51	△	△	
	所得金額又は欠損金額	52	0	35,050,700	外※ △35,050,700 ／ 0

御注意

1　「52」の「①」欄の金額は、「②」欄の金額に「③」欄の本書の金額を加算し、これから「※」の金額を加減算した額と符合することになります。

2　沖縄の認定法人の課税の特例等の規定の適用を受ける法人にあっては、別様式による別表四を御使用ください。

利益積立金額及び資本金等の額の計算に関する明細書	事業年度	4・11・1 5・10・31	法人名	ひかり商事　株式会社	別表五(一)

令五・四・一以後終了事業年度分

I　利益積立金額の計算に関する明細書

区　　分		期首現在 利益積立金額 ①	当期の増減		差引翌期首現在 利益積立金額 ①－②＋③ ④
			減 ②	増 ③	
利　益　準　備　金	1	円	円	円	円
別　途　積　立　金	2				
減価償却超過額	3	60,000	60,000		0
	4				
	5				
	6				
	7				
	8				
	9				
	10				
	11				
	12				
	13				
	14				
	15				
	16				
	17				
	18				
	19				
	20				
	21				
	22				
	23				
次　葉　合　計	24				
繰越損益金（損は赤）	25	△45,040,700	△45,040,700	△10,000,000	△10,000,000
納　税　充　当　金	26	40,700	40,700	70,000	70,000
未納法人税等（退職年金等積立金に対するものを除く。）	未納法人税及び未納地方法人税（附帯税を除く。） 27	△　　　　0	△	中間 △ 確定 △　　　　0	△　　　　0
	未払通算税効果額（附帯税の額に係る部分の金額を除く。） 28			中間 確定	
	未納道府県民税（均等割額を含む。） 29	△　11,600	△　11,600	中間 △ 確定 △　20,000	△　20,000
	未納市町村民税（均等割額を含む。） 30	△　29,100	△　29,100	中間 △ 確定 △　50,000	△　50,000
差　引　合　計　額	31	△44,980,700	△44,980,700	△10,000,000	△10,000,000

II　資本金等の額の計算に関する明細書

区　　分		期首現在 資本金等の額 ①	当期の増減		差引翌期首現在 資本金等の額 ①－②＋③ ④
			減 ②	増 ③	
資本金又は出資金	32	円 10,000,000	円	円	円 10,000,000
資　本　準　備　金	33				
	34				
	35				
差　引　合　計　額	36	10,000,000			10,000,000

御注意

この表は、通常の場合には次の式により検算ができます。

期首現在利益積立金額合計「31」① ＋ 別表四留保所得金額又は欠損金額「52」 － 中間分・確定分の法人税県市民税の合計額 ＝ 差引翌期首現在利益積立金額合計「31」④

＋ 中間分・確定分の通算民効果額の合計額

196

第3章　会社清算の税務

租税公課の納付状況等に関する明細書

事業年度	4・11・1 5・10・31	法人名	ひかり商事　株式会社

別表五(二)

令五・四・一以後終了事業年度分

税目及び事業年度				期首現在未納税額 ①	当期発生税額 ②	当期中の納付税額			期末現在未納税額 ①+②-③-④-⑤ ⑥
						充当金取崩しによる納付 ③	仮払経理による納付 ④	損金経理による納付 ⑤	
法人税及び地方法人税		・・ ・・	1	円		円	円	円	円
		・・ ・・	2						
	当期分	中間	3		円				
		確定	4	0					0
		計	5	0					0
道府県民税		・・ ・・	6						
	令令	4・4・1 4・10・31	7	11,600		11,600			0
	当期分	中間	8						
		確定	9		20,000				20,000
		計	10	11,600	20,000	11,600			20,000
市町村民税		・・ ・・	11						
	令令	4・4・1 4・10・31	12	29,100		29,100			0
	当期分	中間	13						
		確定	14		50,000				50,000
		計	15	29,100	50,000	29,100			50,000
事業税及び特別法人事業税		・・ ・・	16						
		・・ ・・	17						
	当期中間分		18						
	計		19						
その他	損金算入のもの	利子税	20						
		延滞金 (延納に係るもの)	21						
			22						
			23						
	損金不算入のもの	加算税及び加算金	24						
		延滞税	25						
		延滞金 (延納分を除く。)	26						
		過怠税	27						
		源泉所得税	28	0					0
			29						

納税充当金の計算

期首納税充当金	30	40,700 円	取崩額	その他	損金算入のもの	36	円
繰入額	損金経理をした納税充当金	31	70,000			損金不算入のもの	37	
		32					38	
	計 (31)+(32)	33	70,000		他	仮払税金消却	39	
取崩額	法人税額等 (5の③)+(10の③)+(15の③)	34	40,700			計 (34)+(35)+(36)+(37)+(38)+(39)	40	40,700
	事業税及び特別法人事業税 (19の③)	35			期末納税充当金 (30)+(33)-(40)		41	70,000

通算法人の通算税効果額の発生状況等の明細

事業年度			期首現在未決済額 ①	当期発生額 ②	当期中の決済額		期末現在未決済額 ⑤
					支払額 ③	受取額 ④	
	・・ ・・	42	円		円	円	円
		43					
当期分		44		中間 円			
				確定			
計		45					

197

欠損金の損金算入等に関する明細書	事業年度	4・11・1 5・10・31	法人名	ひかり商事　株式会社	別表七（一）令五・四・一以後終了事業年度分

控　除　前　所　得　金　額 （別表四「43の①」）	1	34,975,700 円	損　金　算　入　限　度　額 (1)×$\frac{50又は100}{100}$	2	34,975,700 円

事　業　年　度	区　　　分	控除未済欠損金額	当　期　控　除　額 （当該事業年度の(3)と((2)－当該事業年度前の(4)の合計額)のうち少ない金額）	翌　期　繰　越　額 ((3)－(4))又は(別表七(四)「15」)
		3	4	5
・　・	青色欠損・連結みなし欠損・災害損失	円	円	
・　・	青色欠損・連結みなし欠損・災害損失			円
・　・	青色欠損・連結みなし欠損・災害損失			
・　・	青色欠損・連結みなし欠損・災害損失			
・　・	青色欠損・連結みなし欠損・災害損失			
・　・	青色欠損・連結みなし欠損・災害損失			
・　・	青色欠損・連結みなし欠損・災害損失			
・　・	青色欠損・連結みなし欠損・災害損失			
令　3・4・1 令　4・3・31	青色欠損・連結みなし欠損・災害損失	885,332	885,332	
・　・	青色欠損・連結みなし欠損・災害損失			
計		885,332	885,332	

当期分	欠　　損　　金　　額 （別表四「52の①」）		欠損金の繰戻し額	
	同上のうち	青　色　欠　損　金　額		
		災害損失欠損金額	(16の③)	
合　　　　　計				

災害により生じた損失の額がある場合の繰越控除の対象となる欠損金額等の計算		

災　害　の　種　類		災害のやんだ日又はやむを得ない事情のやんだ日	・　・
災害を受けた資産の別	棚　卸　資　産	固　定　資　産 （固定資産に準ずる繰延資産を含む。）	計 ①＋②
	①	②	③

当　期　の　欠　損　金　額 （別表四「52の①」）	6			円
災害により生じた損失の額	資産の滅失等により生じた損失の額	7	円	円	
	被害資産の原状回復のための費用等に係る損失の額	8			
	被害の拡大又は発生の防止のための費用に係る損失の額	9			
	計 (7)＋(8)＋(9)	10			
保険金又は損害賠償金等の額	11			
差引災害により生じた損失の額 (10)－(11)	12			
同上のうち所得税額の還付又は欠損金の繰戻しの対象となる災害損失金額	13			
中間申告における災害損失欠損金の繰戻し額	14			
繰戻しの対象となる災害損失欠損金額 ((6の③)と((13の③)－(14の③))のうち少ない金額)	15			
繰越控除の対象となる欠損金額 ((6の③)と((12の③)－(14の③))のうち少ない金額)	16			

民事再生等評価換えが行われる場合以外の再生等欠損金の損金算入及び解散の場合の欠損金の損金算入に関する明細書	事業年度	4・11・1 5・10・31	法人名	ひかり商事　株式会社		別表七（四）令五・四・一以後終了事業年度分

債務免除等による利益の内訳	債務の免除を受けた金額	1	円	所 得 金 額 差 引 計 (別表四「43の①」)−(別表七(一)「4の計」)	9	円 34,090,368
	私財提供を受けた金銭の額	2				
	私財提供を受けた金銭以外の資産の価額	3		当 期 控 除 額 ((4)、(8)と(9)のうち少ない金額)	10	34,090,368
	計 (1)＋(2)＋(3)	4				
欠損金額等の計算	適用年度終了の時における前期以前の事業年度から繰り越された欠損金額	5	44,980,700	調整前の欠損金の翌期繰越額 (13の計)	11	
	適用年度終了の時における資本金等の額 (別表五(一)「36の④」) (プラスの場合は0)	6	△			
	欠損金の当期控除額 (別表七(一)「4の計」)又は((別表七(二)「3」の当期分以外の計)＋(別表七(二)「6」の当期分以外の計))	7	885,332	欠損金額からないものとする金額 ((10)と(11)のうち少ない金額)	12	
	差 引 欠 損 金 額 (5)−(6)−(7)	8	44,095,368			

欠 損 金 の 翌 期 繰 越 額 の 調 整

発 生 事 業 年 度	調整前の欠損金の翌期繰越額 (別表七(一)「3」−「4」)又は(別表七(二)「1」−「3」−「6」) 13	欠損金額からないものとする金額 (当該発生事業年度の(13)と((12)−当該発生事業年度前の(14)の合計額)のうち少ない金額)又は(別表七(四)付表「6」) 14	差引欠損金の翌期繰越額 (13)−(14) 15
・　・	円	円	内　　　　円
・　・			内
・　・			内
・　・			内
・　・			内
・　・			内
・　・			内
・　・			内
・　・			内
・　・			内
計			

第六号様式（提出用）

	整理番号	事務所	管理番号	申告区分

受付印

令和 5 年 11 月 17 日
京都府知事 殿

	法人番号		この申告の基礎		申告年月日

所在地 京都市中京区三本木5丁目4番地
（本県に支店等の場合は本店所在地と併記）

（電話 075- 252 - 9999 ）

事業種目 卸売業

期末現在の資本金の額
又は出資金の額 10000000
（解散日現在の資本金の額
又は出資金の額） 10000000

同上が1億円以下の普通法人のうち中小法人等に該当しないもの 非中小法人等

（ふりがな）ひかりしょうじ かぶしきがいしゃ
法人名 ひかり商事 株式会社

期末現在の資本金の額及び
資本準備金の額の合算額 100000000

（ふりがな）ひかり いちろう
代表者氏名 ひかり 一郎

経理責任者氏名

期末現在の資本金等の額 10000000

令和 4 年 11 月 1 日から令和 5 年 10 月 31 日までの事業年度分又は連結事業年度分の 清算確定申告書※

道府県民税
事業税
特別法人事業税

（事業税）

（事業税）	摘要		課税標準	税率/100	税額
所得割	所得金額総額（68-69）又は別表5の6	28	0		
	年400万円以下の金額	29	0,0,0		0,0
	年400万円を超え年800万円以下の金額	30	0,0,0		0,0
	年800万円を超える金額	31	0,0,0		0,0
	計 29+30+31	32	0,0,0		0,0
	軽減税率不適用法人の金額	33	0,0,0		0,0
付加価値割	付加価値額総額	34			
	付加価値額	35	0,0,0		0,0
資本割	資本金等の額総額	36			
	資本金等の額	37	0,0,0		0,0
収入割	収入金額総額	38			
	収入金額	39	0,0,0		0,0

合計事業税額 32+35+37+39 又は 33+35+37+39	40		0,0
事業税の特定寄附金税額控除額	41	仮装経理に基づく事業税額の控除額	42	
差引事業税額 40-41-42	43	0,0	既に納付の確定した当期分の事業税額	44	
租税条約の実施に係る事業税額の控除額	45		この申告により納付すべき事業税額 43-44-45	46	0,0
46の内訳	所得割	47	0,0	付加価値割	48	
	資本割	49	0,0	収入割	50	
46のうち見込納付額	51		差引 46-51	52	

（特別法人事業税）	摘要		課税標準	税率/100	税額
	所得割に係る特別法人事業税	53	0,0		0,0
	収入割に係る特別法人事業税	54			
合計特別法人事業税額（53+54）	55		0,0
仮装経理に基づく特別法人事業税額の控除額	56		差引特別法人事業税額⑤	57	0,0
既に納付の確定した当期分の特別法人事業税額	58	0,0	租税条約の実施に係る特別法人事業税額の控除額	59	
この申告により納付すべき特別法人事業税額	60	0,0	60のうち見込納付額	61	
差引 60-61	62		

（道府県民税）

（道府県民税）	（使途秘匿金税額等）		
法人税法の規定によって計算した法人税額	1		
試験研究費の額等に係る法人税額の特別控除額	2		
還付法人税額等の控除額	3		
退職年金等積立金に係る法人税額	4		
課税標準となる法人税額又は個別帰属法人税額 ①+②-③+④	5		0,0
2以上の道府県に事務所又は事業所を有する法人における課税標準となる法人税額又は個別帰属法人税額	6		
法人税割額 ⑤又は⑥×1.00/100	7		0
道府県民税の特定寄附金税額控除額	8		
税額控除超過額相当額の加算額	9		
外国関係会社等に係る控除対象所得税額等相当額又は個別控除対象所得税額等相当額の控除額	10		
外国の法人税等の額の控除額	11		
仮装経理に基づく法人税割額の控除額	12		
差引法人税割額 ⑦-⑧+⑨-⑩-⑪-⑫	13		0,0
既に納付の確定した当期分の法人税割額	14		
租税条約の実施に係る法人税割額の控除額	15		
この申告により納付すべき法人税割額 ⑬-⑭-⑮	16		0,0

均等割	算定期間中において事務所等を有していた月数	17	1,2 月
	20,000円×⑰/12	18	2,0,0,0,0
	既に納付の確定した当期分の均等割額	19	
	この申告により納付すべき均等割額 ⑱-⑲	20	2,0,0,0,0
この申告により納付すべき道府県民税額 ⑯+⑳	21	2,0,0,0,0
㉑のうち見込納付額	22	
差引 ㉑-㉒	23	2,0,0,0,0

東京都の場合における特別区分の課税標準額	24		0,0
同上に対する税額 ㉔×/100	25		
市町村分の課税標準額	26		0,0
同上に対する税額 ㉖×/100	27		

署名 関与税理士名

所得金額の計算の内訳	加算	所得金額（法人税の明細書（別表4）の(34)）又は個別所得金額（法人税の明細書（別表4の2付表）の(42)）	63		法人税の期末現在の資本金等の額又は連結個別資本金等の額	100000000
		損金の額又は個別帰属損金額に算入した所得税額及び復興特別所得税額	64		法人税の当期の確定税額又は連結法人税個別帰属支払額	0
		損金の額又は個別帰属損金額に算入した海外投資等損失準備金勘定への繰入額	65		決算確定の日	・ ・
	減算	益金の額又は個別帰属益金額に算入した海外投資等損失準備金勘定からの戻入額	66		解散の日	令 4 ・ 10 ・ 31
		外国の事業に帰属する所得以外の所得に対して課された外国法人税額	67		残余財産の最後の分配又は引渡しの日	令 5 ・ 11 ・ 18
		仮計 63+64+65-66-67	68		申告期限の延長の処分（承認）の有無	事業税 有・無 法人税 有・無
		繰越欠損金額等若しくは災害損失金額又は債務免除等があった場合の欠損金額等の当期控除額	69		法人税の申告書の種類	青色・その他
		法人税の所得金額（法人税の明細書（別表4）の(52)）又は個別所得金額（法人税の明細書（別表4の2付表）の(55)）	70	0	この申告が中間申告の場合の計算期間	・ ・～ ・ ・
法第15条の4の徴収猶予を受けようとする税額			71		翌期の中間申告の要否	要・否 国外関連者の有無 有・無
還付請求 中間納付額			72		還付を受けようとする金融機関及び支払方法	銀行 支店 口座番号（普通・当座）

200

第3章　会社清算の税務

第六号様式別表五（提出用）

※処理事項	整理番号	事務所	区分	管理番号	申告区分

法人番号	
事業年度	令和 4 年 11 月 1 日から　令和 5 年 10 月 31 日まで

法人名 ひかり商事　株式会社

所 得 金 額 に 関 す る 計 算 書 （法第72条の2第1項第1号・第3号・第4号に掲げる事業）

所 得 金 額 の 計 算

項目	No.	兆 十億 百万 千 円
所得金額(法人税の明細書(別表4)の(34))又は個別所得金額(法人税の明細書(別表4の2付表)の(42))	①	34975700
加算 損金の額又は個別帰属損金額に算入した所得税額及び復興特別所得税額	②	
損金の額又は個別帰属損金額に算入した分配時調整外国税相当額	③	
損金の額又は個別帰属損金額に算入した海外投資等損失準備金勘定への繰入額	④	
損金の額又は個別帰属損金額に算入した外国法人税の額	⑤	
益金の額又は個別帰属益金額に算入した中間申告又は確定中間申告における繰戻しによる還付に係る災害損失欠損金額	⑥	
非適格の合併等又は残余財産の全部分配等による移転資産等の譲渡利益額	⑦	
小　計	⑧	
減算 益金の額又は個別帰属益金額に算入した海外投資等損失準備金勘定からの戻入額	⑨	
外国の事業に帰属する所得以外の所得に対して課された外国法人税の額	⑩	
外国の事業に帰属する所得に対して課された外国法人税の額	⑪	
特定目的会社又は投資法人の支払配当の損金算入額	⑫	
特定目的信託及び特定投資信託に係る利益又は収益の分配の額の損金算入額	⑬	
非適格の合併等又は残余財産の全部分配等による移転資産等の譲渡損失額	⑭	
小　計	⑮	
仮　計　①＋⑧－⑮	⑯	34975700
外 国 の 事 業 に 帰 属 す る 所 得	⑰	
再 仮 計　⑯－⑰	⑱	34975700
非課税等所得 林 業 に 係 る 所 得	⑲	
鉱 物 の 掘 採 事 業 に 係 る 所 得	⑳	
社 会 保 険 等 に 係 る 医 療 の 所 得	㉑	
農 事 組 合 法 人 の 農 業 に 係 る 所 得	㉒	
小　計	㉓	
所 得 金 額 差 引 計　⑱－㉓	㉔	34975700
繰越欠損金額等又は災害損失金額の当期控除額	㉕	885332
債務免除等があった場合の欠損金額等の当期控除額	㉖	34090368
所得金額再差引計　㉔－㉕－㉖	㉗	0
新鉱床探鉱費又は海外新鉱床探鉱費の特別控除額	㉘	
農業経営基盤強化準備金積立額の損金算入額	㉙	
農用地等を取得した場合の圧縮額の損金算入額	㉚	
関西国際空港用地整備準備金積立額の損金算入額	㉛	
中部国際空港整備準備金積立額の損金算入額	㉜	
再投資等準備金積立額の損金算入額	㉝	
特別新事業開拓事業者に対し特定事業活動として出資をした場合の特別勘定取崩額の益金算入額	㉞	
特別新事業開拓事業者に対し特定事業活動として出資をした場合の特別勘定繰入額の損金算入額	㉟	
合計㉗－㉘－㉙－㉚－㉛－㉜－㉝＋㉞－㉟	㊱	0

非 課 税 所 得 の 区 分 計 算

外国の事業に帰属する所得 外国における事務所又は事業所の期末の従業者数	㊲	（人）
期 末 の 総 従 業 者 数	㊳	
外国から生ずる事業所得　((⑯＋⑩)×㊲／㊳)	㊴	（円）
鉱物の掘採事業の所得 鉱物の掘採事業と精錬事業とを通じて算定した所得	㊵	
生産品の収入金額又は生産品の収入金額から買鉱価格を差し引いた金額	㊶	
鉱産税の課税標準であるべき鉱物の価額	㊷	
鉱物の掘採事業の所得　㊵×㊷／㊶	㊸	

備考

欠損金額等及び災害損失金の控除明細書 (法第72条の2第1項第1号第3号に掲げる事業)		事業年度	4・11・1 5・10・31	法人名	ひかり商事 株式会社		第六号様式別表九（提出用）

控除前所得金額 第6号様式⑱－（別表10⑨又は㉑） ①	円 34,975,700	損金算入限度額 ①×50又は100／100 ②	円 34,975,700

事 業 年 度	区 分	控除未済欠損金額等又は控除未済災害損失金③	当 期 控 除 額 ④ 当該事業年度の③と（②－当該事業年度前の④の合計額）のうち少ない金額	翌 期 繰 越 額 ⑤ （（③－④）又は別表11⑰）
・・ ・・	欠損金額等・災害損失金	円	円	
・・ ・・	欠損金額等・災害損失金			円
・・ ・・	欠損金額等・災害損失金			
・・ ・・	欠損金額等・災害損失金			
・・ ・・	欠損金額等・災害損失金			
・・ ・・	欠損金額等・災害損失金			
令 3・4・1 令 4・3・31	欠損金額等・災害損失金	885,332	885,332	
・・ ・・	欠損金額等・災害損失金			
・・ ・・	欠損金額等・災害損失金			
・・ ・・	欠損金額等・災害損失金			
計		885,332	885,332	
当期分	欠 損 金 額 等・災 害 損 失 金			
同上のうち	災 害 損 失 金			円
同上のうち	青 色 欠 損 金			
合 計				

災 害 に よ り 生 じ た 損 失 の 額 の 計 算				
災 害 の 種 類		災害のやんだ日又はやむを得ない事情のやんだ日		・・
当期の欠損金額 ⑥	円	差引災害により生じた損失の額（⑦－⑧） ⑨		円
災害により生じた損失の額 ⑦		繰越控除の対象となる損失の額（⑥と⑨のうち少ない金額） ⑩		
保険金又は損害賠償金等の額 ⑧				

第3章　会社清算の税務

第六号様式別表十一（提出用）

| 民事再生等評価換えが行われる場合以外の再生等欠損金額等及び解散の場合の欠損金額等の控除明細書（法第72条の2第1項 第1号 第3号 に掲げる事業 第4号） | 事業年度 | 4・11・1　5・10・31 | 法人名 | ひかり商事　株式会社 |

債務免除等による利益の内訳	債務の免除を受けた金額	①	円	所得金額	⑦の金額等を控除した後の所得（第6号様式㉘又は別表5㉔）−⑦	⑨	34,090,368 円
	私財提供を受けた金銭の額	②			⑦の金額を控除する前の所得（第6号様式㉘又は別表5㉔）	⑩	
	私財提供を受けた金銭以外の資産の価額	③		当期控除額	④、⑧又は⑨のうち最も少ない金額	⑪	34,090,368
	計（①＋②＋③）	④			④、⑤−⑥又は⑩のうち最も少ない金額	⑫	
欠損金額等の計算	適用年度終了の時における前期以前の事業年度から繰り越された欠損金額等	⑤	44,980,700		調整前の欠損金額等の翌期繰越額（⑮の計）	⑬	
	適用年度終了の時における資本金等の額（プラスの場合は0）	⑥	△		欠損金額等からないものとする金額（⑪と⑬のうち少ない金額）	⑭	
	当期控除を受ける欠損金額等又は災害損失金額（別表9④の計）	⑦	885,332				
	差引欠損金額等（⑤−⑥−⑦）	⑧	44,095,368				

欠　損　金　額　等　の　翌　期　繰　越　額　の　調　整

発生事業年度	調整前の欠損金額等の翌期繰越額（第6号様式別表9③−④）⑮	欠損金額等からないものとする金額（当該発生事業年度の⑮と（⑭−当該発生事業年度前の⑯の合計額）のうち少ない金額）⑯	差引欠損金額等の翌期繰越額（⑮−⑯）⑰
・　・	円	円	円
・　・			
・　・			
・　・			
・　・			
・　・			
・　・			
・　・			
・　・			
・　・			
計			

※発信 年 月 日	整理番号	事務所区分	管理番号	申告区分
※通信日付印 確認				

受付印

令和　5　年　11　月　17　日

京都市長　殿

	法人番号		申告年月日
			年　月　日

第二十号様式（提出用）

所在地
（本市町村が支店等の場合は本店所在地と併記）

京都市中京区三本木５丁目４番地

（電話　075　－　252　－　9999　）

この申告の基礎
1. 法人税の令和　　年　　月　　日
　の修正申告書の提出による。
2. 法人税の令和　　年　　月　　日
　の更正・決定・再更正による。

事業種目　卸売業

（ふりがな）ひかりしょうじ　かぶしきがいしゃ

法人名　ひかり商事　株式会社

期末現在の資本金の額又は出資金の額	千億 十億 百万 千 円　1,0,0,0,0,0,0,0
期末現在の資本金の額及び資本準備金の額の合算額	1,0,0,0,0,0,0,0
期末現在の資本金等の額	1,0,0,0,0,0,0,0

（ふりがな）ひかり　いちろう

代表者氏名　ひかり　一郎

（ふりがな）

経理責任者氏名

令和　4　年　11　月　1　日から令和　5　年　10　月　31　日までの　事業年度分又は連結事業年度分の市町村民税の　清算確定　申告書　※

摘　　　　　要		課税標準	法人税率(100)	法人税割額
（使途秘匿金税額等）法人税法の規定によって計算した法人税額	①	（　十億 百万 千 円　）0		
試験研究費の額等に係る法人税額の特別控除額	②			
還付法人税額等の控除額	③			
退職年金等積立金に係る法人税額	④			
課税標準となる法人税額又は個別帰属法人税額及びその法人税割額　①＋②－③＋④	⑤	0,0,0	6.000	十億 百万 千 円
2以上の市町村に事務所又は事業所を有する法人における課税標準となる法人税額又は個別帰属法人税額及びその法人税割額 (⑤/23×24)	⑥	0,0,0		
市町村民税の特定寄附金税額控除額	⑦			
税額控除超過額相当額の加算額	⑧			
外国関係会社等に係る控除対象所得税額等相当額又は個別控除対象所得税額等相当額の控除額	⑨			
外国の法人税等の額の控除額	⑩			
仮装経理に基づく法人税割額の控除額	⑪			
差引法人税割額　⑤－⑦＋⑧－⑨－⑩－⑪又は⑥－⑦＋⑧－⑨－⑩－⑪	⑫			0,0
既に納付の確定した当期分の法人税割額	⑬			
租税条約の実施に係る法人税割額の控除額	⑭			
この申告により納付すべき法人税割額　⑫－⑬－⑭	⑮			0,0

均等割額	算定期間中において事務所等を有していた月数	⑯ 1,2 月	50,000円×(⑯/12)	⑰	5,0,0,0,0
	既に納付の確定した当期分の均等割額			⑱	0,0
	この申告により納付すべき均等割額　⑰－⑱			⑲	5,0,0,0,0
この申告により納付すべき市町村民税額　⑮＋⑲				⑳	5,0,0,0,0
⑳のうち見込納付額				㉑	
差　引　　⑳－㉑				㉒	5,0,0,0,0

署名　関与税理士

（電話　　　－　　　－　　　）

当該市町村内に所在する事務所、事業所又は寮等		分割基準		当該市町村分の均等割の税率適用区分に用いる従業者数
名　称	事務所、事業所又は寮等の所在地	当該法人の全従業者数	左のうち当該市町村分の従業者数	
本社	京都市中京区三本木５丁目４番地		3	3
合　　　計		㉓ 人 3	㉔ 人 3	㉕ 人 3

	区名	※区コード	月数	従業者数	均等割額
指定都市に⑰の申告する場合の計算	中京区		1,2	人 3	円 0,0
					0,0
					0,0
					0,0
					0,0
					0,0
					0,0

決算確定の日	令　　・　　・	法人税の申告書の種類	青色・その他
解散の日	令　4・10・31		
残余財産の最後の分配又は引渡しの日	令　5・11・18	翌期の中間申告の要否	要・否
法人税の期末現在の資本金等の額又は連結個別資本金等の額	10,000,000 円		
この申告が中間申告の場合の計算期間	令　　・　　・	法人税の申告期限の延長の処分の有無	有・無
還付を受けようとする金融機関及び支払方法	銀行　　　　　支店		
	口座番号（普通・当座）		
還　付　請　求　税　額	十億 百万 千 円		
法第15条の4の徴収猶予を受けようとする税額			

第3章　会社清算の税務

3　異動届出書の記載例

異　動　届　出　書	※整理番号	
（　☑法人税　　☑消費税　）	※通算グループ整理番号	

税務署受付印

令和　5 年 11 月 30 日

中京　　税務署長殿

次の事項について異動したので届け出ます。

提出区分	（フリガナ）	キョウトシナカギョウクサンボンギ
☑通算親法人が提出する場合　□通算親法人となる法人が提出する場合　□通算子法人となる法人が提出する場合	本店又は主たる事務所の所在地	〒604 － 1234　京都市中京区三本木5丁目4番地　　　　電話（ 075 ）252 － 9999
	（フリガナ）　納　税　地	〒　　－　　同上
	（フリガナ）　法人等の名称	ヒカリショウジ カブシキガイシャ　ひかり商事　株式会社
	法　人　番　号	
	（フリガナ）　代表者氏名	ヒカリ イチロウ　ひかり　一郎
	（フリガナ）　代表者住所	キョウトシナカギョウクサンボンギ　〒604 － 1234　京都市中京区三本木5丁目4番地

異動事項等	異　動　前	異　動　後	異動年月日（登記年月日）
清算結了		令和5年11月18日　清算結了	令和　5・11・18（令和　5・11・21）・　・・　・・　・
所轄税務署	税務署	税務署	

納 税 地 等 を変 更 し た 場 合	給与支払事務所等の移転の有無　□ 有　□ 無（名称等変更有）　□ 無（名称等変更無）
	※「有」及び「無（名称等変更有）」の場合には「給与支払事務所等の開設・移転・廃止届出書」の提出も必要です。

事業年度を変更した場合	変更後最初の事業年度：（自）令和　　年　　月　　日～（至）令和　　年　　月　　日
合併、分割の場合	合併　□適格合併　□非適格合併　　分割　□分割型分割 ： □適格 □その他　　□分社型分割 ： □適格 □その他

（その他参考となるべき事項）

税 理 士 署 名	

※税務署処理欄	部門		決算期		業種番号		番号		入力		名簿	

05.01改正

（規格A4）

205

法人設立・異動等届出書

受付印

法人番号 [　　　　　　　]

令和　5年　11月　30日

（フリガナ）	ヒカリショウジ　カブシキガイシャ
法人名	ひかり商事　株式会社

京都地方税機構
広域連合長　　様

京都府内管理番号 [　　　　　　　]

◆京都府内の市町村（京都市を除く）

福知山市	舞鶴市	綾部市
宇治市	宮津市	亀岡市
城陽市	向日市	長岡京市
八幡市	京田辺市	京丹後市
南丹市	木津川市	大山崎町
久御山町	井手町	宇治田原町
和束町	笠置町	精華町
南山城村	京丹波町	伊根町
与謝野町		

※事務所、事業所が所在（設置・廃止を含む）する全ての市町村に✓を入れてください

登記簿の本店所在地	〒604-1234　京都市中京区三本木５丁目４番地　　電話（075-252-9999）
代表者	（フリガナ）ヒカリ　イチロウ　氏名　ひかり　一郎
申告書送付先連絡先 ※本店所在地以外の送付先を希望される場合は記入してください	名称
	所在地　〒　　　　電話（　　　）
関与税理士名	電話（　　　）

添付書類	履歴事項全部証明書 ・定款等 ・税務署書類（写） ・その他（　　）
設立年月日	昭和56年　10月　1日

資本金又は出資金の額	10,000,000円
資本金と資本準備金の合計額	10,000,000円
資本金等の額	10,000,000円

事業年度	11月　1日　〜　10月　31日
	月　日　〜　月　日

申告期限延長の有無	法人税 無・有（　月）
	事業税 無・有（　月）

全従業員数	3人
主たる事業種目	製造業　・その他　卸売業）

分割法人区分	都道府県	分割・非分割	一般社団法人・一般財団法人である場合	普通法人・非営利型法人
	市町村	分割・非分割	公益法人等である場合の収益事業の有無	収益事業有・収益事業無

◎設立・異動等の内容
（該当する番号を項目番号欄に記載してください）

1. 設立
2. 商号、名称変更
3. 事業年度、通算事業年度の変更
✓4. 代表者の変更
5. 本店の異動
6. 支店、営業所等の設置、異動、廃止
7. 法人組織形態の変更
8. 資本金の額、出資金の額の変更
9. 通算制度の適用、加入、離脱等
10. 合併、会社分割
11. 解散、残余財産の確定、清算結了、継続、破産開始決定、破産廃止、終結決定
12. 会社更生開始決定、更生計画承認、更生終了
13. 公益法人等の収益事業の開始、廃止
14. 申告書送付先の設定、変更
15. その他

項目番号	異動内容等	変更前	変更後	異動年月日
11	清算結了		令和5年 10月31日　清算結了（令和5年 11月21日　登記）	令和　5年　10月　31日
				年　月　日
				年　月　日

設置又は廃止する府内の事務所名等	名称	所在地	従業員数	区分	状況番号	設置・廃止年月日
			人	設置・廃止		年　月　日
			人	設置・廃止		年　月　日

（異動後の状況）
1. 変更前の市町村に事務所が残る
2. 変更前の市町村には残らないが京都府内に事務所が残る
3. 京都府内に事務所が残らない

グループ通算制度の適用、加入、離脱等（連結納税に係る異動の場合は「通算」を「連結」に読み替えてください）	今回届出事由	承認・加入・離脱・取りやめ	事由が生じた日	年　月　日
	通算親法人	最初通算事業年度	年　月　日〜　年　月　日	
	通算子法人	加入時期の特例の有無	有・無	最初通算事業年度	年　月　日〜　年　月　日
		通算親法人	（フリガナ）法人名	所在地 〒　　電話（　）	
	離脱・取りやめ等の場合	本来の事業年度	年　月　日〜　年　月　日	

清算人管財人等	（フリガナ）ヒカリ　イチロウ　氏名　ひかり　一郎	住所	〒604-1234　京都市中京区三本木５丁目４番地	電話（075-252-9999）
被合併法人	（フリガナ）法人名	所在地	〒	電話（　）

※裏面もご覧ください

206

第3章　会社清算の税務

法人等設立・解散・変更届出書

管理番号 [　　　　　]

（宛先） 京都市長 令和5年　11月　30日 下記のとおり 届出をします。	届出法人	登記上の本店所在地	〒 604 - 1234 京都市中京区三本木5丁目4番地 　　　　　　　　　　　電話 075 - 252 - 9999
		送付先・連絡先	〒 同　上 　　　　　　　　　　　電話　　　-　　　-
		フリガナ	ヒカリショウジ　カブシキガイシャ
		法人名等	ひかり商事 株式会社
		代表者氏名	ひかり 一郎

基本事項	登記上の設立年月日 昭和56年　10月　1日	資本金の額又は出資金の額	10,000,000	円
	事業種目	資本金の額及び資本準備金の額の合算額	10,000,000	円
	事業年度　11月　1日～　10月　31日	資本金等の額	10,000,000	円
	公益法人等である場合の収益事業の有無	□ 有　　　　　☑ 無		
	一般社団法人・一般財団法人の場合	□ 非営利型法人　　　□ 普通法人		
	本市内に本店所在地があり，市外に事務所等が	□ 有　（市町村名　　　　　　　）　☑ 無		

法人税申告 期限の延長	□ 有（　　か月）　　□ 無　　※有の場合は，添付書類「申告期限延長の特例申請書の写し」を提出してください。

開設・廃止 の場合	事務所等の所在地	事務所等の名称	開設年月日
			廃止年月日
	この事務所等の開設・廃止により本市内の別の事務所等は　□ 同一区内にまだ有　□ 他区内にまだ有　□ 全く無		

連結法人 の場合	届出法人が連結納税を行う　□ 最初　□ 最後　の連結事業年度　年　月　日～　年　月　日
	通常の連結事業年度　　　　　　　　　　　　　　　月　日～　月　日
	連結親法人　（本店所在地）　　　　　　　　　　　　　（名称）

届出内容 に変更が あった場合	項目	変更前	変更後	変更年月日
	□ 本店所在地			
	□ 名称・組織			
	□ 送付先			
	□ 代表者			
	□ （連結）事業年度			
	□ 資本金等の額			
	□ 事務所等の名称・所在地			
	□ その他（　　　　　）	事務所等が移転したとき，旧事務所等は　□ 廃止する　　□ 継続する		

合併分割が あった場合	合併（分割）期日 　　年　　月　　日	市内事務所等を合併法人 又は分割承継法人に	□ 引き継ぐ □ 引き継がない	適格区分	□ 適格 □ その他
	被合併法人又は分割承継 法人の本店所在地・名称				

解散清算結了 の場合	□ 法人等の解散 　　　年　月　日 ☑ 法人等の清算結了 　令和5年　10月　31日	清算人（住所） 京都市中京区三本木5丁目4番地 （氏名） ひかり 一郎 　　　　　　　　　電話 075 - 252 - 9999

休業の場合	休業 年月日　　年　月　日　　※添付書類「法人の現況申立書」についても記載のうえ提出してください。

事業所税に関する事項	本市内において事務所等の開設・廃止があった場合は，本市内の各事務所等の床面積及び従業員数の合計について，該当する□に✓印を付けてください。
	本市内の各事務所等の床面積の合計　□ 800㎡以上　□ 500㎡以上～800㎡未満　□ 500㎡未満
	本市内の各事務所等の従業員数の合計　□ 80人以上　□ 79人以下

添付書類 届出内容が わかる書類	☑ 商業登記簿謄本（履歴事項全部証明）の写し	□ 法人の現況申立書
	□ 事業年度等が確認できる定款等の写し	□ 連結法人関係の法人税の書類の写し
	□ 株主総会議事録の写し	□ 申告期限延長の特例申請書の写し
	□ 合併契約書，分割計画書，分割契約書の写し	□ その他（　　　　　　　　　　）

マイナンバー制度上の法人番号 [　　　　　]	関与税理士 氏名・連絡先　　　　電話　　　-　　　-

207

Q42 100%グループ法人内の清算税務①——繰越欠損金の引継ぎ

当社は業績不振が続く100%子会社の清算を検討しています。100%子会社の清算にあたって子会社の欠損金額を親会社に引き継ぐことはできるのでしょうか。

A42 解説

1　100%子会社の清算にあたって

完全支配関係のある子会社、いわゆる100%子会社の清算については、その経済的実態がグループ内の組織再編と変わらないため、組織再編税制との整合性を図るためにいくつかの特例が設けられています。

完全支配関係のある子会社（以下、本解説においては「100%子会社」と表現します）の清算にあたって、子会社、親会社に影響を与える規定は次のとおりです。

①	残余財産が確定した場合の繰越欠損金の引継ぎ（法法57②）	
②	適格現物分配（法法62の5③④）	（※Q43参照）
③	受取配当等の益金不算入（法法23）	（※Q43参照）
④	特定資産に係る譲渡等損失額の損金不算入（法法62の7①）	（※Q43参照）
⑤	親会社における子会社株式消滅損の取扱い（法法61の2）	（※Q45参照）

子会社の清算については、その子会社が100%子会社のように完全支配関係があるかどうか、またいつの時点から完全支配関係があるかにより、税務上の取扱いが大きく異なることになります。したがって、まずは子会社との関係を正しく把握した上で、どの規定の適用を受けるかを確認することが重要になります。

2　完全支配関係の定義

完全支配関係とは、次の二つの関係をいいます（法法2十二の七の六、法令4の2）。

① 当事者間の完全支配関係

一の者（一の法人または個人をいいます）が法人の発行済株式等の全部を直接または間接に保有する関係。

② 法人相互の完全支配関係

一の者との間に上記①の関係（当事者間の完全支配関係）がある法人間の相互の関係。

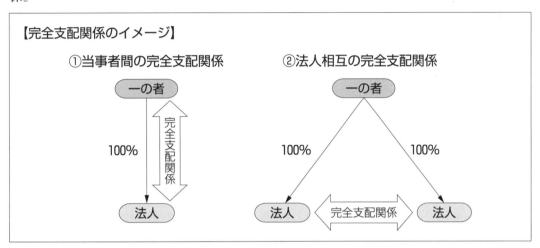

また、次のような場合も完全支配関係があるものとみなされます（みなし直接完全支配関係）。

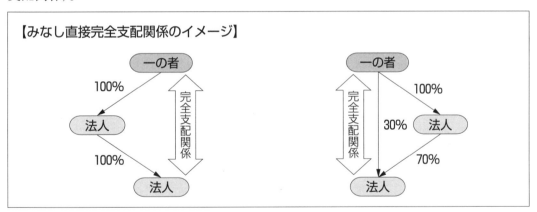

3　100%子会社の残余財産が確定した場合の欠損金の引継ぎ

(1) 特例の概要

100%子会社の残余財産が確定した場合において、その残余財産の確定の日の翌日前10年以内に開始した各事業年度（以下「前10年内事業年度」といいます）において生じた未処理欠損金額があるときは、その前10年内事業年度において生じた未処理欠損金額は、親会社の各事業年度において生じた欠損金額とみなされます（法法57②）。

209

つまり、100％子会社において使用されなかった欠損金額がある場合には、100％子会社の清算に伴いその欠損金額を親会社に引き継ぐことができるようになりました。従来であれば、100％子会社の清算時に未処理欠損金がある場合、親会社に引き継ぐことはできず切捨てとなっていましたが、平成22年度の税制改正により100％子会社の残余財産が確定した場合については欠損金の引継ぎができるようになったというわけです。

なお、平成28年度の税制改正で、平成30年4月1日以後に開始する事業年度において生じた青色欠損金の繰越控除期間が10年に延長されましたが、平成30年4月1日前に開始する事業年度において生じた青色欠損金の繰越控除期間については9年となります。

また、災害損失欠損金額についても同様の規定が設けられています（法法58②）。

(2) 引継ぎの対象となる未処理欠損金額

この規定の対象となる未処理欠損金額とは、残余財産が確定した100％子会社の欠損金額で、前10年内事業年度のうちその欠損金額の生じた事業年度について青色申告書である確定申告書を提出し、かつその後において連続して確定申告書を提出しているものに限られています。なお、子会社の株主が2社以上である場合には、所有する株式数で按分して引き継がれる欠損金額を計算します（法法57②、58②、法令112①、116の2①）。

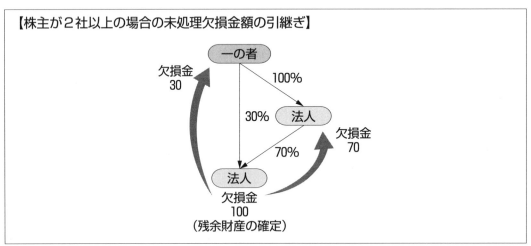

(3) 未処理欠損金額の帰属事業年度

親会社に引き継がれる未処理欠損金額は、それぞれその未処理欠損金額の生じた前10年内事業年度開始の日の属する親会社の事業年度において生じた欠損金額とみなさ

れます。

　なお、親会社の残余財産の確定日の翌日の属する事業年度開始の日以後に開始した100％子会社の前10年内事業年度において生じた未処理欠損金額（100％子会社の最後事業年度において生じた欠損金：下図の［1］）については、親会社の残余財産の確定日の翌日の属する事業年度の前事業年度（下図の①）において生じた欠損金額とみなされます。

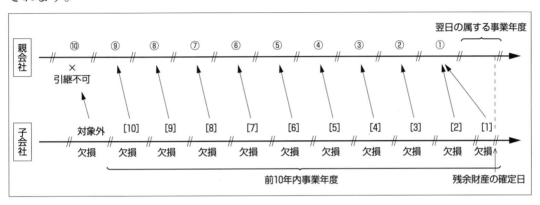

(4) 未処理欠損金の引継制限

　親子会社間に50％超の支配関係が以下のうち最も遅い日から継続している場合を除き、子会社の前10年内事業年度において生じた未処理欠損金のうち、支配関係事業年度（親会社と子会社との間に最後に支配関係があることとなった日の属する事業年度）前の各事業年度において生じた欠損金額については引継ぎが制限されます（法法57③）。

①	残余財産の確定の日の翌日の属する事業年度開始の日の５年前の日
②	親会社の設立の日
③	子会社の設立の日

(5) 適用時期

　この規定は平成22年10月１日以後に解散する会社の残余財産が確定した場合について適用されます。

4　別表七㈠及び別表七㈠付表一の記載例

　100％子会社の未処理欠損金額の親会社への引き継ぎは、別表七㈠付表一に親会社の未処理欠損金額、100％子会社の未処理欠損金額および両者の合計額を記載し、そ

の合計額を別表七㈠に転記します。

　以下の設例にもとづいて、別表七㈠および別表七㈠付表一を作成してみましょう。

親会社	3月決算法人	ひかり商事株式会社
100%子会社	9月決算法人	こだま商事株式会社
100%子会社の残余財産の確定日		令和4年2月28日
100%子会社の繰越欠損金発生状況		
発生事業年度		繰越欠損金の額
平成30.10.1　〜　令和元.9.30		2,000,000
令和元.10.1　〜　令和2.9.30		1,000,000
令和2.10.1　〜　令和3.9.30		1,300,000
令和3.10.1　〜　令和4.2.28		500,000
合　計		4,800,000
親会社の繰越欠損金の控除前所得金額		5,000,000

第3章　会社清算の税務

欠損金又は災害損失金の損金算入等に関する明細書	事業年度	3・4・1 4・3・31	法人名	ひかり商事　株式会社	別表七(一) 令三・四・一以後終了事業年度分

控除前所得金額 (別表四「39の①」)－(別表七(二)「9」又は「21」)	1	5,000,000 円	所得金額控除限度額 (1)× 50又は100/100	2	5,000,000 円

事　業　年　度	区　　分	控除未済欠損金額	当　期　控　除　額 (当該事業年度の(3)と((2)－当該 事業年度前の(4)の合計額)のうち 少ない金額)	翌　期　繰　越　額 ((3)－(4))又は(別表七(三)「15」)
		3	4	5
・　・	青色欠損・連結みなし欠損・災害損失	円	円	円
平30・4・1 平31・3・31	(青色欠損)・連結みなし欠損・災害損失	2,000,000	2,000,000	0
平31・4・1 令2・3・31	(青色欠損)・連結みなし欠損・災害損失	1,000,000	1,000,000	0
令2・4・1 令3・3・31	(青色欠損)・連結みなし欠損・災害損失	1,800,000	1,800,000	0
・　・	青色欠損・連結みなし欠損・災害損失			
・　・	青色欠損・連結みなし欠損・災害損失			
・　・	青色欠損・連結みなし欠損・災害損失			
・　・	青色欠損・連結みなし欠損・災害損失			
・　・	青色欠損・連結みなし欠損・災害損失			
・　・	青色欠損・連結みなし欠損・災害損失			
計		4,800,000	4,800,000	0

当期分	欠　損　金　額 (別表四「48の①」)		欠損金の繰戻し額	
	同上のうち	災　害　損　失　金		
		青　色　欠　損　金		
	合　　　計			

災　害　に　よ　り　生　じ　た　損　失　の　額　の　計　算

災　害　の　種　類			災害のやんだ日又はやむを 得ない事情のやんだ日	・　・
災　害　を　受　け　た　資　産　の　別		棚　卸　資　産	固　定　資　産 (固定資産に準ずる繰延資産を含む。)	計 ①＋②
		①	②	③
当　期　の　欠　損　金　額 (別表四「48の①」)	6			円
災害により生じた損失の額	資産の滅失等により生じた損失の額	7	円	円
	被害資産の原状回復のための 費用等に係る損失の額	8		
	被害の拡大又は発生の防止の ための費用に係る損失の額	9		
	計 (7)＋(8)＋(9)	10		
保険金又は損害賠償金等の額	11			
差引災害により生じた損失の額 (10)－(11)	12			
同上のうち所得税額の還付又は欠損金の繰戻 しの対象となる災害損失金額	13			
中間申告における災害損失欠損金の繰戻し額	14			
繰戻しの対象となる災害損失欠損金額 ((6の③)と((13の③)－(14の③))のうち少ない金額)	15			
繰越控除の対象となる損失の額 ((6の③)と((12の③)－(14の③))のうち少ない金額)	16			

213

適格組織再編成等が行われた場合の調整後の控除未済欠損金額の計算に関する明細書

| 事業年度 | 3・4・1 ～ 4・3・31 | 法人名 | ひかり商事 株式会社 |

別表七(一)付表一 令三・四・一以後終了事業年度分

適格組織再編成等が行われた場合の調整後の控除未済欠損金額

事業年度	欠損金の区分	控除未済欠損金額又は調整後の当該法人分の控除未済欠損金額（前期の別表七(一)「5」又は(4)、(7)若しくは別表七(一)付表三「5」若しくは別表七(一)付表四「5」） 1	被合併法人等の事業年度	欠損金の区分	被合併法人等の未処理欠損金額（最終の事業年度の別表七(一)「5」又は(4)、(7)若しくは別表七(一)付表三「5」） 2	調整後の控除未済欠損金額 (1)+(2) 3

被合併法人等から引継ぎを受ける未処理欠損金額
適格合併等の別：適格合併・（残余財産の確定）
適格合併等の日：令 4・2・28
被合併法人等の名称：こだま商事 株式会社

事業年度	欠損金の区分	1 (円)	被合併法人等の事業年度	欠損金の区分	2 (円)	3 (円)
平30・4・1 平31・3・31			平30・10・1 令1・9・30	青色欠損	2,000,000	2,000,000
平31・4・1 令2・3・31			令1・10・1 令2・9・30	青色欠損	1,000,000	1,000,000
令2・4・1 令3・3・31			令2・10・1 令3・9・30	青色欠損	1,300,000	1,300,000
令2・4・1 令3・3・31			令3・10・1 令4・2・28	青色欠損	500,000	500,000
・・			・・			
・・			・・			
・・			・・			
・・			・・			
・・			・・			
・・			・・			
計			計		4,800,000	4,800,000

支配関係がある法人との間で適格組織再編成等が行われた場合の未処理欠損金額又は控除未済欠損金額の調整計算の明細

| 適格組織再編成等の別 | 合併（適格・非適格）・残余財産の確定・適格分割・適格現物出資・適格現物分配 | 適格組織再編成等の日 | ・・ |
| 対象法人の別 | 被合併法人等（名称： ）・当該法人 | 支配関係発生日 | ・・ |

対象法人の事業年度	欠損金の区分	共同事業要件に該当する場合又は5年継続支配関係がある場合のいずれかに該当する場合	共同事業要件に該当する場合又は5年継続支配関係がある場合のいずれにも該当しない場合		
		被合併法人等の未処理欠損金額又は当該法人の控除未済欠損金額（被合併法人等の最終の事業年度の別表七(一)「5」又は当該法人の前期の別表七(一)「5」） 4	被合併法人等の未処理欠損金額又は当該法人の控除未済欠損金額（被合併法人等の最終の事業年度の別表七(一)「5」又は当該法人の前期の別表七(一)「5」） 5	支配関係事業年度以後の事業年度の欠損金額のうち特定資産譲渡等損失相当額以外の部分から成る欠損金額 (8)-(12) 6	引継ぎを受ける未処理欠損金額又は調整後の当該法人分の控除未済欠損金額（支配関係事業年度前の事業年度にあっては0、支配関係事業年度以後の事業年度にあっては(5)と(6)のうち少ない金額） 7
・・		円	円	円	円
・・					
・・					
・・					
・・					
・・					
・・					
・・					
・・					
計					

支配関係事業年度以後の欠損金額のうち特定資産譲渡等損失相当額の計算の明細

対象法人の支配関係事業年度以後の事業年度	支配関係事業年度以後の事業年度の欠損金発生額（支配関係事業年度以後の事業年度のそれぞれの別表七(一)「当期分の青色欠損金」） 8	欠損金額のうち特定資産譲渡等損失相当額の計算			欠損金額のうち特定資産譲渡等損失相当額（(8)と(11)のうち少ない金額） 12
		特定引継資産又は特定保有資産の譲渡等特定事由による損失の額の合計額 9	特定引継資産又は特定保有資産の譲渡又は評価換えによる利益の額の合計額 10	特定資産譲渡等損失額 (9)-(10)又は(別表七(一)付表二「5」) 11	
・・	内	円	円	円	円
・・	内				
・・	内				
・・	内				
・・	内				
計					

第3章 会社清算の税務

Q43 100%グループ法人内の清算税務② ──適格現物分配

当社は100%子会社の清算にあたり、子会社より金銭以外にも土地等の資産の分配を受ける予定です。この資産の分配に際して、どのようなことに注意しておくべきでしょうか。

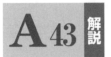

1 現物分配の取扱い

(1) 現物分配とは

ご質問のように、会社が株主等に対して剰余金の配当や解散による残余財産の分配といった事由により金銭以外の資産の交付を行うことを現物分配といいます（法法2十二の五の二）。

(2) 現物分配の原則

清算中の法人の残余財産が確定し、株主に対して残余財産を分配する場合において、金銭以外の資産を分配するときは、原則として、その資産をその残余財産確定の時における価額（時価）により譲渡したものとして譲渡損益を認識し、各事業年度の所得の金額を計算することになります（法法62の5①②）。

(3) 100%子会社からの金銭以外の資産の分配

一方で、100%子会社から金銭以外の資産の分配を受ける場合には、完全支配関係のある親会社に対する現物分配に該当することから、その取引は適格現物分配となります。適格現物分配に該当すると、その残余財産の分配を行った会社の直前の帳簿価額により譲渡をしたものとして所得の計算を行いますので、譲渡損益を認識しないことになります（法法62の5③）。

【現物分配による資産の移転】

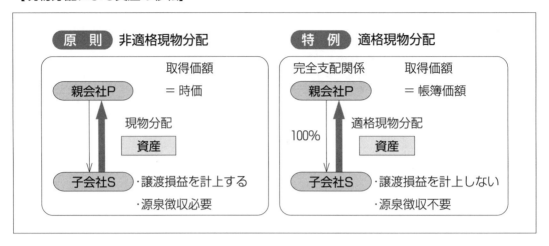

2 適格現物分配

(1) 適格現物分配とは

　適格現物分配とは内国法人が行う現物分配のうち、被現物分配法人（注1）がその現物分配の直前においてその内国法人との間に完全支配関係がある内国法人（普通法人又は協同組合等に限る）であるものをいいます（法法2十二の十五）。適格現物分配については、完全支配関係のある会社間のみで行われるものに限られ、個人や外国法人に対するものは、適格現物分配に該当しません。また、その現物分配の直前において完全支配関係があるかどうかのみが要件とされていることから、その他の適格組織再編成の要件である完全支配関係の継続見込要件は必要とされていないことにも留意しておく必要があります。

（注1）被現物分配法人…現物分配により現物分配法人（注2）から資産の移転を受けた法人をいいます（法法2十二の五の三）。

（注2）現物分配法人…現物分配によりその有する資産の移転を行った法人をいいます（法法2十二の五の二）。

【適格要件の判定】

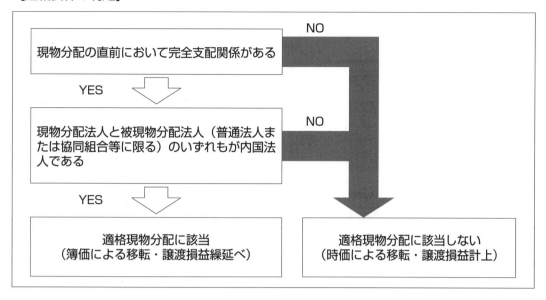

(2) 適格現物分配による資産の移転

　適格現物分配により資産の移転をした場合には、その適格現物分配を行った会社の直前の帳簿価額による譲渡をしたものとして現物分配法人の所得の金額を計算します。したがって、現物分配による譲渡損益は認識されません（法法62の5③）。

　この場合において、被現物分配法人の資産の取得価額はその帳簿価額に相当する金額とされ、また、被現物分配法人が適格現物分配により資産の移転を受けたことにより生ずる収益の額は、各事業年度の所得の金額の計算上、益金の額に算入せず、その帳簿価額に相当する金額を利益積立金額に加算することとされています（法法62の5④、法令9①四、123の6①）。

　なお、その適格現物分配が残余財産の全部の分配である場合には、その残余財産の確定の日の翌日においてその残余財産の確定の時の帳簿価額による譲渡をしたものとされます（法令123の6②）。

(3) 適用時期

　上記の適格現物分配に関する規定は平成22年10月1日以後に現物分配（残余財産の分配にあっては、同日以後の解散によるものに限ります）が行われる場合の各事業年度の所得に対する法人税について適用されます。

(4) 金銭と金銭以外の資産の分配の場合

　残余財産の分配には金銭以外の資産だけではなく、金銭も併せて分配されるケースがあります。このような残余財産の分配の場合については、金銭以外の資産の分配が現物分配に該当し、現物分配の直前において完全支配関係のある法人間での現物分配であれば適格現物分配に該当することになります。

3　現物分配法人（子会社）側の処理

(1) 所得金額の計算

　適格現物分配を行った現物分配法人（以下、「子会社」といいます）については、その適格現物分配により資産を移転した場合には、その適格現物分配の直前の帳簿価額により譲渡をしたものとし、各事業年度の所得金額の計算をしますので、その資産の譲渡に係る譲渡損益は計上されません。また、剰余金の配当は資産の譲渡等には該当しませんので、消費税は課税対象外になります。

(2) 配当に係る源泉徴収（適格現物分配によるみなし配当）

　現物分配については剰余金の配当またはみなし配当として、源泉徴収を行う必要があります。しかし、適格現物分配の場合は被現物分配法人（以下、「親会社」といいます）から源泉所得税に相当する金額を徴収するか、追加の分配が必要となってしまいます。そこで、所得税法の改正により適格現物分配については配当所得の範囲から除くこととされ（所法24①）、配当に係る源泉徴収は不要とされました。みなし配当についての詳しい解説はQ48「残余財産の分配とみなし配当」、Q49「株主の税務」を参照してください。

4　被現物分配法人（親会社）側の処理

(1) 資産の取得価額

　適格現物分配により子会社から資産の移転を受けた場合には、親会社のその資産の取得価額は、子会社から親会社に移転した資産の移転直前の帳簿価額になります。

(2) 益金不算入（受取配当等の益金不算入）

　子会社からの残余財産の分配が適格現物分配に該当する場合に、配当等の額とみなされた金額は、受取配当等の益金不算入の規定の適用を受けませんが（法法23①）、適格現物分配により資産の移転を受けたことにより生ずる収益の額は、各事業年度の所得の金額の計算上、益金の額に算入されません（法法62の5④）。

一方、金銭による残余財産の分配については、受取配当等の益金不算入の規定の適用を受けることとなります（法法23①）。平成22年度の税制改正により子会社からの受取配当については、益金不算入となる金額からの負債利子の控除は行われず全額益金不算入となります（法法23④）。

　なお、子会社からの配当について全額益金不算入となるケースは、配当計算期間を通じて完全支配関係がある場合に限られます（法法23⑤）。

(3)　資本金等の額の減少と利益積立金額への加算

　親会社が、子会社から適格現物分配に該当する残余財産の分配を受けた場合には、分配を受けた資産の分配の直前の帳簿価額に相当する金額から、その起因となったその子会社のその株式または出資に対応する部分の金額（法法24①、法令23①三）を除いた金額をもって利益積立金額を増加させます（法令9①四）。一方で、みなし配当金額および譲渡対価とされる金額の合計額から分配を受けた資産の取得価額とされる金額の合計額を控除した金額を資本金等の額から控除することになります（法令8①十六）。

【利益積立金額の増加額】

　利益積立金額の増加額（みなし配当）　＝　分配を受けた資産の分配直前の帳簿価額の合計額　−　資本金等の額のうちその分配の起因となった株式または出資に対応する部分の金額（※1）

（※1）資本金等の額のうちその分配の起因となった株式または出資に対応する部分の金額　＝　$\dfrac{解散による残余財産の分配を行った法人（以下、「払戻法人」といいます）の分配時の直前の払戻等対応資本等（※2）}{払戻法人の株式の総数}$　×　直前に有していた払戻法人の株式の数

（※2）払戻等対応資本金等　＝　払戻法人の分配直前の資本金等の額　×　$\dfrac{適格現物分配により分配をした資産のその分配の直前の帳簿価額の合計額}{払戻法人の前期末時の資産の帳簿価額から負債の帳簿価額を減算した金額}$

【資本金等の額から控除する金額】

　資本金等の額から控除する金額　＝　みなし配当金額　＋　譲渡対価とされる金額　−　分配を受けた資産の取得価額とされる金額の合計額

　この場合において、親会社が保有していた子会社の株式については、その株式の譲渡損益の計算上、譲渡対価の額となる金額は、その譲渡原価に相当する金額となりま

す。つまり譲渡損益は計上されず、「子会社株式の消滅損」は計上されないことになります。詳しくはQ45「100％グループ法人内の清算税務④─子会社株式消滅損」を参照してください。

(4) 繰越欠損金額の利用制限

　適格現物分配については、他の組織再編税制との調整を図るため、完全支配関係が5年超でない場合には、繰越欠損金額の利用制限や特定資産に係る譲渡等損失についての制限が課せられています。

　完全支配関係がある子会社の残余財産が確定した場合には、その子会社の欠損金額を親会社に引き継ぐことができますが、適格現物分配が行われ、一定の日等（注1）より後に支配関係が発生している場合には、適格現物分配のあった日の事業年度開始の日前10年（注2）以内に開始した各事業年度に親会社で生じた次に掲げる欠損金額については、ないものとされる利用制限が課されています（法法57④）。

| ① | 支配関係が発生した日の属する事業年度（以下、「支配関係事業年度」といいます）前の各事業年度において生じた欠損金額 |
| ② | 支配関係事業年度以後に生じた欠損金額のうち特定資産譲渡等損失額に相当する金額の合計額 |

　これは、適格合併などと同様に、移転資産から生ずる利益と親会社が有していた欠損金を相殺する租税回避行為を防止することを目的に規定されているものです。

　なお、この欠損金の利用制限については、確定申告書への明細書の添付等を要件として、利用制限が課される欠損金額を移転資産の含み益の範囲内とすることができる特例が設けられています（法令113⑤⑥）。

（注1）一定の日等とは、適格現物分配が行われた日（適格現物分配が残余財産の全部の分配である場合には、その残余財産の確定の日の翌日）の属する事業年度の開始の日の5年前の日、子会社または親会社の設立の日のうち最も遅い日をいいます。

（注2）平成30年4月1日前に開始した事業年度については9年となります。

(5) 特定資産に係る譲渡等損失額の損金不算入

　適格現物分配により子会社の資産を親会社に移転した場合には、帳簿価額による譲渡をしたものとされ、譲渡損益は発生しませんが、その後、親会社において一定の期間（注）（以下、「適用期間」といいます）内にその移転資産を譲渡した場合に発生する譲渡損失額（特定資産譲渡等損失額といいます）については親会社の各事業年度の所得の金額の計算上、損金の額に算入されません（法法62の7①）。

220

この場合において、損金不算入となる資産は子会社から移転した資産（特定引継資産）だけでなく、親会社が子会社との支配関係が発生する前から保有していた資産（特定保有資産）についても対象となります。なお、特定引継資産、特定保有資産とは次に掲げる①〜④を除く資産で、支配関係が生じた日における価額が同日における帳簿価額を下回っていない資産をいいます（法法62の7②、法令123の8）。

①	棚卸資産（土地および土地の上に存する権利を除く。）
②	法人税法第61条第2項（短期売買商品の譲渡損益および時価評価損益の益金または損金算入）に規定する短期売買商品
③	法人税法第61条の3第1項第1号（売買目的有価証券の評価益または評価損の益金または損金算入等）に規定する売買目的有価証券
④	適格現物分配の日における帳簿価額または取得価額が1,000万円に満たない資産

　この規定は帳簿価額により移転した資産の含み損の利用を目的とする租税回避行為を防止するために設けられています。

　なお、確定申告書への明細書の添付等により、適格現物分配により移転する資産に含み益がある場合で、その含み益が上記(4)により制限される欠損金額を超える場合にのみ、その超える部分の金額に相当する特定保有資産に係る特定資産譲渡等損失額のみが損金不算入となります（法令123の9⑦）。

（注）一定の期間…適格現物分配の行われた日（適格現物分配が残余財産の全部の分配である場合にはその残余財産の確定の日の翌日）の属する事業年度開始の日から3年を経過する日までの期間。その3年を経過する日が最後に完全支配関係があることとなった日以後5年を経過する日後になる場合にあっては、その5年を経過する日までの期間（法法62の7①）。

⑹　親会社株式の現物分配

　子会社から親会社への現物分配を行う場合に、その対象となる資産のうちに子会社が保有する親会社株式が含まれることが考えられます。適格現物分配の要件としては、金銭以外の資産であれば特に制限がないため、この場合においても子会社と親会社との間に完全支配関係があれば、適格現物分配に該当することになります。

5　具体的設例

　具体的な設例をもとに親会社と子会社それぞれの処理を確認してみましょう。

〈前提条件〉

内国法人　P社（親会社）の状況

・S社株式の帳簿価額　1,400

内国法人　S社（P社の100%子会社）

・令和元年10月　解散

・令和2年5月　残余財産が確定し、P社に残余財産を分配

・残余財産確定時の直前のB／S

資産（残余財産）　　2,000	資本　　　　　　　　1,400
内訳	
預金　　　　　400	利益積立金額
土地　　　　1,600	600
（時価　　2,300）	

・残余財産の分配に係るみなし配当の計算における「資本金等の額のうち
　交付の基因となった株式に対応する金額」　　　　　　　　　1,400

〈S社　子会社（現物分配法人）の処理〉

税務上の取扱い

S社が金銭と金銭以外の資産（土地）による残余財産の分配を行ったときの税務
上の処理は次のとおりになります。

　　　資本金等の額　　　1,400／残余財産　　　2,000
　　　利益積立金額　　　　600／
　　　（みなし配当）

⇒土地の分配は完全支配関係のあるP社のみに対する現物分配に該当するため
　適格現物分配に該当し、その土地の適格現物分配直前の帳簿価額により譲渡
　したもものとされるため譲渡損益は発生しません。

みなし配当の額

みなし配当の金額	=	交付した金銭の額および金銭以外の資産の価額（適格現物分配に係る資産にあっては交付直前の帳簿価額）	−	資本金等の額のうちその交付の基因となった株式に対応する部分
600	=	2,000	−	1,400

金銭の交付に係るみなし配当の額

資本金等の額のうちその交付の基因となった株式に対応する部分の金額1,400のう
ち、金銭の交付に係る金額

$$1,400 \times \frac{400（金銭）}{2,000（残余財産）} = 280$$

120 ＝ 交付した金銭の額　400　－　280
⇒120に対して源泉徴収必要　120 × 20.42％ ＝ 24

〈P社　親会社（被現物分配法人）の処理〉

会計上の取扱い
土地　　　1,600　／　S社株式　　1,400 預金　　　　376　／　譲渡利益　　　600 源泉税　　　 24　／
税務上の取扱い
土地　　　1,600　／　S社株式　　1,400 預金　　　　376　／　受取配当　　　600 源泉税　　　 24　／ 適格現物分配に係る　480　／　その他流出　　600 受取配当等の益金不算入 受取配当等の益金不算入　120　／

【別表の記載例】

〈別表四〉

区分	総額	処分	
		留保	社外流出
	①	②	③
加算　受取配当	600	600	
小計	600	600	0
減算　受取配当等の益金不算入	120	※	120
適格現物分配に係る益金不算入	480	※	480
株式譲渡利益過大	600	600	
小計	1,200	600	※ 600
所得金額又は欠損金額	△600	0	※ △600

〈別表五(一)〉

区分	期首	減	増	期末
S社株式譲渡損益		600	600	0
計		600	600	0

Q44 100%グループ法人内の清算税務③ ──譲渡損益繰延後の解散

当社Ｐ社および100%子会社Ｓ社では、子会社Ｓ社の事業のうち必要な資産を親会社Ｐ社に譲渡させた上で、子会社Ｓ社の清算を予定しています。清算に向けてどのような手法が考えられるでしょうか。

A44 解説

1 親会社に対する事業譲渡と子会社の清算

事業譲渡により完全支配関係のある子会社から親会社に資産の譲渡が行われた場合において、その資産のうちに譲渡損益調整資産がある場合には、その譲渡損益調整資産については時価により譲渡されますが、子会社においては税務上、その譲渡損益は繰り延べられ子会社に留保されます。

しかし、事業譲渡後、子会社が解散し、残余財産が確定した場合には、その残余財産が確定した日の属する事業年度においてその譲渡損益が実現することになります。その上で、その譲渡損益反映後の青色欠損金が親会社に引き継がれることになります。

2 譲渡損益調整資産に係る譲渡損益の繰延べ

子会社がその子会社との間に完全支配関係がある親会社に対して譲渡損益調整資産を譲渡した場合に、その譲渡損益調整資産に係る譲渡利益額または譲渡損失額に相当する金額については、その譲渡した事業年度の所得の金額の計算上、それぞれ損金の額または益金の額に算入することにより、その譲渡損益を繰り延べることとされています（法法61の11①）。

なお、譲渡損益調整資産とは、固定資産、土地、有価証券、金銭債権および繰延資産で次に掲げるもの以外のものをいいます（法法61の11①、法令122の12①、法規27の13の2①）。

①	売買目的有価証券
②	譲受法人において売買目的有価証券とされる有価証券
③	その譲渡の直前の帳簿価額が1,000万円に満たない資産

3　繰り延べた譲渡損益の反映

　上記2により繰り延べた譲渡損益については、親会社と子会社が完全支配関係を有しないこととなった時点で、譲渡損益調整資産に係る譲渡利益額または譲渡損失額に相当する金額は、その譲渡法人のその完全支配関係を有しないこととなった日の前日の属する事業年度の所得の金額の計算上、益金の額または損金の額に算入されます（法法61の11③）。

　したがって、子会社より譲渡損益調整資産を親会社に譲渡し、譲渡損益を繰り延べた状態で、子会社が解散し、残余財産が確定した場合には、その譲渡利益額または譲渡損失額がその譲渡法人、つまり子会社の完全支配関係を有しないこととなった日の前日の属する事業年度の所得の金額の計算上、益金の額または損金の額に算入することになります。

4　適格現物分配との違い

　子会社の資産を親会社に移転させた上で子会社を清算する方法としては、上記のように事業譲渡により親会社に資産を譲渡する方法と前述のQ43の適格現物分配による方法が考えられます。それぞれの手法による流れを確認すると次ページのようになります。

　次ページのとおり、子会社の清算結了までのプロセスが異なることで、保有資産の含み損益の実現タイミングが異なることになります。子会社の清算に向けては、親会社、子会社それぞれの損益予測を加味しながら採用する手法を慎重に決定していく必要があるでしょう。

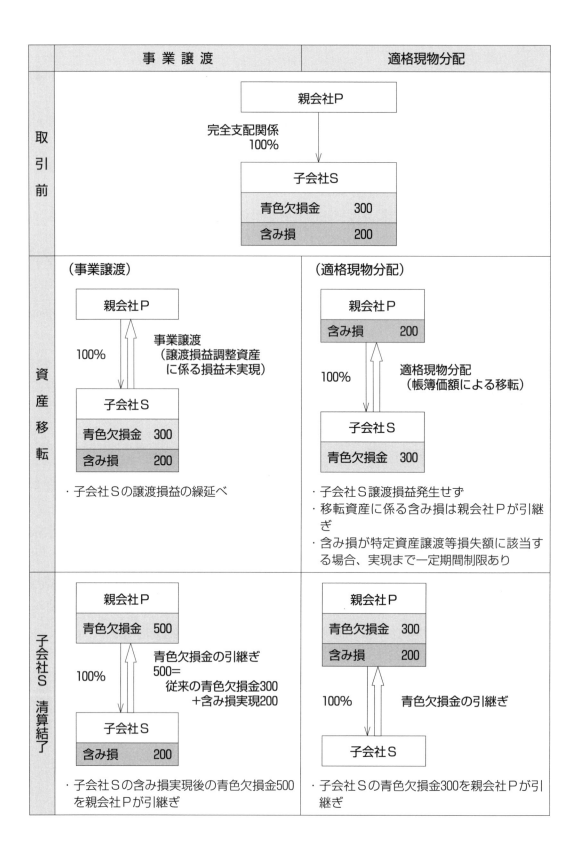

第3章 会社清算の税務

Q45 100%グループ法人内の清算税務④ ―子会社株式消滅損

当社は業績不振が続く100%子会社の清算を行いました。当社が保有していた子会社株式については、子会社株式消滅損として損金の額に算入することができるのでしょうか。

A45 解説

1 親会社における子会社株式消滅損の取扱い

従来、100%子会社の清算を行った場合、親会社が保有していたその子会社株式の帳簿価額に相当する金額については、子会社株式消滅損として親会社の所得の金額の計算上、損金の額に算入されていました。

しかしながら、平成22年度の税制改正においてグループ法人税制が創設され、100%グループ内の法人間の資産の譲渡損益を計上しなくなったことから、100%子会社の未処理欠損金額を親会社に引き継ぐことが可能となる一方で（Q42参照）、解散による残余財産の分配があった場合または残余財産の分配を受けないことが確定した場合は、親会社が保有していた子会社株式については、税務上の帳簿価額で譲渡したものとして計算し、譲渡損益（消滅損）を損金の額に算入することができなくなりました（法法61の2⑰）。

実際の会計処理においては、会計上は子会社株式消滅損として費用計上しますが、税務上は損金の額に算入することができませんので加算調整することとなり、改正前の譲渡損益に相当する額を資本金等の額から減算させることになります（法令8①二十二）。

また、この改正により、清算前に親会社において子会社株式の評価損を計上しつつ、残余財産が確定した場合には未処理欠損金を親会社に引き継ぐことが可能となったため、評価損と欠損金の二重控除の防止という観点から、平成23年度の税制改正において、100%子会社が次の①から③のいずれかに該当する場合には、親会社において子会社株式の評価損を損金の額に算入することが認められなくなりました（法法33⑤、法令68の3）。

①	清算中の内国法人
②	解散（合併による解散を除く。）をすることが見込まれる内国法人
③	内国法人でその内国法人との間に完全支配関係がある他の内国法人との間で適格合併を行うことが見込まれるもの

2 仕訳の具体例

100%子会社の清算により残余財産の分配を受けた場合の親会社の仕訳については、以下のとおりとなります。

【具体例】

子会社S ⎡ 資本金 100 ⎤　　親会社P ⎡ S社株保有割合 100% ⎤
　　　　 ⎣ 残余財産分配額 200 ⎦　　　　　　 ⎣ S社株式帳簿価額 300 ⎦

①	みなし配当の計算
	残余財産分配額　200　－　資本金等の額　100　＝　100 　　⇒100に対して源泉徴収必要　100×20.42%＝20
②	譲渡対価の額
	譲渡原価の額　　300（S社株式帳簿価額）
③	減算する資本金等の額
	（みなし配当の金額　100　＋　譲渡対価の額　300）－　交付金銭等の額　200 　＝　200
④	会計上の取扱い
	現預金　　　　　180　／　S社株式　　　　300 源泉税　　　　　 20 譲渡損失　　　　100　／
⑤	税務上の取扱い
	現預金　　　　　　　　180　／　S社株式　　　　300 源泉税　　　　　　　　 20　／　受取配当　　　　100 資本金等の額　　　　　200　／ 受取配当等の益金不算入　100　／　その他流出　　　100

228

【別表の記載例】

〈別表四〉

区分		総額	処分	
			留保	社外流出
		①	②	③
加算	受取配当	100	100	
	株式譲渡損失過大	100	100	
	小計	200	200	
減算	受取配当等の益金不算入	100	※	100
	小計	100	※	100

〈別表五（一） Ⅰ利益積立金額の計算に関する明細書〉

区分	期首	減	増	期末
資本金等の額			200	200
計			200	200

〈別表五（一） Ⅱ資本金等の額の計算に関する明細書〉

区分	期首	減	増	期末
利益積立金額		200		△200
計		200		△200

3　繰越欠損金額の引継ぎとの関係

　前述のとおり、平成22年度の税制改正により、親会社においては、100%子会社の未処理欠損金を引き継ぐことが可能となるものの、子会社株式に関する譲渡損（消滅損）を損金の額に算入することができなくなりました。

　一方、完全支配関係がない子会社については、従来どおり、子会社の清算にあたって未処理欠損金を引き継ぐことはできないものの、子会社株式に関する評価損および譲渡損を損金の額に算入することができます。

　したがって、未処理欠損金の引継制限や、他のグループ法人税制に関する規定も考

慮のうえ、親子会社間の保有割合を見直すことも考えられます。

4　適用時期

　この規定は、平成22年10月 1 日以後に解散した子会社の清算に伴う子会社株式消滅損について適用されるとともに（平22改正法附則21）、平成23年 6 月30日以後に評価換えを行う子会社株式の評価損益について適用されます（平23改正法附則12）。

Q46 会社を継続した場合の申告

解散した株式会社を継続させることができる場合があると聞きましたが、それはどのような場合ですか。また、清算中の会社が継続した場合には、税務申告上どのような点に注意すればよいのでしょうか。

A46 解説

1 清算中でも株主総会の決議で会社の継続は可能

会社を下記の理由で解散した場合、通常は清算結了に向けた作業に着手することになりますが、清算が結了するまでの期間内であれば、株主総会の特別決議によって従前の会社を継続させることもできます（会473、309②十一）。自らが被合併会社となり、他の会社と合併することで存続することも可能です（会474）。

①	定款で定めた存続期間の満了
②	定款で定めた解散事由の発生
③	株主総会の決議

また、法務大臣の所定の手続きによって解散したものとみなされた休眠会社についても、解散とみなされた後3年以内であれば、株主総会の特別決議によって会社を継続させることができます（会473カッコ書、309②十一）。

なお、清算中の会社が継続することとなった場合には、継続の日から2週間以内に、その本店所在地に会社継続の登記をする必要があります（会927）。

2 税務申告上のポイント

(1) みなし事業年度に注意

清算中の会社が清算事業年度の中途において継続または合併した場合には、解散した場合と同じく、みなし事業年度が適用されます（Q28参照）。

つまり、その事業年度開始の日から継続の日の前日までの期間および継続の日からその事業年度終了の日までの期間が事業年度とみなされ、それぞれの事業年度につい

て申告することになりますので留意する必要があります（法法14①六）。

　なお、継続の日とは、会社の継続を決議した株主総会において継続の日を定めたときはその日とし、定めていなかったときは継続の決議があった日となります（法基通1-2-4）。

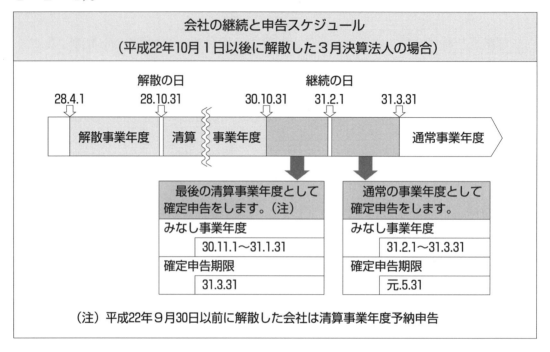

(2) 会社を継続した場合の届出書

　会社を継続した場合には、遅滞なく必要事項を記載した届出書に履歴事項証明書を添付し、所轄の税務署をはじめ地方税事務所や市区町村に届け出なければなりません。

　継続に関して届出書に記載する事項は、次のとおりです。

①	継続した旨	継続の日と登記の日
②	代表者	継続を決議した総会後の取締役会で選任された代表取締役（取締役会非設置会社においては総会で選任された取締役、代表取締役が選任された場合にはその代表取締役、あるいは取締役の互選により定めた代表取締役）
③	事業年度	継続後の事業年度 （注1）会社を継続させる場合には、会社の事業年度が清算事務年度から、定款に定める事業年度に戻ります。 （注2）定款変更決議により事業年度変更した場合は変更後の事業年度を記載します。

会社解散と第二次納税義務

清算中の株式会社であった当社は、残余財産が確定し、株主に対する分配も終えて、清算結了登記を完了していましたが、その後の税務調査により過年度の申告について更正処分を受けることとなりました。登記上、法人格が消滅しており、会社に残っている財産もないのですが、追徴される税金の納税義務はどのような取扱いになるのでしょうか。

1　会社の清算結了は実質で判定

　会社は清算結了登記によって、外形的には清算事務が終了し、形式的には法人格が消滅することになります。しかしながら、清算結了登記後であっても、清算事務が残存している場合には、なお会社は存続しているというのが従来の学説や判例の考え方となっています。そこで、税務上も納税義務が完全に履行されるまでは、実質的な清算は結了しておらず、会社は引き続き存続するものとみなされます（法基通1－1－7）。

　つまり、清算結了もしくはその登記をもって各事業年度の所得に対する納税義務が消滅するというわけではありません（国徴法基通34関係13）。

2　納税に資する財産を分配済みである場合

　したがって、ご質問のように、残余財産の分配を終えて清算結了登記が完了している会社であっても、その後の税務調査によって更正または決定処分を受けた場合には、法人税の納税義務が完全に履行されたとはいえず、会社に追徴税額を納める義務が生じるわけですが、残余財産が分配されたことによって、会社が納付できない場合、その不足分は、清算人および残余財産の分配を受けた株主が第二次納税義務を負うこととされています。

233

3　清算人等の第二次納税義務

(1)　成立要件

　次のいずれにも該当するときは、解散した会社の清算人および残余財産の分配を受けた株主はその会社の滞納国税について第二次納税義務を負います（国徴法34）。

①	会社が解散した場合であること
②	解散した会社に課されるべき国税を納付しないで、清算人が残余財産の分配をしたこと
③	解散した会社に対して滞納処分を執行してもなお徴収すべき国税の額が不足すると認められること

　ここでいう課されるべき国税とは、解散した会社が結果的に納付しなければならないすべての国税をいい、解散の時点または残余財産の分配の時点において成立していた国税に限りません（国徴法基通34関係2）。

　解散または残余財産の分配の後に成立した国税としては、その後に給与などを支給した場合の源泉所得税や各事業年度の所得にかかる法人税などがあります。

(2)　範囲と限度

　清算人は分配をした財産の価額を限度として、また残余財産の分配を受けた株主については分配を受けた財産の価額を限度として、会社の滞納国税の全額について第二次納税義務を負います（国徴法34ただし書、国徴法基通34関係7）。

　なお、第二次納税義務を負う者が2人以上いる場合には、全員が納税の義務を負いますが、そのうちの一部から滞納国税の全額を徴収できる場合にはこの限りでなく、また、いずれの者から処分を執行しても差し支えないとされています。

第二次納税義務を負う者	限　　　　度
分配をした清算人	分配をした財産の分配時の価額
残余財産の分配を受けた株主	分配を受けた財産の分配時の価額

Q48 残余財産の分配とみなし配当

解散会社が株主に対して残余財産を分配する場合、みなし配当が生じることがあるそうですが、どのような場合に発生するのでしょうか。

実際に発生した場合の計算方法や事務手続き上の留意点などがあれば、あわせて教えていただければ幸いです。

なお、解散会社と株主は完全支配関係にありません（完全支配関係がある場合はQ42参照）。

A48 解説

1 みなし配当が生じる場合

解散会社が株主に対して分配をした残余財産のうちに、資本金等の額を超える部分がある場合には、課税済留保利益の分配である「剰余金の配当」と実質的には変わらないことから、会社法上の配当ではありませんが、税務上は配当とみなして取り扱うこととされています（法法24①四）。

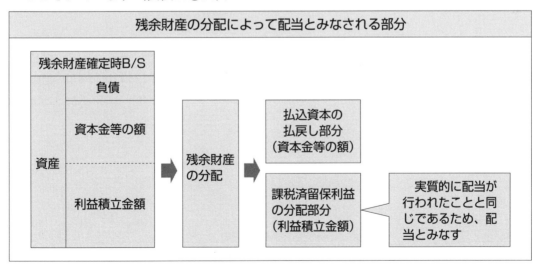

235

2　みなし配当金額の計算方法

　二以上の種類株式を発行していない場合の配当とみなされる金額は、次のような計算式で求めることができます（法法24①四、法令23①四）。

みなし配当金額の計算

みなし配当金額＝残余財産の分配額 － 解散会社の資本金等の額のうち交付の基因となった株式に対応する金額

$$\frac{\text{分配直前の払戻し等対応資本金額等（注）}}{\text{分配直前の発行済株式の総数}} \times \text{分配対象の株式の総数}$$

（注）分配直前の払戻し等対応資本金額等

＝ 分配直前の資本金等の額① × $\dfrac{\text{残余財産分配額}}{\text{分配直前期末簿価純資産額②}}$ （小数点３位未満切上げ）

分配直前の資本金等の額とは

　残余財産を分配する直前の資本金等の額をいいます。

分配直前期末簿価純資産額とは

　残余財産を分配する事業年度の前事業年度終了時の資産の帳簿価額から負債の帳簿価額を控除した金額をいいます。なお、残余財産の全部を分配する場合は、前事業年度を残余財産の確定日の属する事業年度とします。

【分数式の注意点】
　①がゼロ以下の場合は、算式をゼロとします。
　①がゼロを超え、かつ、②がゼロ以下の場合もしくは残余財産の全部の分配を行う場合には、算式を１とします。

3　具体的な計算例

次に具体的な設例を用いて、みなし配当金額を計算してみましょう。

設例

残余財産確定時の貸借対照表			
現預金	23,000	未払法人税等	3,000
		資本金	15,000
		繰越利益剰余金 （利益積立金額）	5,000

発行済株式総数　　　200株
（種類株式は発行していない）
残余財産分配額　　　20,000
（源泉所得税は考慮しない）

回答

(1) 残余財産の分配額　　　　　　20,000
(2) 分配直前の払戻し等対応資本金額等の計算
　① 分配直前の資本金等の額　　15,000
　② 分配直前期末簿価純資産額
　　　23,000 － 3,000 ＝ 20,000
　③ 分配直前の払戻し等対応資本金額等
　　　15,000 × 20,000 ／ 20,000 ＝ 15,000
(3) 解散会社の資本金等の額のうち交付の基因となった株式に対応する金額の計算
　　　15,000 ／ 200株 × 200株 ＝ 15,000
(4) みなし配当金額の計算
　　　(1) － (3) ＝ 5,000

上記について、図解すると次のとおりです。

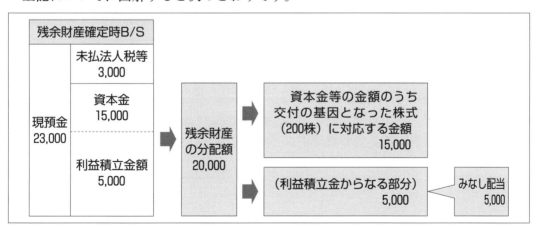

4　みなし配当が生じた場合の事務手続きの留意点

　残余財産の分配時にみなし配当が発生した場合は、株主や所轄税務署長に対して、次に掲げる(1)から(4)までの事務手続きがありますので、忘れないようにしましょう。

---

(1)　株主に対してみなし配当金額を通知する

　残余財産の分配額に含まれるみなし配当の額を株主側で把握するのは困難であることから、会社が残余財産の分配をする場合に、次の2つの情報を株主に対して通知することとされています（法令23④）。

①	金銭その他の資産の交付の基因となった事由とその事由の生じた日
②	1株当たりのみなし配当金額

　なお、清算結了した会社について、税務調査などによって未納の税金が新たに発生した場合には、清算人または残余財産の分配を受けた株主が第二次納税義務を負う可能性がありますので（Q47参照）、上記を通知する際には、分配を受けた残余財産を限度とした第二次納税義務が生じる可能性があることも、あわせて記載しておくことが望ましいでしょう。

(2)　みなし配当に係る源泉所得税を徴収する

　みなし配当については、通常の配当と同様に、支払時に20.42%の源泉所得税及び復興特別所得税を徴収する必要があります（所法181、182二）。したがって、残余財産の分配額については、源泉徴収税額控除後の金額を支払います。

(3)　源泉所得税を納付する

　みなし配当にかかる源泉所得税については、徴収した日の属する月の翌月10日までに納付しなければなりません（所法181）。

(4)　支払調書・合計表を作成する

　みなし配当の支払確定日から1か月以内に、配当とみなす金額に関する支払調書および支払調書合計表を納税地を所轄する税務署長に提出し、また、同時に株主に対して支払調書を送付する必要があります（所法225①二、②二）。

　なお、支払調書の摘要欄には、解散による残余財産の分配に伴うみなし配当である旨を記載します。

　上記の事務手続きを時系列で整理すると次のとおりです。

第3章 会社清算の税務

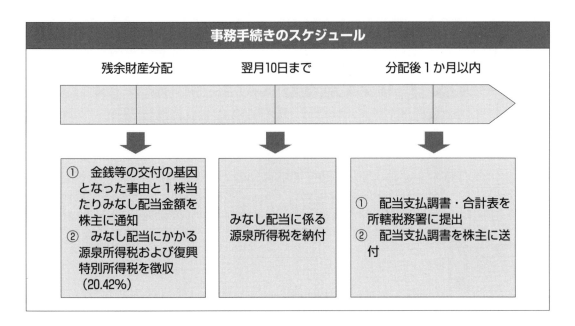

Q49 株主の税務

所有株式の発行会社（非上場会社）が解散されたことに伴い、残余財産の分配を受けたのですが、どのように処理すればよいのでしょうか。

A49 解説

1 残余財産の分配とみなし配当

株主が会社の解散によって残余財産を受け取った場合において、その分配額がその解散会社の資本金等の額のうちその交付の基因となった株式に対応する部分の金額を超えるときは、その超える部分の金額をみなし配当として認識します（法法24①四、法令23①四、所法25①四、所令61②四、措法37の10③四）。また、その分配額のうち、みなし配当以外の部分の金額については、その株式の譲渡対価として取り扱われます。

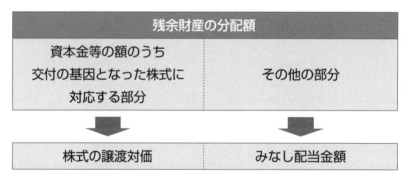

株主の立場では、みなし配当の金額を計算することは困難であることから、残余財産の分配によりみなし配当が認識される場合には、解散会社が1株当たりのみなし配当の金額を通知することとされています（法令23④）。

では、設例を用いて、残余財産の分配を受けた時の処理を確認してみましょう。

（解散会社側のみなし配当の計算についてはQ48を参照してください）

設例

Aは、所有するＸ社の株式１株について、Ｘ社の解散による残余財産の全部の分配として1,000円の交付を受けました。配当等とみなす金額に関する支払調書によると、１株当たりの資本金等の額から成る部分の金額は700円、１株当たりの配当等とみなされる金額は300円です。

AにおけるＸ社株式の帳簿価額が次のそれぞれであった場合にＡの仕訳はどうなりますか（源泉所得税は考慮しません）。

(1) Ｘ社株式の帳簿価額が500円であった場合
(2) Ｘ社株式の帳簿価額が800円であった場合

回答

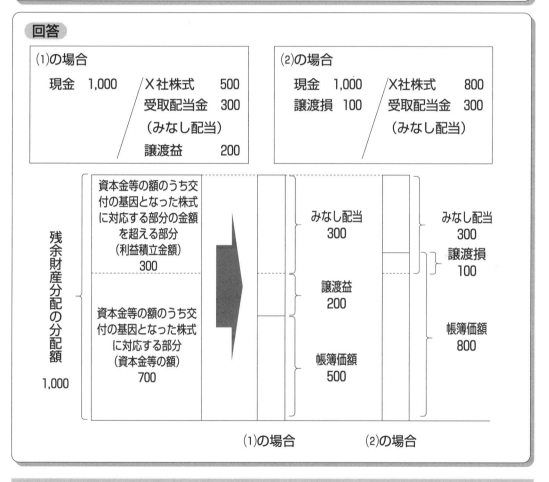

2 法人株主が残余財産の分配を受けた場合（完全親会社の場合はQ43参照）

(1) 株式の譲渡原価の計算

法人が所有する株式の発行会社の解散により、残余財産の全部の分配を受けたときは、解散会社の株式の帳簿価額が譲渡原価となりますが、残余財産の一部の分配を受けたときは、次のように計算します（法法61の2⑱、法令119の9①）。

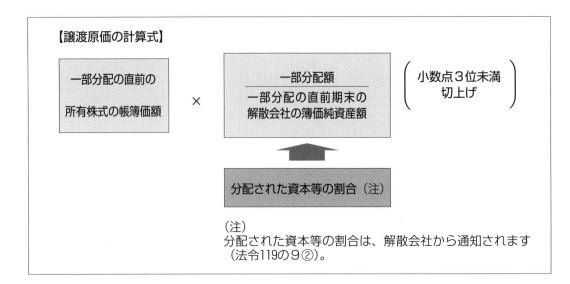

(2) 受取配当等の益金不算入

　みなし配当は受取配当等の益金不算入の規定が適用されますので、確定申告の際に受取配当金の集計から漏れないよう注意しましょう（法法23①、法法24①四）。

　なお、みなし配当には配当計算期間がなく、租税回避に利用される可能性もないために、短期所有株式に係る配当等の益金算入規定の対象から除かれています（法法23②、法令20）。

(3) 所得税額控除

　非上場会社から受け取るみなし配当には20.42％の源泉所得税および復興特別所得税が課されていますが、法人に対して課された源泉所得税および復興特別所得税については、その事業年度の法人税額から控除することができますので、忘れないようにしましょう（所法181、所法182②、法法68、復興財源確保法9、10）。

(4) 海外投資等損失準備金の取崩し（特定法人が解散した場合）

　海外で特定の開発事業を行う特定法人に対する投融資について、株式の価格低落等による損失に備えるために、海外投資等損失準備金を積み立てていた場合に、その特定法人が解散（適格合併による解散を除く）したときには、その解散の日の属する事業年度において準備金を全額取り崩し、益金の額に算入する必要がありますので、注意しましょう（措法55④四）。

3　個人株主が残余財産の分配を受けた場合

(1)　株式の取得価額の付替

　個人が解散会社から残余財産の一部分配を受けた場合には、その有する解散会社の株式1株当たりの取得価額から、次の算式により計算した金額を控除した額を解散会社の株式の評価額として、その取得価額を付け替え、かつ、その株式をその分配の日において取得したものとします（所令114①）。

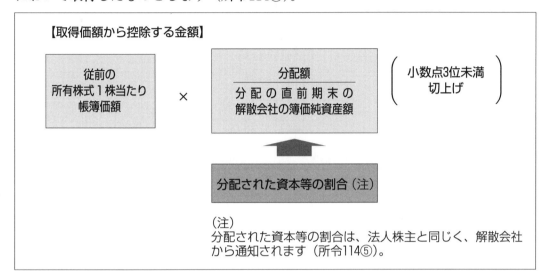

(2)　源泉徴収税額の控除

　非上場会社から受け取るみなし配当には、20.42％の源泉所得税および復興特別所得税が課されますが、個人に対して課された源泉所得税および復興特別所得税は、その年分の確定申告において所得税額から控除できますので、忘れないようにしましょう（所法181、所法182②、復興財源確保法9、10）。

(3)　配当控除の適用

　みなし配当は、通常の受取配当金と同じく、配当金額に一定の割合を乗じた額を配当控除として、その年分の所得税額から控除することができますから、確定申告の際には確認を怠らないようにしましょう（所法92）。

Q50 債権者の税務

当社が債権を有する会社が解散することになりました。回収不能見込額については債権放棄することで通常清算できるよう支援することも検討していますが、貸倒損失として計上することはできるでしょうか。

A50 解説

1 通常の商取引関係しかない一般の債権者である場合

　法人の有する売掛金や貸付金などの金銭債権が債務者の資力喪失などによって回収不能に陥った場合には、その債権の額を貸倒損失として、貸倒れがあった日の属する事業年度の損金の額に算入することができます。なお、法人税法では、恣意性を排除する観点から貸倒損失を3つの発生形態によって区分し、これらの区分ごとにその判断基準を明らかにしています。

①	法律上の貸倒れ（法基通9-6-1）
②	事実上の貸倒れ（法基通9-6-2）
③	形式上の貸倒れ（法基通9-6-3）

　また、回収不能に陥ることが確定していない場合であっても、債務者について債務超過の状態が相当期間継続していて事業に好転の見通しがないこと、災害、経済事情の急変等によって多大な損害が生じたことなどによって、金銭債権の一部の金額について取立て等の見通しがないと認められる場合は、個別評価による貸倒引当金の繰入額を損金の額に算入することもできます（法令96①二）。

　しかしながら、通常清算の場合、清算手続き中の会社は原則として実質債務超過ではなく、会社が保有する財産を売却して資金化すれば、全ての債務を弁済することができることから、一般の債権者であれば、貸倒損失や個別評価による貸倒引当金を計上できる場面は少ないのではないかと思われます。

244

第3章　会社清算の税務

2　債権者が清算する会社の親会社等である場合

　清算する会社が実質債務超過であっても、一般の債権者からの債務を優先して弁済し、同族関係者や親会社等に対する債務だけを残した後に、これらの同族関係者や親会社等から債務免除を受けて、私的整理による通常清算を選択することも実務的には多いのではないかと思います。親子会社であってもそれぞれ別個の法人であることから、仮に子会社が経営危機に瀕して解散した場合でも、法律的には親会社が子会社を支援する義務が生じるわけではありません。したがって、例えば子会社を整理するに際して、親会社が債務の引受けや債権放棄によって損失を負担した場合でも、これらを寄附金として取り扱うことが税法上の原則的な考え方となります（法法37）。

　しかしながら、一口に子会社の解散といっても、親会社としての責任を放棄することが社会的に許されないといった状況に陥ることもめずらしくありません。そこで、子会社の解散に伴い、やむを得ず債務の引受けや債権放棄をした場合においても、それが今後より大きな損失が生じることを回避するためにやむを得ず行ったものであり社会通念上も妥当なものとして認められるような事情があるときは、税務上も寄附金として取り扱わないことが、法人税法基本通達9－4－1において明らかにされています。

3　債権放棄が経済的な合理性を有しているかの判断

　法人税法基本通達9－4－1を適用するにあたっては、親会社が債権放棄をすることの経済的な合理性が求められることになりますが、その具体的な判断基準については、国税庁ホームページの質疑応答事例で公表されている「合理的な整理計画又は再建計画とは」が参考になります。

　この質疑応答事例では、次の7つの観点から経済的な合理性を有しているか否かを総合的に検討すべきとされています。

(1)　損失負担等を受ける者は、「子会社等」に該当するか

> 　「子会社等」とは、資本（親子）関係、取引関係、人的関係、資金関係等において事業関連性を有するもの（法基通9－4－1（注））をいいますので、単に資本（親子）関係がないことのみをもって「子会社等に該当しない」とするものではありません。例えば、業界の上部団体等が、業界全体の信用維持のために支援を行う場合などは、その上部団体等にとって、個々の業者は子会社等に該当すると考えられます。

245

(2) 子会社等は経営危機に陥っているか（倒産の危機にあるか）

　子会社等の整理にあたり、整理損失が生じる子会社等は、一般的に実質債務超過にあるものと考えられます。

(3) 損失負担等を行うことは相当か（支援者にとって相当な理由はあるか）

　支援者にとって損失負担等を行う相当な理由があるケースとしては、損失負担等を行い子会社等を整理することにより、今後被るであろう大きな損失を回避することができる場合、または、倒産した場合に比べ損失が軽減される場合若しくは支援者の信用が維持される場合などが考えられます。

(4) 損失負担等の額は合理的であるか（過剰支援になっていないか）

　損失負担額が合理的に算定されているか否かは、次のような点から検討することとなります。

① 　損失負担額が、子会社等を整理するための必要最低限の金額とされているか。

② 　子会社等の財務内容、営業状況の見通し等及び自己努力を加味したものとなっているか。

　子会社等を整理するための損失負担等は、子会社等の倒産を防止する等のためにやむを得ず行われるものですから、損失負担額は、必要最低限の金額でなければなりません。一般的に、支援により子会社等に課税所得が発生するようなケースは少ないと考えられます。支援金額が過剰と認められる場合には、単なる利益移転とみなされ、寄附金課税の対象となります。

　なお、支援の方法としては、無利息貸付、低利貸付、債権放棄、経費負担、資金贈与、債務引受けなどがあり、その実態に応じた方法が採用されることになるものと考えられます。

　さらに必要最低限の支援であり、子会社等はそれなりの自己努力を行っていることが通例ですから、損失負担（支援）額は、被支援者等の自己努力を加味した金額となります。この場合、どのような自己努力を行うかは、法人の経営判断ですが、一般的に遊休資産の売却、経費の節減、増減資等が考えられます。

(5) 整理・再建管理はなされているか（その後の子会社等の立ち直り状況に応じて支援額を見直すこととされているか）

　一般的に子会社等の整理は、解散後速やかに行われるため、整理計画の実施状況に関する管理については、検討を要しないものと考えられます。

　しかしながら、資産処分に時間を要するなどの理由から、整理計画が長期間にわたる場合には、整理計画の実施状況に関する管理が的確に行われるか否かを検討する必要があります。

(6) 損失負担等をする支援者の範囲は相当であるか（特定の債権者等が意図的に加わっていないなどの恣意性がないか）

　　関係者が複数いる場合に、子会社との事業関連性が強いと認められる者が支援者に加わっていないときは、どのような理由によるかを検討することになります。支援者の範囲は、事業関連性の強弱、支援規模、支援能力等の個別事情から決定されるものであり、関係者全員が支援しないから不合理であるとは必ずしもいえません。

　　なお、支援者の範囲は、当事者間の合意により決定されるものです。

　　例えば、多数の関係者がいる場合であっても、出資している者、出資はしていないが役員を派遣している者、取引（債権）金額または融資金額の多額な者等に支援者の範囲を限定することも考えられます。

　　支援者の範囲は、事業関連性、支援規模等の個別事情から関係者間で決定されるものですから、その関係者の一部が支援者となっていないとしても、必ずしも不合理な整理計画または再建計画とはいえないと考えられます。

　　例えば、親会社1社の支援にならざるを得ない場合として、次のような事情により親会社と子会社との事業関連性がより強く、他の関係者に支援を求められない場合が考えられます。

① 資本の大部分を有している

② 系列の会社で、親会社の名称等の冠を付している

③ 役員の大部分を親会社から派遣している

④ 借入れの大部分を親会社からの融資で賄っている

(7) 損失負担等の額の割合は合理的であるか（特定の債権者だけが不当に負担を重くしまたは免れていないか）

　　支援者ごとの損失負担額の配分が、出資状況、経営参加状況、融資状況等の子会社等と支援者との個々の事業関連性の強弱や支援能力からみて合理的に決定されているか否かを検討することとなります。

　　なお、損失負担割合は、当事者間で合意されるものです。

　　損失負担額の配分については、例えば、総額を融資残高であん分し負担する方式（プロラタ方式）による場合のほか、出資比率、融資残高比率及び役員派遣割合の総合比率であん分し、個々の負担能力を考慮した調整を行ったうえ決定するといった例があります。

　　損失負担割合の合理性については、一般的に支援者の出資状況、経営参加、融資状況等の事業関連性や支援体力からみて合理的に決定されているか否かを検討することとなります。

このため、合理性が認められるケースとしては、次のようなものが考えられます。例えば、

① 融資残高比率に応じた割合（プロラタ方式）による場合
② 損失負担総額を、出資状況、融資残高比率および役員派遣割合等の事業関連性を総合的に勘案し、各支援者に配分する場合
③ メインとなる支援者（出資責任、融資責任、経営責任等のある者）が、その責任に応じたできる限りの支援を行い、他の支援者については、融資残高等の事業関連性を総合的に勘案し、責任を求めるといった場合
④ 親会社としては、優先的に大部分の損失負担をし、経営責任を果たさなければ一般の取引先の同意が得られず、再建計画が成立しないため、やむを得ず損失負担をして、再建を果たそうとする場合

上記をまとめたフローチャートが国税庁ホームページで公表されています。「再建支援等事案に係る検討項目及びその概要」をご参照ください。

再建支援等事案に係る検討項目及びその概要	
検討項目及びその内容	
再　建　の　場　合	整　理　の　場　合

１．損失負担の必要性

(1). 事業関連性のある「子会社等」であるか	
資本関係、取引関係、人的関係、資金関係等の事業関連性を有するか	

↓

(2). 子会社等は経営の危機に陥っているか	
イ　債務超過等倒産の危機に瀕しているか	イ　整理損失は生じるか（実質債務超過か）
ロ　支援がなければ自力再建は不可能か	ロ　支援がなければ整理できないか

↓

(3). 支援者にとって損失負担等を行う相当の理由はあるか	
再建又は整理することにより将来のより大きな損失の負担を回避等ができるか	

２．再建計画等（支援内容）の合理性　↓

(1). 損失負担額（支援額）の合理性（要支援額は的確に算定されているか）	
イ　損失負担額（支援額）は、再建又は整理するための必要最低限の金額となっているか	
ロ　自己努力はなされているか	

↓

(2). 再建管理等の有無	
再建管理は行われるか	整理計画の管理は行われるか（長期の場合）

↓

(3). 支援者の範囲の相当性
イ　支援者の範囲は相当か
ロ　支援者以外の事業関連性を有する者が損失負担していない場合、合理的な理由はあるか

↓

(4). 負担割合の合理性
事業関連性からみて負担割合は合理的に決定されているか

↓ いずれにも該当する場合

寄　附　金　に　該　当　し　な　い

4　債権放棄を受けた会社の課税関係

　債権放棄を受けた会社は、債務免除益が計上され、債務免除を受けた日の属する事業年度の益金の額に算入されます。したがって、解散日以前に債務免除を受けた場合は、その債務免除益が繰越欠損金額の範囲内であれば、課税所得は生じません。解散日後に債務免除を受けた場合は、期限切れ欠損金の損金算入の特例によって税負担を回避できる可能性がありますので、債権放棄のタイミングについては慎重な判断が必要です。

　なお、親子会社間に完全支配関係（法人による完全支配関係に限る）がある場合で、債権放棄額が寄附金として認定されたときは、親会社である債権者においては、その債権放棄額を全額損金不算入として処理し、子会社である債務者においては、債務免除益を全額益金不算入として処理します（法法25の2①、37②）。この場合、親会社では債権放棄による損失負担額を損金算入することができませんが、債務免除益が益金不算入となることによって、子会社の繰越欠損金額が相殺されずに残れば、その子会社の繰越欠損金額を親会社に引き継がせることができます。

Q51 会社の清算と消費税

　会社が解散しますと、そこで営業活動を停止して清算事務のみを行うことになると思いますが、この清算事業年度においても消費税を納める義務はあるのでしょうか。また、納税義務があるようであれば、節税につながるアイデアなどもあるのでしょうか。

A51 解説

1　清算中の会社でも消費税の納税義務はある

　消費税は、事業者が事業として対価を得て行う資産の譲渡および貸付けならびに役務の提供に対して課税する税金です（消法4、消法2①八）。したがって、すでに営業活動を停止して清算事務のみを行っている会社であれば、反復・継続することが前提となる「事業として」には該当せず（消基通5-1-1）、消費税の納税義務はないのではないかという考え方もあるようですが、消費税法には清算会社に関する規定があり（消法45④）、納税義務があるとする考え方が採用されていることから、清算中の会社であっても基準期間における課税売上高が1,000万円を超える場合には、消費税の申告と納税の義務があるものと解されます。

　また、基準期間の課税売上高が1,000万円以下であっても、その事業年度の前事業年度開始の日から6か月間（以下、「特定期間」といいます）の課税売上高が1,000万円を超えた場合には、その課税期間は納税義務があることとされますので注意が必要です。

　なお、納税義務者の選択により、特定期間における納税義務の有無の判定は、課税売上高に代えて給与等の支払合計額が1,000万円を超えているかどうかにより判定することができます。

　この特定期間ですが、1年決算法人の場合、直前期が7か月以下のときには特定期間による判定は不要となりますので、解散事業年度が7か月以下であれば、解散事業年度の翌事業年度における納税義務の判定は、基準期間における課税売上高が1,000万円を超えているかどうかのみで判定を行います（消法9②、消法9の2④）。

さらに消費税法における中間申告の規定は、法人税法と異なり、清算中の会社においても適用されることに注意が必要です。解散によって営業活動を縮小すると、課税売上高が大幅に減少することも想定されますので、仮決算による中間申告の納税も検討しておきたいところです（消法42、43）。

2 みなし課税期間における納税義務の判定に注意

消費税の課税期間は、法人税法上のみなし事業年度の規定が準用されますが（消法19①）、清算中の会社において特に気をつけたいのは、基準期間がそのみなし事業年度に該当した場合です。

みなし事業年度は、通常、1年未満となりますから、消費税の納税義務や簡易課税制度の選択適用の可否を判定する場合には、次の図に示すように、基準期間における課税売上高を月数按分により調整計算する必要があります。

なお、令和5年10月からインボイス制度が開始されたことにより、基準期間における課税売上高が1,000万円以下であった場合でも、適格請求書発行事業者の登録を受けているときは、登録取消届出書（適格請求書発行事業者の登録の取消しを求める旨の届出書）を提出しない限り、納税義務が免除されませんので、ご注意ください。

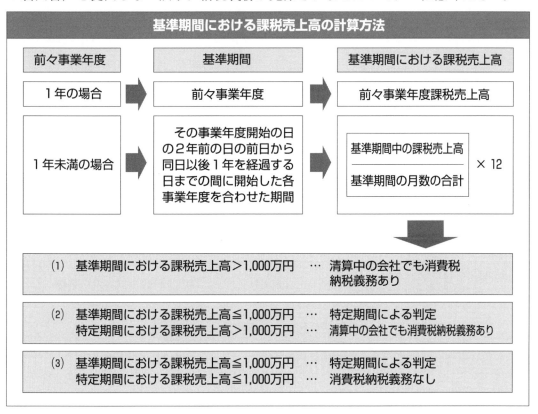

3　設例に基づく納税義務の有無確認

　次に、具体的な設例に基づいて清算中の会社の消費税の納税義務について検討してみましょう。

> 　3月決算法人であるX社は主要取引先の相次ぐ倒産に伴い、令和5年11月30日をもって解散し、翌々年4月30日に残余財産が確定することとなりました。
> 　X社の課税期間と課税売上高は次のとおりですが、この場合、清算中の事業年度における消費税の納税義務の判定はどのようになりますか。

				解散		清算結了
	R3.4.1	R4.4.1	R5.4.1	R5.11.30	R6.11.30	R7.4.30
	通常事業年度①	通常事業年度②	解散事業年度	清算事業年度	清算事業年度	
	課税期間12月	課税期間12月	課税期間8月	課税期間12月	課税期間5月	
各事業年度の課税売上高（単位：千円）						
	11,000	9,900	7,000	100	0	
特定期間の課税売上高（単位：千円）			5,000	45	0	

　X社の場合、清算中の事業年度における消費税の納税義務の判定は次のとおりとなります。

			解散		清算結了
R3.4.1	R4.4.1	R5.4.1	R5.11.30	R6.11.30	R7.4.30
通常事業年度①	通常事業年度②	解散事業年度	清算事業年度	清算事業年度	
基準期間			通常事業年度①	通常事業年度②	解散事業年度
基準期間における課税売上高			11,000	9,900	$\dfrac{7,000}{8}\times 12$ $=10,500$
基準期間における課税売上高による納税義務の有無判定			あり	なし（※）	あり

特定期間における課税売上高による判定へ →

特定期間における課税売上高	5,000
特定期間における課税売上高による納税義務の有無判定	なし（※）

（※）
適格請求書発行事業者の登録を受けている場合は免除されません。

このように、令和６年11月期の清算事業年度においては納税義務はないものの、令和７年４月期の清算事業年度において納税義務が生じることになる場合がありますので、清算期間中に資産の売却などが見込まれる場合などは、タックス・プランニングを欠かすことはできません。

4　清算期間中の消費税のタックス・プランニングあれこれ

(1)　代物弁済・競売に注意

　　清算期間中の会社で特に注意が必要なのは、代物弁済や競売などによって資産の換価手続きをする場合です。

　　これらの行為も消費税の課税の対象にはなりますが（消法２①八、消基通５－２－２）、実務上、消費税相当額を債権者から受領できないことが一般的でしょうから、消費税の納税資金を別途確保する必要があるというわけです。

(2)　清算結了時期を延長する

　　清算結了の時期を延長できる場合には、清算期間中の収入が僅少になると考えられるため、基準期間における課税売上高が1,000万円以下になる課税期間まではあえて清算結了をせず、免税事業者になった時点で資産の換価手続きをすれば、消費税の課税を免れることができます。なお、納税義務の免除を受けたい場合には、適格請求書発行事業者の登録取消届出書の提出を忘れないようにしましょう。

(3)　簡易課税制度を選択する

　　会社が解散した場合には、清算期間中においては新たに商品を仕入れることが少なくなる上、在庫商品の販売や会社資産の売却などが計上されることになるため、通常の営業活動を営む事業年度においては本則課税が有利となる場合であっても、清算期間においては簡易課税制度を選択した方が有利になる場合があります。

　　例えば、次のような事例を考えてみましょう。

建物売却　　330,000

本則課税	簡易課税
①　課税標準額に対する消費税額 　　　　　　　　　　　　　　30,000	①　課税標準額に対する消費税額 　　　　　　　　　　　　　　30,000
②　控除対象仕入税額 　　　　　　　　　　　　　　　　0	②　控除対象仕入税額 30,000×60%（第４種事業）＝18,000
③　納付消費税額 　　　　　30,000－0＝30,000	③　納付消費税額 　　　　30,000－18,000＝12,000

253

また、次のケースのように、建物と土地を一括で譲渡したため課税売上割合が低くなる場合にも、簡易課税制度を選択した方が有利になる場合があります。

建物売却330,000、土地売却1,200,000、課税仕入550,000、課税売上割合20%

本則課税	簡易課税
① 課税標準額に対する消費税額　　　　　　　　30,000	① 課税標準額に対する消費税額　　　　　　　　30,000
② 控除対象仕入税額（一括比例配分方式）50,000×20%（課税売上割合）＝10,000	② 控除対象仕入税額30,000×60%（第４種事業）＝18,000
③ 納付消費税額　　　30,000－10,000＝20,000	③ 納付消費税額　　　30,000－18,000＝12,000

なお、このケースでは、たまたま土地の譲渡があった場合の課税売上割合に準ずる割合の適用が想定されますが、国税庁の質疑応答事例によれば、土地の譲渡が単発のものであり、かつ、当該土地の譲渡がなかったとした場合には、事業の実態に変動がないと認められる場合に限ることとされているため、清算法人のような事業の継続を前提としないケースには適用できないと解されます。

(4) 本則課税制度を選択する

一方、清算手続きの受け皿会社として、同族会社に対して保有資産を譲渡する場合には、同族会社側において本則課税を選択することにより、譲受先の会社で消費税の還付を受けることができる場合もあります。

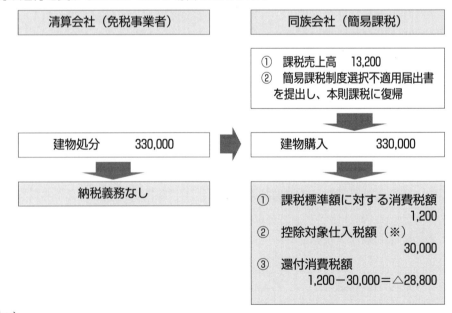

（※）
令和５年10月からインボイス制度が開始されたことにより、免税事業者から行った課税仕入れについては、原則として仕入税額控除の適用を受けることができません。

> ただし、制度開始後６年間は、免税事業者からの課税仕入れについても、仕入税額相当額の一定割合を仕入税額控除できる経過措置が設けられています。
> ・令和５年10月１日から令和８年９月30日まで　80％控除可能　30,000×80％＝24,000
> 　∴　還付消費税額　1,200-24,000円＝△22,800
> ・令和８年10月１日から令和11年９月30日まで　50％控除可能　30,000×50％＝15,000
> 　∴　還付消費税額　1,200-15,000円＝△13,800
> ・令和11年10月1日以降　控除不可

5　届出書の提出

　納税義務がなくなった場合には、課税事業者でなくなった旨の届出書、消費税異動届出書、清算結了した場合には事業廃止届出書の提出がそれぞれ必要になります（消法57①三）。

　また、事業を廃止したと認められる場合は、適格請求書発行事業者の登録を取り消されますが（消法57の２⑥）、それまでに納税義務の免除を受けたい場合は、登録取消届出書を提出しなければなりません。この場合、登録取消届出書の提出があった日の属する課税期間の翌課税期間の初日に登録の効力が失われることになります（消法57の２⑩一）。

　ただし、登録取消届出書を、翌課税期間の初日から起算して15日前の日を過ぎて提出した場合は、翌々課税期間の初日に効力が失われることになりますので、ご留意ください（消令70の５③）。

Q52 会社の清算と地方税

当社は、京都市に本社を置き、札幌市に支店を展開する卸売業者ですが、主要取引先の倒産の煽りを受けて業績が悪化し、今後の展開もままならないことから臨時株主総会の決議により会社を解散することにしました。

今後、清算手続きを進めていく予定ですが、清算期間中の地方税の申告について、注意するべきポイントがあれば教えてください。

A52 解説

1 申告義務については法人税法の取扱いに準ずる

会社を解散した後の地方税の申告義務については、通常の事業年度と同様に、法人税法の申告義務に準じた取扱いになっています。したがって、法人税法の規定により清算期間中に申告書を提出する義務がある場合には、法人税の申告書の提出期限までに、都道府県民税・市町村民税（以下「法人住民税」という）および法人事業税についても、事務所等の所在地である都道府県や市町村に申告・納付する必要があります（地法53①、72の29①③、321の8①）。

2 法人住民税を申告する場合の注意点

(1) 法人税割の税率と申告

法人住民税の法人税割を計算する場合の税率については、従来は解散日における税率を適用することとされていましたが、改正により各事業年度の末日現在における税率を適用することになり、各事業年度中において有していた事務所等の所在地である都道府県や市町村に申告・納付します（地法51、53①、57、314の4、321の8①、321の13）。

申告区分	課税標準	税率
解散事業年度申告	左記申告による法人税額	各事業年度の末日現在における税率
各清算事業年度の申告		
清算確定申告		

⑵　均等割の税率と月数按分

　法人住民税の均等割については、清算期間中の各事業年度末日における資本金等の額や従業者数により税額を計算し（地法52、312）、清算期間中に現存する事務所等の所在地である都道府県や市町村に限って納付します（県取扱通知2 −52、市取扱通知2 −55）。

　つまり、支店などの事務所等を廃止した場合には、その廃止後の均等割は課税されませんので、清算事業年度の中途に事業所を廃止したときは、月数按分によって計算することを失念しないようにしましょう。

　なお、この場合の月数は、暦にしたがって計算し、事務所等が所在していた期間の1月未満の端数は切り捨てますが、その所在していた期間が1月未満の場合は1月となります（地法52③、312④）。

$$均等割税額 \times \frac{算定期間中に事務所等を有していた月数}{12月}（百円未満切捨て）$$

申告区分	税額の判定
解散事業年度申告	解散の日現在の資本金等の額・従業者数
各清算事業年度の申告	各清算事業年度末日現在の資本金等の額・従業者数
清算確定申告	清算確定事業年度末日現在の資本金等の額・従業者数

3　法人事業税を申告する場合の注意点

　清算期間中における法人事業税は、清算所得課税が廃止されたことにより、清算期間中の法人税の申告による所得金額に準じて課税標準である所得金額を計算します（地法72の12、72の23、72の29）。なお、特別清算手続開始命令、破産手続開始命令があった場合には、期限切れ欠損金の損金算入が認められます。また、残余財産がないと見込まれる場合には、法人税の取扱いに準じて、その清算中に終了する事業年度前の各事業年度において生じた欠損金額で一定の金額は、その適用年度の所得の金額の計算上、損金の額に算入することとされました。

　税率は、法人住民税と同じく各事業年度の末日現在の税率を使用することに改正されました（地法72の24の8）。また、令和元年10月1日以後に開始する事業年度の申告については、法人事業税の申告とともに特別法人事業税の申告が必要になります。

申告区分	課税標準	税率
解散事業年度申告		
各清算事業年度の申告	各事業年度の所得金額	各事業年度の末日現在における税率
清算確定申告		

（注）外形標準課税については、Q53を参照してください。

4　分割基準を用いて課税標準を按分する場合の注意点

　二以上の都道府県や市町村に事務所等を有する場合の法人住民税の法人税割については、解散事業年度申告、清算中の各事業年度の申告および清算確定申告の各事業年度の末日現在におけるそれぞれの事務所等の従業者数で按分した課税標準により計算を行います（地法57②、321の13②）。

　また、法人事業税の所得割についても法人住民税と同様に、各事業年度の末日現在におけるそれぞれの従業者数や事務所等の数で按分計算を行います（地法72の48①③④）。

5　届出書の提出

　会社が解散した場合や残余財産が確定した場合には、法人税と同様に、事業所等の所在地である都道府県や市町村に速やかにその旨を記載した届出書を提出しなければなりません。

申告区分	提出すべき届出書	注意事項
解散事業年度申告	解散した旨の異動届出書	解散登記された履歴事項証明を添付
各清算事業年度の申告	不　要	支店を廃止等した場合には届出
清算確定申告	清算結了した旨の異動届出書	清算結了登記された履歴事項証明を添付

6　まとめ

　会社解散後の地方税の申告について、注意すべきポイントをまとめてみましたので、参考にしてください。

第3章　会社清算の税務

地方税種類	申告区分	解散事業年度申告	各清算事業年度の申告（残余財産未確定）	清算事業年度の申告（残余財産確定）
法人住民税	法人税割	○	○	○
	均等割	○	○	○
法人事業税	所得割	○	○	○
	付加価値割	○	○	−
	資本割	○	−	−
申告期限（法人税申告と同様）		解散の日から2月（期限延長あり）	清算事業年度終了の日から2月	残余財産確定日から1月または最後の分配の日の前日のいずれか早い日
分割基準		各事業年度の末日現在における数値を用いる		

（注）−印は、課税されないことを示しています。

Q53 外形標準課税の適用がある場合

　昨今の不況の煽りを受けて、業績の回復の兆しが見えない当社は、臨時株主総会の決議により解散することになりました。

　資本金2億円である当社は、法人事業税について、外形標準課税の適用を受けていましたが、清算事業年度中においても従来どおりの申告が必要なのでしょうか。

A53 解説

1　外形標準課税の概要

　外形標準課税とは、資本金が1億円超である会社（公益法人等を除く）を対象として、平成16年4月1日以後に開始する事業年度から適用されることになった法人事業税の新たな計算の仕組みで、導入前の平均税収の4分の1を付加価値割や資本割という外形的な基準で課税することにしたことが特徴です。

　なお、平成27年度の税制改正では、法人事業税の所得割の税率が引き下げられるとともに、法人事業税の4分の1に導入されている外形標準課税（付加価値割、資本割）について、平成27年4月1日以後に開始する事業年度から、2年間で2分の1に拡大することとなりました。

　資本金の額が1億円超であるか否かの判定は、各事業年度終了の日の現況によりますが、清算中の法人については、解散の日の現況で判定されるため（地法72の2②）、ご質問のように、解散の日において資本金が2億円であった当社は、清算事業年度中においても、外形標準課税が適用されます。

　清算中における課税標準は、その清算中の各事業年度の付加価値額、資本金等の額、および所得と規定されていますが、清算事業年度中における資本割および付加価値割の申告については、通常の事業年度と異なる取り扱いがありますので、注意が必要です（地法72の12）。

　また、平成27年度改正では、平成27年4月1日以後に開始する事業年度における資本割の課税標準について、資本金等の額（無償増資、無償減資等による欠損塡補を調整後の金額）が資本金と資本準備金の合算額に満たない場合には、その合算額を資本

260

割の課税標準とすることになりましたので、自己株式を保有している場合等の取扱いには注意が必要です（地法72の21②）。

2 清算事業年度中に申告する場合の注意点

外形標準課税の対象となる会社は、付加価値割、資本割および所得割の合計額によって法人事業税が計算されますが、清算事業年度中に申告する場合には、通常の事業年度と異なる取扱いがありますので、注意が必要です。

(1) 単年度損益の計算

付加価値割のうち単年度損益については、原則として、法人税の課税標準である所得計算の例に準拠して算定しますが、青色欠損金の繰越控除（法法57）や災害損失金の繰越控除（法法58）などの規定は適用されず（地法72の18）、単年度損益は繰越欠損金を控除する前の金額となります。ただし、特別清算手続開始命令や破産手続開始命令などがあった場合に認められるいわゆる期限切れ欠損金の損金算入規定（法法59）については、適用することができます。この場合、単年度損益には、青色欠損金の繰越控除の適用がないため、法人税における期限切れ欠損金の損金算入の計算と異なる点に注意してください。

期限切れ欠損金の損金算入			
法人税		単年度損益	
①から③のいずれか少ない金額		①から③のいずれか少ない金額	
①	前事業年度から繰り越された欠損金額－青色欠損金・災害損失金の繰越控除額	①	前事業年度から繰り越された欠損金額
②	私財提供等・債務免除益の額の合計額	②	私財提供等・債務免除益の額の合計額
③	規定適用前の所得金額（青色欠損金・災害損失金の繰越控除後）	③	規定適用前の所得金額（青色欠損金・災害損失金の繰越控除前）

(2) 資本割の計算

資本割の課税標準とされる資本金等の額は、各事業年度終了の日における法人税法上の資本金等の額ですが、清算中の会社は資本金等の額がないものとみなされますので（地法72の21①ただし書）、各清算事業年度の申告、清算確定申告においては、資本割は課税されません（地法72の29①③、県取扱通知6−15）。

なお、当社のように解散日における資本金の額が1億円超である場合、解散事業年度においては資本割の課税がありますが、解散事業年度が1年に満たない場合には、課税標準である資本金等の金額を月数按分して計算する必要があります（地法72の21③）。

261

⑶　付加価値割の申告

　　清算確定申告においては、付加価値割の申告は要しません（地法72の29③、県取扱通知6-15）。

3　まとめ

外形標準課税の計算方法と注意点をまとめてみましたので、参考にしてください。

会社を解散した場合の外形標準課税の計算					
			各事業年度申告	解散事業年度申告	各清算事業年度の申告（残余財産未確定）	清算事業年度の申告（残余財産確定）
適用判定（資本金1億円超）			各事業年度末日の資本金	解散日の資本金		
付加価値割	課税標準	収益配分額	報酬給与額	報酬、給与、賃金、賞与、退職手当その他これらの性質を有するものの合計額		−
			純支払利子	支払利子合計額−受取利子合計額		−
			純支払賃借料	支払賃借料合計額−受取賃借料合計額		−
		単年度損益		益金の額−損金の額 (注) 青色欠損金の繰越控除（法法57）適用なし	特別清算、破産の場合期限切れ欠損金の損金算入（法法59）適用あり (注) 青色欠損金の繰越控除（法法57）適用なし	−
	税率			各事業年度末日の税率	各事業年度末日の税率	−
資本割	課税標準（注）（資本金等の額）			各事業年度末日の資本金等の額	解散日の資本金等の額	−
	税率			各事業年度末日の税率	解散日の税率	−

	課税標準	益金の額－損金の額 (注) 青色欠損金の繰越控除（法法57）適用あり	益金の額－損金の額 (注) 特別清算、破産の場合期限切れ欠損金の損金算入（法法59）適用あり (注) 青色欠損金の繰越控除（法法57）適用あり (注) 清算事業年度中は、期限切れ欠損金の損金算入（法法59③）適用あり
所得割	税率	各事業年度末日の税率	各事業年度末日の税率

（注）一定の持株会社・資本金等の額が1,000億円を超える法人等については、特例があります。

Q54 医療法人の解散事由と解散時の届出

医療法人の解散について、その事由により都道府県知事の認可が必要な場合があると聞きました。解散事由と認可について教えてください。また、解散時の都道府県への届出について具体的な手順を教えてください。

A54 解説

1 医療法人の解散事由について

医療法人は、医療法第39条に定められた診療施設を開設する法人をいい、その解散事由についても医療法上、次のように定められています（医療法55）。

(1) 社団たる医療法人の場合	
①	定款をもって定めた解散事由の発生
②	目的たる業務の成功の不能
③	社員総会の決議
④	他の医療法人との合併
⑤	社員の欠亡
⑥	破産手続開始の決定
⑦	設立認可の取消し
(2) 財団たる医療法人の場合	
①	寄附行為をもって定めた解散事由の発生
②	目的たる業務の成功の不能
③	他の医療法人との合併
④	破産手続開始の決定
⑤	設立認可の取消し

2 解散事由と認可

医療法人は医療法に基づいて都道府県知事の認可を受けて設立されるものであり、事業を継続している間は都道府県知事に事業報告書等を提出することを義務づけられ

ています。そして、解散する場合も、その事由が「目的たる業務の成功の不能」と「社員総会の決議」については都道府県知事の認可が必要となります。

ここでいう、目的たる業務の成功の不能とは、管理者の健康状態や事業承継者の不在、さらには環境の変化や病院の収支状況などによる病院事業継続の困難を意味しますが、認可について特に基準が定められているわけではありません。また、社員総会の決議については、医療法第55条第2項の規定により総社員の4分の3以上の決議をもって解散します。

なお、「定款または寄附行為をもって定めた解散事由の発生」と「社員の欠亡」の場合には、都道府県知事に届け出ることとされています。

これら一連の手続きをまとめてみますと次のとおりです。

解 散 事 由			都道府県知事へ認可・届出	
			認可	届出
社団たる医療法人	①	定款をもって定めた解散事由の発生	－	○
	②	目的たる業務の成功の不能	○	－
	③	社員総会の決議	○	－
	④	他の医療法人との合併	－	－
	⑤	社員の欠亡	－	○
	⑥	破産手続開始の決定	－	－
	⑦	設立認可の取消し	－	－
財団たる医療法人	①	寄附行為をもって定めた解散事由の発生	－	○
	②	目的たる業務の成功の不能	○	－
	③	他の医療法人との合併	－	－
	④	破産手続開始の決定	－	－
	⑤	設立認可の取消し	－	－

3 解散事由による解散届出について

上記のとおり、医療法人の解散については都道府県への届出が必要とされる場合があります。この届出に関しては、その解散事由によって様式や添付資料が異なりますし、都道府県によっても対応に差異がありますので、所在地の都道府県所管部門への確認が必要です。

4　解散のスケジュール

　解散事由が「目的たる業務の成功の不能」や「社員総会の決議」である場合のスケジュールは次のとおりとなります。

　なお、表中のカッコ内の番号は、次の5で当該書類についての解説を行っていることを示しています。

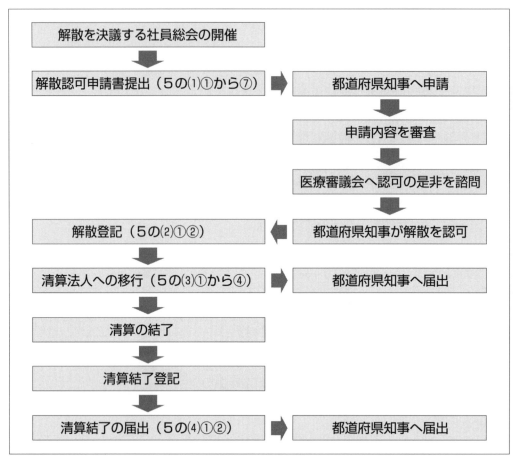

　また、定款または寄附行為に定めた解散事由が発生した場合や社員が欠けた場合のスケジュールは次のとおりです。

第3章　会社清算の税務

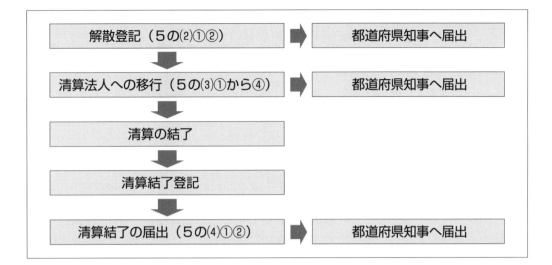

5　解散の届出書類

医療法人の解散にあたって必要となる書類をまとめますと次のとおりです。

(1)　解散認可申請時の届出

「目的たる業務の成功の不能」や「社員総会の決議」による解散の場合は都道府県知事に解散の認可を申請する必要があります。解散認可の申請時には、次のような書類の届出が必要です。また、この場合、都道府県での審査を経て、医療審議会で解散の是非が諮問されます（医療法55⑥）。

① 医療法人解散認可申請書
② 解散の理由書
③ 社員総会議事録
④ 財産目録及び貸借対照表
⑤ 残余財産の処分計画書
⑥ 登記事項証明書（現在事項証明書）
⑦ その他参考資料（不動産登記事項証明書・不動産評価証明書・遺産分割協議書写・出資金譲渡証書写など）

(2)　解散登記完了時の届出

解散手続きが完了した医療法人は、2週間以内に解散の登記をしなければなりません。登記終了後は、都道府県知事に対して解散登記完了の届出が必要となります（医療法55⑧）。

① 医療法人解散登記完了届
② 登記事項証明書（現在事項証明書）

(3) 清算人就任時の届出

医療法人は、清算人の就任についても、2週間以内に登記を完了させ、都道府県知事へ届け出なければなりません（医療法43）。

① 清算人の就任登記届

② 登記事項証明書（現在事項証明書）

③ 清算人の履歴書

④ 清算人の就任承諾書

(4) 清算結了時の届出

清算手続きが完了した医療法人は、2週間以内に清算結了の登記をしなければなりません。また、登記終了後は清算結了の届出が必要となります（医療法43）。

① 医療法人清算結了届

② 登記事項証明書（閉鎖事項証明書）

この他、都道府県によっては、定款、社員名簿等の提出が求められる場合がありますので、必要書類については事前に所管する都道府県に問い合わせてください。医療審議会の開催時期も都道府県によって異なりますので注意が必要です。

以下に具体的な記載例を掲げますが、いずれも京都府の場合を想定したものですので、実際の適用にあたっては所管する都道府県の担当課等へ事前に照会をしていただくことをお勧めします。

令和×年×月×日

京都府知事　殿

京都市中京区三本木町385番地

医療法人　こだま会

理事長　こだま太郎　㊞

医療法人解散認可申請書

　標記について、医療法第55条第1項第2号（第3号）により解散したいので、同法施行規則第34条の規定に基づき申請します。

〔添付書類〕

1	解散理由書	1通
2	社員総会の議事録	1通
3	財産目録及び貸借対照表	1通
4	残余財産の処分計画書	1通
5	登記事項証明書（現在事項証明書）	1通
6	その他参考書類	
	・不動産登記事項証明書（注1）	1通
	・不動産評価証明書（注1）	1通
	・遺産分割協議書写（注2）	1通
	・出資金譲渡証書写（注3）	1通

（注1）　解散により医療法人に処分すべき不動産がある場合に添付

（注2）　社員死亡による解散の場合、持分の分割があるときに添付

（注3）　解散により出資持分を譲渡した場合に添付

解散理由書

1. 医療法人　こだま会（以下、当法人という）は、平成×年×月×日に定款所定の目的をもって設立され、こだま歯科医院を開設し、主として地域社会、またはその周辺において、一般歯科を中心に常勤歯科医師と共に診療活動を行ってきたものである。

2. 平成×年×月より当法人の理事長職を前理事長より引き継ぎ、診療活動は、理事長であり、かつ病院管理者である歯科医師　こだま太郎　を中心に行ってきた。

3. しかしながら、近隣の人口の減少、老齢化による医療環境の変化等によって年々収入の減少傾向が続いていたため、当法人では、役員報酬、人件費、諸経費の削減に注力してきたが、財務内容も悪化しつつあり、現在の社会的状況下においては、改善に向けた展望が開けないのが実情である。

4. また、歯科医師　こだま太郎　も、高齢で高血圧、糖尿病、腰痛など健康状態が思わしくなく、休診が多くなり、診療にも影響を及ぼしてきている。

5. さらには、後継者として考えていた歯科医師資格を有する息子が2人いるが、1人は海外に研究目的で留学中であり、当分の間、帰国の予定がない。また、1人は出身歯科大学の附属病院に勤務しており、当歯科医院を継ぐ予定がない。

　　こうしたことから、設立当初の目的理念を、もはや遂行することは不可能となった。

6. 以上の状況に鑑み、理事長である歯科医師　こだま太郎　は種々、苦慮した結果、新たに個人事業　こだま歯科診療所　として再発足することを令和×年×月×日開催の医療法人臨時社員総会に諮ったところ、当法人の解散が決議された。

臨時社員総会議事録

1. 日　　　時　　　令和×年×月×日　午前10時30分
2. 場　　　所　　　当法人事務所
3. 社員総数　　　３名
4. 出席社員数　　　３名
5. 議事経過の要領およびその結果

　定刻、理事長　こだま太郎　は議長席につき、本日の総会が適法に成立した旨を述べ開会を宣し、議事にはいった。

第１号議案　当法人解散の件

　　議長は、最近の営業状況を詳細に説明し、当法人を解散せざるを得なくなった事情を述べたうえ、法人解散の可否について諮ったところ、全員異議なく賛成し、本日をもって解散することを可決確定した。

第２号議案　清算人選任の件

　　議長は、清算人の選任をいかにすべきかにつき議場に諮ったところ、社員から、清算人を選任することとし、選任方法は議長の指名に一任することにしてはどうかとの発言があり、全員これに賛成した。

　　よって、議長は定款の定めにより自らを清算人に指名し、その賛否を諮ったところ、全員異議なく賛成した。なお、被選任者は、もちろん就任を承諾している。

第３号議案　当法人解散に伴う残余財産の処分について

　　議長は、当法人の定款×条において、当法人が解散したとき、残余財産は払込済出資額に応じて分配すると定められているが、今後は個人事業として診療を続けていきたい意向を述べ、診療施設、医療機械、銀行債務等を取得し、他の社員に対しては、金銭をもって分配する旨を述べ、可否につき諮ったところ、全員異議なく賛成し、具体的な残余財産の処分については清算人に一任する旨を決した。

第４号議案　議事録署名人選任の件

　　議長は、本会の議事録署名人選任を議場に諮ったところ全員一致をもって、こだま一郎　を議事録署名人に選任した。

　以上をもって、議長は本日の議事を終了した旨を述べ、午前11時00分閉会した。

　上記の決議を明確にするため本議事録を作成し、議長および議事録署名人はここに記名押印する。

　　　　　令和×年×月×日

　　　医療法人　こだま会　臨時社員総会
　　　　　　議長兼理事長　　　こだま 太 郎　㊞
　　　　　　議事録署名人　　　こだま 一 郎　㊞

令和×年×月×日

京都府知事　殿

京都市中京区三本木町385番地
医療法人　こだま会
清算人　こだま太郎　㊞

医療法人解散登記完了届

　令和×年×月×日付け京都府指令××医第××号で認可を受けた医療法人こだま会の解散登記を令和×年×月×日に完了したので、医療法施行令第5条の12の規定により届け出ます。

　〔添付書類〕
　　登記事項証明書（現在事項証明書）

令和×年×月×日

京都府知事　殿

京都市中京区三本木町385番地
医療法人　こだま会
清算人　こだま太郎　㊞

清算人の就任登記届

　下記のとおり、医療法人　こだま会　の清算人の就任登記を令和×年×月×日に完了したので、医療法施行令第5条の12の規定により届け出ます。
記
　1．清算人の住所　　京都市中京区三本木町385番地
　　　　　　氏名　　こだま　太郎
　2．清算人と法人の関係（当該清算人を選出した理由）
　　　　　　理事長（定款の定めによる）
　3．法人の解散理由
　　　　　　経営不振及び後継者の不在
　〔添付書類〕
　　1．登記事項証明書（現在事項証明書）
　　2．清算人の履歴書
　　3．清算人の就任承諾書（社員総会議事録を援用する）
　　4．清算人の印鑑登録証明書

令和×年×月×日

京都府知事　殿

京都市中京区三本木町385番地
医療法人　こだま会
清算人　こだま太郎　㊞

医療法人清算結了届

令和×年×月×日に別紙のとおり清算を結了したので、医療法施行令第５条の12の規定により届け出ます。

記

1．解散時の資産総額　　　×××××円

2．解散及び清算諸費
　(1)　解散事務費　　　　×××××円
　(2)　借入金の返済　　　×××××円
　(3)　未払金の清算　　　×××××円
　(4)　その他

3．残余財産の処分
　払込済出資額に応じて下記のとおり金銭にて分配
　　こだま　太　郎　　　×××××円
　　こだま　一　郎　　　×××××円
　　こだま　次　郎　　　×××××円
　　こだま　三　郎　　　×××××円
　　こだま　花　子　　　×××××円

〔添付書類〕
登記事項証明書（閉鎖事項証明書）

Q55 平成19年３月31日以前に設立した医療法人の解散

平成19年３月31日以前に設立した医療法人です。今回、解散することになりましたが、この場合の残余財産の帰属について教えてください。

A55 解説

1　平成19年３月31日以前に設立された医療法人の概要と種類

　平成19年４月１日に施行された第５次医療法の改正に伴って、医療法人はその非営利性が徹底されることとなりました。

　これにより法施行後設立できる社団医療法人は、持分の定めのない（財産権のない）医療法人のみとなり、従来型の持分の定めのある医療法人は経過措置型医療法人と呼ばれ、当分の間、その存続は認められますが、新たな設立は認められなくなりました。

　第５次医療法の改正が医療法人の解散に関して与える影響としては、その施行日前後における医療法人の種類の変化とそれに伴う残余財産の帰属の変化といえます。

　ここで、平成19年３月31日以前に設立された医療法人の種類とその残余財産の帰属についてまとめますと次のとおりです。

	医療法人の種類	残余財産の帰属
①	財団医療法人 （経過措置型財団法人）	国もしくは地方公共団体等
②	持分の定めのある社団医療法人 （経過措置型社団医療法人）	定款により出資者に分配
③	持分の定めのない社団医療法人	社員総会の決議により決定

第3章　会社清算の税務

2　財団医療法人（経過措置型財団法人）の解散による残余財産の帰属

　平成19年3月31日以前に設立された財団医療法人については、経過措置型財団法人として、旧医療法の適用により残余財産の帰属は寄附行為に委ねられます。

　ただし、財団医療法人には出資の概念はなく、もともと個人または法人が財産を寄附することで設立された医療法人であり、寄附者に財産権はないため、残余財産が寄附者に戻るという考え方はありません。医療法改正以前のモデル寄附行為によっても、「本財団が解散した場合の残余財産は、理事会および評議員会の決議を経、かつ、都道府県知事の認可を得て処分するものとする」とされており、都道府県知事の認可が必要と謳われています。この場合、認可を受けることが可能な帰属先となると必然的に「国もしくは地方公共団体または他の医療法人等」となると考えられます。

3　持分の定めのある社団医療法人（経過措置型社団法人）の解散による残余財産の帰属

　平成19年3月31日以前に設立された社団医療法人については、経過措置型社団医療法人として、旧医療法の適用により、財団医療法人同様その残余財産の帰属は定款に委ねられています。ただし、持分の定めのある社団医療法人は、定款の内容により(1)出資額限度法人と(2)出資額限度法人以外の法人に分けられ、これにより残余財産の帰属は次のようになります。

(1)　出資額限度法人

　　出資額限度法人のモデル定款では「本社団が解散した場合の残余財産は、払込済出資額を限度として分配するものとし、当該払込済出資額を控除してなお残余があるときは、社員総会の議決により、都道府県知事の認可を得て、国もしくは地方公共団体または特定医療法人もしくは特別医療法人に当該残余の額を帰属させるものとする」となっていますので、定款の定めに従って、払込済出資額を分配した後、その残額は最終的には国もしくは地方公共団体等に帰属することになります。

(2)　出資額限度法人以外の法人

　　出資額限度法人以外の法人のモデル定款では「本社団が解散した場合の残余財産は、払込出資額に応じ分配するものとする」となっていますので、清算後の残余財産は出資者がその出資額に応じて払戻しを受けることになります。この出資者への残余財産の分配が行われる出資額限度法人以外の法人については、普通法人と同様に清算所得に対する課税が行われます。

　なお、この経過措置は当分の間認められることとなっており、現状では、期限は明確にはされていません。

275

4 持分の定めのない社団医療法人の解散による残余財産の帰属

　持分の定めのない、いわゆる財産権のない社団医療法人については、旧医療法に基づき定款の定めに委ねられますが、この場合、国もしくは地方公共団体または他の医療法人等以外の帰属者が定められているケースはほとんどなく、特に定めがない場合は社員総会の決議を経て、都道府県知事の認可を受けることになります。そして、最終的に財団医療法人同様、認可可能な帰属先は国もしくは地方公共団体または他の医療法人等になると考えられます（旧医療法56①②④）。

第3章　会社清算の税務

Q56 平成19年4月1日以後に設立した医療法人の解散

　平成19年4月1日以後に設立した医療法人です。今回、解散することになりましたが、平成19年4月1日以後に設立した医療法人については、それ以前に設立した医療法人と残余財産の帰属が変わったと聞いています。どのように変わったのでしょうか。

A56 解説

1　平成19年4月1日施行の第5次改正医療法のポイント

　平成19年4月1日から施行されている第5次改正医療法での「残余財産の帰属すべき者」に関する改正に伴い、新たに設立される医療法人については、残余財産の帰属先は「国、地方公共団体、医療法人、都道府県医師会または郡市区医師会であって病院等を開設するもの」に限定されることになりました。医療法人の非営利性をより徹底する趣旨と考えられます。

　その結果、第5次改正医療法施行後に設立が認可される医療法人は、次の2種類に限られることになりました。

第5次改正医療法施行後に設立が認可される医療法人
①　財団である医療法人
②　社団である医療法人で持分の定めのないもの

2　財団医療法人の解散による残余財産の帰属

　平成19年4月1日以後に設立される財団医療法人は、医療法第44条に基づき、解散時の残余財産の帰属先が定められています。これにより解散時の残余財産の帰属先は、自ずと設立時において次のモデル定款にあるような国および地方公共団体等に限定されることとなりました。

277

【平成19年4月1日以後に設立される医療法人のモデル定款】

　本社団（財団）が解散した場合の残余財産は、合併および破産手続開始の決定による解散の場合を除き、次の者から選定して帰属させるものとする。

(1)　国

(2)　地方公共団体

(3)　医療法第31条に定める公的医療機関の開設者

(4)　郡市区医師会または都道府県医師会（一般社団法人または一般財団法人に限る）

(5)　財団医療法人または社団医療法人であって持分の定めのないもの

3　持分の定めのない社団医療法人の解散による残余財産の帰属

　平成19年4月1日以後に設立される社団医療法人は、改正前のように持分の定めのある法人の設立が認められなくなり、前述の財団医療法人と同様に医療法第44条に基づいて解散時の残余財産の帰属先が定められることになりました。これにより改正前のように残余財産の分配を弾力的に考えることは一切できなくなり、その帰属先は、国および地方公共団体等に限定される点に注意が必要です（医療法44⑤）。

第4章

会社清算の労務

Q57 会社の解散と労働契約関係

会社が解散すると、会社と従業員との間の労働契約はどうなるのでしょうか。新聞等では、会社の解散に先立つ事業休止の段階で解雇が通知されるような報道が多いように思いますが、いかがでしょうか。

A57 解説

1 会社の解散から労働契約消滅までの流れ

解散決議等によって会社は清算手続きに入りますが、この清算手続きが結了すると法人格は消滅し、従業員を雇用する基盤がなくなるわけですから、従業員との労働契約も当然に消滅することになります。

しかし、実際には、会社が清算手続きに入ると、会社の解散に先立って解雇が行われることが多くなっています。ご質問にあるように解散に先立つ事業休止の段階で解雇通知が行われることも少なくないようです。

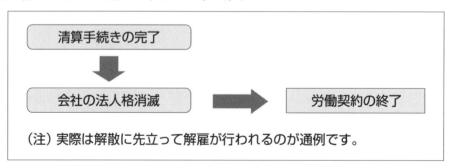

2 解散しても労働契約が消滅しない場合

会社の解散にあたって従業員を解雇したあと、実際には別法人により事業を承継することがありますが、このような場合には別法人の使用者は労働契約を承継し、従業員の雇用責任を免れないことになります。

たとえば、労働組合排除の目的で会社を解散して従業員を解雇し、解散後に新設された会社において多くの従業員が採用される一方で、組合員のみを採用しないといっ

た事例があります。この場合、組合員排除の目的で行われた会社の解散自体は有効ですが、新旧会社が実質的にみて同一の会社と認められれば、解雇は無効になりますので、注意してください。

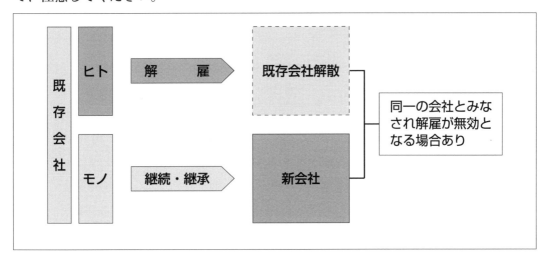

Q58 会社の清算と解雇

会社の清算にあたって、従業員を解雇する際の手続きに関して注意しておくべきポイントを教えてください。

A58 解説

1 会社の解散に伴う従業員解雇の是非

前問で説明したとおり、会社は解散決議によって清算手続きに着手し、その一環として解雇するなどの方法によって従業員との労働契約を解消することになります。そこで、会社は解散によって従業員を自由に解雇できるのかという疑問が生じます。

使用者による従業員の解雇が許される場合として、労働契約法では「解雇は、客観的に合理的な理由を欠き、社会通念上相当であると認められない場合は、その権利を濫用したものとして、無効とする。」（労契法16）と規定しています。したがって、使用者が労働者を解雇できるのは、解雇について客観的に合理的な理由があり、社会通念上相当であると認められる場合に限られることになります。

2 解雇権の濫用とみなされないための解雇手順

上述の通り、解雇をするには一定の理由が必要となり、その解雇理由に客観的に合理的な理由がなければ解雇権の濫用としてその解雇は無効となります。では、会社の解散は「客観的に合理的な理由」となりうるのでしょうか。

ここで参考になるのが整理解雇を有効とする基準です。整理解雇とは、経営不振の打開や企業経営の合理化に伴って生じる人員の削減を目的とした解雇をいいます。企業の存続を前提としているため、会社の解散に伴う解雇とはその態様が異なりますが、会社の解散においても整理解雇と同様に解雇を正当化する基準が適用された裁判例もあり、この考え方を基本的な出発点として解雇手続きを進めていく必要があります。

【整理解雇を正当化する4つの基準】

  (1) 人員削減の必要性

  (2) 解雇回避努力   各要素を考慮し総合して

  (3) 被解雇者選定の合理性   解雇の効力を判断する

  (4) 説明・協議義務

以下、これら4つの基準について解説します。

(1)　人員削減の必要性があるか

　整理解雇の場合、人員削減を行う経営上の必要性がなければ従業員を解雇することはできませんが、会社そのものが消滅するという解散に伴う解雇の場合は人員削減の必要性は認められます。

(2)　解雇回避努力をしたか

　使用者つまり会社が整理解雇を回避するための努力を尽くしたかどうかが問われます。具体的には配置転換や一時帰休などがこれに含まれますが、解散が決定している以上は解雇は不可避といえますから、回避努力が問われることはないと考えてよいでしょう。

(3)　被解雇者選定の合理性が存在するか

　誰が解雇の対象になるのか、その選定が客観的かつ合理的で公正な基準で行われることが求められます。しかし、解散に伴う解雇の場合は、清算手続きの開始と同時に従業員全員が一斉に解雇されるのが通例ですから、人選の合理性という問題は生じません。

(4)　説明・協議義務を履行したか

　労働組合や従業員との間で、協議・説明を誠実に行うことが必要です。これについては手続きとして必要とされていることであり、十分に協議や説明を行わずにした解雇については無効となる恐れもあります。

　以上のことから、整理解雇を正当化する4つの基準と会社解散に伴う解雇との関係をまとめますと次のようになります。

整理解雇を正当化する4つの基準	会社解散に伴う解雇の場合の取扱い
(1)　人員削減の必要性	不　要
(2)　解雇回避努力	不　要
(3)　被解雇者選定の合理性	不　要
(4)　説明・協議義務	必　要

3 労働組合・従業員への協議・説明における実務のポイント

　協議・説明の相手方となるのは、労働組合がある場合は労働組合、それがない場合は各従業員（集団）です。また、労働組合がある場合でも、非組合員には直接説明する必要があります。

　協議・説明に際しては、会社は従業員の納得を得られるよう可能な限り誠実に行う義務があります。会社が協議・説明を一方的に打ち切って解雇を強行すると、協議義務違反となりますので注意が必要です。

第4章 会社清算の労務

会社の清算と賃金債権

会社の清算手続きを進めていく中で、残余財産が乏しいため、従業員に対する未払賃金を弁済できる可能性が低い場合に何らかの従業員救済制度はありますでしょうか。

A59 解説

1 賃金債権が保護される仕組み

会社の解散にあたり、賃金債権を保護することは、従業員の所得保障をする上で重要な課題といえます。そこで、この賃金債権保護の規定は一般私法上に規定されています。

まず、民法上の保護として、従業員はその雇用関係によって生じた債権について、債務者である会社の財産に対して一般先取特権を有しています（民法306二、308）。しかし、この先取特権は、会社が所有する不動産に設定されている抵当権などには対抗できない（民法336）といった弱点があり、賃金債権の保護としては十分とはいえません。

これに対して破産法では、破産手続開始前3か月間の従業員給与の請求権は財団債権とされ、破産手続によらないで破産財団から随時弁済を受けることができます（破産法149①）。さらに、破産手続の終了前に退職した従業員の退職金の請求権については、原則として退職前3か月の給料の総額に相当する額が財団債権とされる（破産法149②）などの保護が図られています。

2 未払賃金の立替払事業

しかしながら、会社が解散した場合、会社の残余財産にめぼしいものがないことも多く、清算手続きにおいて賃金債権の優先的順位を認めていても実際には救済されない場合が多いのが現実です。そこで、破産等の倒産で賃金・退職金の未払が生じたときに、独立行政法人労働者健康安全機構が一定の範囲で立替払をするという制度があります。

285

未払賃金の立替払事業			
対象となるケース	破産、会社更生手続の開始について裁判所の決定または命令があった場合など		
	中小企業で事実上事業活動が停止して再開の見込みがなく、かつ賃金支払能力がないことを労働基準監督署長が認定した場合		
対象事業	倒産した事業主が労災保険に1年以上加入していること		
対象従業員	破産申立ての日（または労働基準監督署長に対して倒産の認定を申請した日）の6か月前の日から2年以内に退職した者		
対象となる未払賃金および立替払い額	退職日の6か月前の日から労働者健康安全機構に対する立替払請求の日の前日までの間に支払期日が到来している毎月の賃金および退職手当であって、未払のものの100分の80に相当する額		
上限額	退職日の年齢	未払賃金の上限	立替払いの上限
	30歳未満	110万円	88万円
	30歳以上45歳未満	220万円	176万円
	45歳以上	370万円	296万円

3 未払賃金の立替払の実務ポイント

　未払賃金の額は、賃金台帳および退職金規程により確認できるものに限られます。未払賃金総額は、所得税や社会保険料その他の控除金の控除前金額です。ただし、その他の控除金のうち、毎月の賃金から差し引かれている社宅料、会社からの物品購入代金、貸付金返済金等は未払賃金から差し引かれます。

　また、賞与その他臨時に支払われる賃金、解雇予告手当、慰労金・祝金等の支給金、年末調整による所得税の還付金、会社または法人の役員であったときの報酬・賞与その他の支給金および退職手当等も対象外のため注意が必要です。

　実際の請求は、破産の場合は破産管財人から未払賃金の証明書を、事実上の倒産の場合は労働基準監督署長の認定を受けた上で、未払賃金の通知確認書の交付を受けて、それを添付して行います。

第4章　会社清算の労務

Q60 会社の解散と労働保険・社会保険

　会社の解散に伴って労働保険や社会保険に関して手続きをとる必要がありますか。もし必要であれば、どのような手続きが必要なのでしょうか。

A60 解説

1　退職に伴って必要となる手続き

　従業員が会社を退職する場合、社会保険や労働保険の手続きを必ず行わなければなりませんが、それは退職の理由が会社の解散である場合も同様です。また、従業員個々の手続きだけでなく、会社つまり事業所自体における手続きも必要です。

　具体的に必要な手続きについてまとめますと、次のとおりです。

【会社の解散に伴って必要となる労働保険・社会保険の手続き】	
労働保険	雇用保険適用事業所廃止届
	雇用保険被保険者資格喪失届
	雇用保険被保険者離職証明書
	労働保険確定保険料申告書
	労働保険料還付請求書 （すでに申告・納付した概算保険料額より確定保険料額が少ない場合）
社会保険	健康保険・厚生年金保険適用事業所全喪届
	健康保険・厚生年金保険被保険者資格喪失届

2　労働保険の手続き

　労働保険の手続きにおける届出書類等の添付書類と提出先をまとめると以下のとおりです。なお、届出書類等の記入にあたっては、社会保険労務士などの専門家のアドバイスを受けることをおすすめします。

287

書類名	添付書類	提出先
雇用保険適用事業所廃止届	事実を証明する書類（登記簿謄本、株主総会議事録等）	公共職業安定所
雇用保険被保険者資格喪失届	特になし	
雇用保険被保険者離職証明書	賃金台帳等	
労働保険確定保険料申告書	（一括有期事業の場合）一括有期事業報告書および一括有期事業総括表	都道府県労働局（労働基準監督署、金融機関を経由することができますが、公共職業安定所は経由できません）
労働保険料還付請求書	特になし	

3　社会保険の手続き

　社会保険の手続きにおける届出書類等の添付書類と提出先をまとめると以下のとおりです。なお、届出書類等の記入にあたっては、社会保険労務士などの専門家のアドバイスを受けることをおすすめします。

書類名	添付書類	提出先
健康保険・厚生年金保険適用事業所全喪届	解散登記の記載のある法人登記簿謄本、雇用保険適用事業所廃止届のコピー　など	年金事務所
健康保険・厚生年金保険被保険者資格喪失届	健康保険証	

　なお、健康保険組合や厚生年金基金に加入している会社の場合、そちらの手続きも必要になります。

第4章　会社清算の労務

Q61 会社の清算に伴い提出すべき労働保険・社会保険の届出書の記載例

会社を清算する場合の、労働保険や社会保険の届出書の記載方法を教えてください。

A61 解説

1 設　例

次の設例に基づいて、ひかり商事株式会社が清算することになった場合の労働保険や社会保険の手続きに必要な書類を作成してみましょう。

【設例】
基本情報
　　法人名　ひかり商事株式会社
　　所在地　京都市
　　代表者　ひかり　一郎　　　標準報酬50万円
　　従業員　松井　太郎　　　　標準報酬20万円

289

2　記載例

様式第6号（第24条、第25条、第33条関係）（甲）（1）

労働保険
石綿健康被害救済法

概算・増加概算・確定保険料
一般拠出金
申告書

下記のとおり申告します。

継続事業
（一括有期事業を含む。）

標準字体 **0123456789**

第3片「記入に当たっての注意事項」をよく読んでから記入して下さい。
OCR枠への記入は上記の「標準字体」でお願いします。

提出用

（なるべく折り曲げないようにし、やむをえない場合には折り曲げマーク（▶）の所で折り曲げて下さい。）

種別 **32700**　※修正項目番号　※入力徴定コード 項1

※各種区分

管轄(2)	保険関係等	業種	産業分類

年　月　日

あて先　〒604-0846
京都市中京区両替町通御池上ル金吹町451

①労働保険番号　**2 6 1 0 1 9 9 9 9 9 9 - 9 9 9** 項2
都道府県 所掌 管轄 基幹番号 枝番号

③増加年月日（元号：令和は9）項3
元号□－□□－□□

③事業廃止等年月日（元号：令和は9）
9 - ×× - 3 - 3 1 項4

※事業廃止等理由

④常時使用労働者数　**1** 人 項6
⑤雇用保険被保険者数　**1** 人 項7

※保険関係 項9　※片保険理由コード 項10

京都労働局
労働保険特別会計歳入徴収官殿

（注2）一般拠出金は延滞金できません

確定保険料算定内訳

⑦区分　算定期間　××年4月1日から　××年3月31日まで

区分	⑧保険料・一般拠出金算定基礎額	⑨保険料・一般拠出金率	⑩確定保険料・一般拠出金額（⑧×⑨）
労働保険料	(イ) **2400** 項11 千円	(イ) 1000分の 12	(イ) **28800** 項12 円
労災保険分	(ロ) 項13 千円	(ロ) 1000分の	(ロ) 項14
雇用保険分	(ホ) 項18 千円	(ホ) 1000分の	(ホ) 項19
一般拠出金（注1）	(ヘ) **2400** 項35 千円	(ヘ) 1000分の 0.02	(ヘ) **48** 項36 円

（注1）石綿による健康被害の救済に関する法律第35条第1項に基づき、労災保険適用事業主から徴収する一般拠出金

概算・増加概算保険料算定内訳

⑪区分　算定期間　年月日から　年月日まで

区分	⑫保険料算定基礎額の見込額	⑬保険料率	⑭概算・増加概算保険料額（⑫×⑬）
労働保険料	(イ) 項20 千円	(イ) 1000分の	(イ) 項21 円
労災保険分	(ロ) 項22 千円	(ロ) 1000分の	(ロ) 項23 円
雇用保険分	(ホ) 項26 千円	(ホ) 1000分の	(ホ) 項27 円

⑮事業主の郵便番号（変更のある場合記入）
⑯事業主の電話番号（変更のある場合記入）項29
⑰延納の申請　納付回数 項30

※検算有無区分 項31　※算調対象区分 項32　※データ指示コード 項33　※再入力区分 項34　※修正項目

⑧⑩⑫⑭⑳の（ロ）欄の金額の前に「¥」記号を付さないで下さい。

⑱申告済概算保険料額	**27,810** 円	⑲申告済概算保険料額	円

⑳差引額	(イ)充当額（⑱－⑩の(イ)）	円	(ハ)不足額 ⑩の(イ)－⑱ **990** 円	⑳⑳-充当意 項37	1.労働保険料のみに充当 2.一般拠出金のみに充当 3.労働保険料及び一般拠出金に充当
	(ロ)還付額（⑱－⑩の(イ)）	円		項38	

㉑増加概算保険料額（⑭の(イ)－⑲） 円

㉓法人番号 項39

㉒期別納付額	第1期（全期又は初期）⑯	(イ)概算保険料額 ⑳の(イ)÷⑰＋次期以降の円未満端数	(ロ)労働保険料充当額 ⑳の(イ)（労働保険料分のみ）	(ハ)不足額 ⑳の(ハ)	(ニ)今期労働保険料 (イ)-(ロ)又は(イ)+(ハ)	(ホ)一般拠出金充当額 ⑳の(イ)（一般拠出金分のみ）	(ヘ)一般拠出金額 ⑩の(ヘ)-⑳の(ホ)（注2）	(ト)今期納付額 (ニ)＋(ヘ)
	第2期 ⑯の(イ)＋⑰	(チ)概算保険料額 ⑯の(イ)÷⑰	(リ)労働保険料充当額 ⑳の(イ)-⑳の(ロ)		(ヌ)第2期納付額 (チ)-(リ)			
	第3期 ⑯の(イ)＋⑰	(ル)概算保険料額 ⑯の(イ)÷⑰	(ヲ)労働保険料充当額 ⑳の(イ)-⑳の(ロ)-(リ)		(ワ)第3期納付額 (ル)-(ヲ)			

㉕事業又は作業の種類

㉓保険関係成立年月日

㉔事業廃止等理由
(1)廃止　(2)委託
(3)個別　(4)労働者なし
(5)その他

㉖加入している労働保険	(イ)労災保険　(ロ)雇用保険	㉗特掲事業	(イ)該当する　(ロ)該当しない	㉘事業 郵便番号 604-1234　電話番号（075）252-9999

㉙事業	(イ)所在地	京都市中京区三本木5丁目4番地	事業主	(イ)住所（法人のときは主たる事務所の所在地）	京都市中京区三本木5丁目4番地
	(ロ)名称	ひかり商事株式会社		(ロ)名称	ひかり商事株式会社
				(ハ)氏名（法人のときは代表者の氏名）	代表取締役　ひかり一郎

社会保険労務士記載欄	作成年月日・提出代行者・事務代理者の表示	氏　名	電話番号

きりとり線（1枚目はきりはなさないで下さい。）

第4章 会社清算の労務

様式第8号(第36条関係)

労 働 保 険　労働保険料
石綿健康被害救済法　一般拠出金　**還付請求書**

還付金の種別
労働保険料

3 1 7 5 1

労働保険番号

都道府県	所掌	管轄	基幹番号	枝番号
2 6	1	0	1 9 9 9 9 9 9	9 9 9

① 還付金の払渡しを受けることを希望する金融機関(金融機関のない場合は郵便局)

金融機関

金融機関名称〈漢字〉　略称を使用せず正式な金融機関名を記入して下さい
はるか銀行

支店名称〈漢字〉　略称を使用せず正式な支店名を記入して下さい
京都支店

種別　**1**　1 普通 2 当座 3 通知 4 別段

口座番号　※右詰で空白は0を記入して下さい
1 2 3 4 5 6 7

ゆうちょ銀行記号番号
記号　　　　番号　※右詰で空白は0を記入して下さい

※金融機関コード　　※支店コード

フリガナ　ヒカリショウジカブシキガイシャ
口座名義人　**ひかり商事株式会社**

郵便局

郵便局名称〈漢字〉　略称を使用せず正式名称で〇〇郵便局まで記入して下さい

区・市・郡〈漢字〉

② 還付請求額　(注意)各欄の金額の前に「¥」記号を付さないで下さい

労働保険料

(ア)納付した概算保険料の額又は納付した確定保険料の額
6 0 0 0 0 円

(イ)確定保険料の額又は改定確定保険料の額
5 0 0 0 0 円

(ウ)差額
1 0 0 0 0 円

内訳

(エ)労働保険料等・一般拠出金への充当額(詳細は以下③)

(オ)労働保険料等に充当
円

(カ)一般拠出金に充当
円

(キ)労働保険料還付請求額(ウ)-(オ)-(カ)
1 0 0 0 0 円

一般拠出金

(ク)納付した一般拠出金
円

(ケ)改定した一般拠出金
円

(コ)差額
円

内訳

(サ)一般拠出金・労働保険料等への充当額(詳細は以下③)

(シ)一般拠出金に充当
円

(ス)労働保険料等に充当
円

(セ)一般拠出金還付請求額(コ)-(シ)-(ス)
円

③ 労 働 保 険 料 等 へ の 充 当 額 内 訳

充当先事業の労働保険番号	労働保険料等の種別	充当額
－	年度	円
－	年度	円
－	年度	円
－	年度	円
－	年度	円

上記のとおり還付を請求します。

　　年　　月　　日

官署支出官厚生労働省労働基準局長　殿
京都労働局労働保険特別会計資金前渡官吏　殿

(郵便番号　604 － 1234)　電話(075 － 252 － 9999 番)

事業主
住所
名称
氏名

(法人のときは、その名称及び代表者の氏名)

還付理由
□　1 年度更新
　　2 事業終了
　　3 その他(算調等)

還付金発生年度(元号:令和は9)　※徴定区分
9 － □□　□□

291

雇用保険適用事業所廃止届

標準字体 `0123456789`
（必ず第2面の注意事項を読んでから記載してください。）

帳票種別 `14002`

1.法人番号（個人事業の場合は記入不要です。）
`XXXXXXXXXXXXX`

※2.本日の資格喪失・転出者数 `□□□□□` 人
（この用紙は、このまま機械で処理しますので、汚さないようにしてください。）

3.事業所番号 `2601－999999－0`

4.設置年月日 `4－XX0401`（3 昭和 4 平成 5 令和）
元号 年 月 日

5.廃止年月日 `5－XX0331`（4 平成 5 令和）
元号 年 月 日

6.廃止区分 `1`

7.統合先事業所の事業所番号 `□□□□－□□□□□□－□`

8.統合先事業所の設置年月日 `□－□□□□□□`（3 昭和 4 平成 5 令和）
元号 年 月 日

9.事業所
（フリガナ）キョウトシ ナカギョウクサンボンギ
所在地　京都市中京区三本木5丁目4番地
（フリガナ）ヒカリショウジカブシキガイシャ
名称　ひかり商事株式会社

10.労働保険番号

府県	所掌	管轄	基幹番号	枝番号
2 6	1	0 1	9 9 9 9 9 9	9 9 9

11.廃止理由　事業の解散

上記のとおり届けます。

令和 XX 年 4 月 2 日

西陣 公共職業安定所長　殿

事業主
住　所　京都市中京区三本木5丁目4番地
名　称　ひかり商事株式会社
氏　名　代表取締役　ひかり一郎
電話番号　075-252-9999

※公共職業安定所記載欄

届書提出後、事業主が住所を変更する場合又は事業主に承継者等のある場合は、その者の住所・氏名

（フリガナ）名称	
（フリガナ）住所	
（フリガナ）代表者氏名	
電話番号	郵便番号 □□□ － □□□□

備考

※	所長	次長	課長	係長	係	操作者

労働保険事務組合記載欄

所在地

名　称

代表者氏名

社会保険労務士記載欄	作成年月日・提出代行者・事務代理者の表示	氏　名	電話番号

（この届出は、事業所を廃止した日の翌日から起算して10日以内に提出してください。）

第4章　会社清算の労務

様式第4号（第7条関係）（第1面）（移行処理用）

雇用保険被保険者資格喪失届

標準字体 **0123456789**
（必ず第2面の注意事項を読んでから記載してください。）

（この用紙は、このまま機械で処理しますので、汚さないようにしてください。）

帳票種別
1 7 1 9 1

1. 個人番号
9 8 x x 5 4 x x 1 0 x x

2. 被保険者番号
2 6 0 1 - x x x x x x - x

3. 事業所番号
2 6 0 1 - 9 9 9 9 9 9 - 0

4. 資格取得年月日
4 - x x 0 9 0 1
元号　年　月　日
（3 昭和　4 平成　5 令和）

5. 離職等年月日
5 - x x 0 3 3 1
元号　年　月　日

6. 喪失原因
3
（1 離職以外の理由　2 3以外の離職　3 事業主の都合による離職）

7. 離職票交付希望
1 （1 有　2 無）

8. 1週間の所定労働時間
4 0 0 0
時間　　　分

9. 補充採用予定の有無
（空白 無　1 有）

10. 新氏名　　フリガナ（カタカナ）

※公共職業安定所記載欄

11. 喪失時被保険者種類
（3 季節）

12. 国籍・地域コード
18欄に対応するコードを記入

13. 在留資格コード
19欄に対応するコードを記入

―――――――――― 14欄から19欄までは、被保険者が外国人の場合のみ記入してください。――――――――――

14. 被保険者氏名（ローマ字）又は新氏名（ローマ字）（アルファベット大文字で記入してください。）

被保険者氏名（ローマ字）又は新氏名（ローマ字）〔続き〕

15. 在留カードの番号（在留カードの右上に記載されている12桁の英数字）

16. 在留期間　　　まで
西暦　年　月　日

17. 派遣・請負就労区分
1 派遣・請負労働者として主として当該事業所以外で就労していた場合
2 1に該当しない場合

18. 国籍・地域（　　　　　）

19. 在留資格（　　　　　）

20. （フリガナ）マツイ タロウ	21. 性別	22. 生年月日
被保険者氏名　松井　太郎	男・女	大正 昭和 平成 令和　XX 年 X 月 X 日

23. 被保険者の住所又は居所	京都市上京区西桜町1-1		
24. 事業所名称	ひかり商事　株式会社	25. 氏名変更年月日	令和　　年　月　日
26. 被保険者でなくなったことの原因	事業所の廃止による退職		

雇用保険法施行規則第7条第1項の規定により、上記のとおり届けます。

令和　年　月　日

住　所　　京都市中京区三本木5丁目4番地

事業主　氏　名　　ひかり商事株式会社
　　　　　　　　　代表取締役　ひかり一郎

公共職業安定所長　殿

電話番号　075-252-9999

社会保険労務士記載欄	作成年月日・提出代行者・事務代理者の表示	氏　　名	電話番号	安定所備考欄		

※	所長	次長	課長	係長	係	操作者	確認通知年月日　令和　年　月　日

2021. 9

様式第5号　　　　　　　　　　　　**雇用保険被保険者離職証明書（安定所提出用）**

① 被保険者番号	2601-×××××-×	③ フリガナ	マツイ　タロウ	④ 離職		年	月	日
② 事業所番号	2601-999999-0	離職者氏名	松井　太郎	年月日	令和	××	3	31

⑤ 名称	ひかり商事株式会社	⑥ 離職者の	〒602-××××
事業所 所在地	京都市中京区三本木5丁目4番地		京都市上京区西桜町1-1
電話番号	075-252-9999	住所又は居所	電話番号（ 075 ）×××-××××

この証明書の記載は、事実に相違ないことを証明します。	※離職票交付　令和　年　月　日	離 受
住所　京都市中京区三本木5丁目4番地	（交付番号　　　　　　　番）	職 領
事業主　ひかり商事株式会社		票 印
氏名　代表取締役　ひかり一郎		

離職の日以前の賃金支払状況等

⑧ 被保険者期間算定対象期間		⑨ ⑧の期間における賃金支払基礎日数	⑩ 賃金支払対象期間	⑪ ⑩の基礎日数	⑫ 賃　金　額			⑬ 備　考
Ⓐ 一般被保険者等	Ⓑ 短期雇用特例被保険者				Ⓐ	Ⓑ	計	
離職日の翌日　4月1日								
3月1日~離職日	離職月	31日	3月1日~離職日	31日	200,000		200,000	
2月1日~2月28日	月	28日	2月1日~2月28日	28日	200,000		200,000	
1月1日~1月31日	月	31日	1月1日~1月31日	31日	200,000		200,000	
12月1日~12月31日	月	31日	12月1日~12月31日	31日	200,000		200,000	
11月1日~11月30日	月	30日	11月1日~11月30日	30日	200,000		200,000	
10月1日~10月31日	月	31日	10月1日~10月31日	31日	200,000		200,000	
9月1日~9月30日	月	30日	月　日~月　日					
8月1日~8月31日	月	31日	月　日~月　日					
7月1日~7月31日	月	31日	月　日~月　日					
6月1日~6月30日	月	30日	月　日~月　日					
5月1日~5月31日	月	31日	月　日~月　日					
4月1日~4月30日	月	30日	月　日~月　日					
月　日~月　日	月	日	月　日~月　日					

⑭ 賃金に関する特記事項	⑮この証明書の記載内容（⑦欄を除く）は相違ないと認めます。 （記名押印又は自筆による署名） （離職者）（氏名）

※ 公共職業安定所記載欄	⑮欄の記載　　有・無
	⑯欄の記載　　有・無
	資・聴

本手続きは電子申請による申請も可能です。本手続きについて、電子申請により行う場合には、被保険者が離職証明書の内容について確認したことを証明することができるものを本離職証明書の提出と併せて送信することをもって、当該被保険者の電子署名に代えることができます。

　また、本手続きについて、社会保険労務士が電子申請による本届書の提出に関する手続を事業主に代わって行う場合には、当該社会保険労務士が当該事業主の提出代行者であることを証明することができるものを本届書の提出と併せて送信することをもって、当該事業主の電子署名に代えることができます。

社会保険労務士記載欄	作成年月日・提出代行者・事務代理者の表示	氏　　名	電話番号

※	所長	次長	課長	係長	係

第4章　会社清算の労務

⑦離職理由欄…事業主の方は、離職者の主たる離職理由が該当する理由を1つ選択し、左の事業主記入欄の□の中に○印を記入の上、下の具体的事情記載欄に具体的事情を記載してください。

【離職理由は所定給付日数・給付制限の有無に影響を与える場合があり、適正に記載してください。】

事業主記入欄	離　　職　　理　　由	※離職区分
	1　事業所の倒産等によるもの	
□ ………	（1）倒産手続開始、手形取引停止による離職	1 A
◎ ………	（2）事業所の廃止又は事業活動停止後事業再開の見込みがないため離職	
	2　定年によるもの	1 B
□ ………	定年による離職（定年　　歳）	
	定年後の継続雇用 ｛ を希望していた（以下のaからcまでのいずれかを1つ選択してください）	2 A
	｛ を希望していなかった	
	a　就業規則に定める解雇事由又は退職事由（年齢に係るものを除く。以下同じ。）に該当したため	2 B
	（解雇事由又は退職事由と同一の事由として就業規則又は労使協定に定める「継続雇用しないことができる事由」に該当して離職した場合も含む。）	
	b　平成25年3月31日以前に労使協定により定めた継続雇用制度の対象となる高年齢者に係る基準に該当しなかったため	2 C
	c　その他（具体的理由：　　　　　　　　　　　　　　　　　　　）	
	3　労働契約期間満了等によるもの	2 D
□ ………	（1）採用又は定年後の再雇用時等にあらかじめ定められた雇用期限到来による離職	
	（1回の契約期間　　箇月、通算契約期間　　箇月、契約更新回数　　回）	2 E
	（当初の契約締結後に契約期間や更新回数の上限を短縮し、その上限到来による離職に該当　する・しない）	
	（当初の契約締結後に契約期間や更新回数の上限を設け、その上限到来による離職に該当　する・しない）	
	（定年後の再雇用時にあらかじめ定められた雇用期限到来による離職で　ある・ない）	
	（4年6箇月以上5年以下の通算契約期間の上限が定められ、この上限到来による離職で　ある・ない）	
	→ある場合（同一事業所の有期雇用労働者に一様に4年6箇月以上5年以下の通算契約期間の上限が平成24年8月10日前から定められて　いた・いなかった）	
□ ………	（2）労働契約期間満了による離職	3 A
	① 下記②以外の労働者	
	（1回の契約期間　　箇月、通算契約期間　　箇月、契約更新回数　　回）	3 B
	（契約を更新又は延長することの確約・合意の　有・無　（更新又は延長しない旨の明示の　有・無　））	
	（直前の契約更新時に雇止め通知の　有　・　無　）	3 C
	（当初の契約締結後に不更新条項の追加が　ある・ない）	
	｛ を希望する旨の申出があった	
	労働者から契約の更新又は延長 ｛ を希望しない旨の申出があった	3 D
	｛ の希望に関する申出はなかった	
	② 労働者派遣事業に雇用される派遣労働者のうち常時雇用される労働者以外の者	4 D
	（1回の契約期間　　箇月、通算契約期間　　箇月、契約更新回数　　回）	
	（契約を更新又は延長することの確約・合意の　有・無　（更新又は延長しない旨の明示の　有・無　））	5 E
	｛ を希望する旨の申出があった	
	労働者から契約の更新又は延長 ｛ を希望しない旨の申出があった	
	｛ の希望に関する申出はなかった	
	a　労働者が適用基準に該当する派遣就業の指示を拒否したことによる場合	
	b　事業主が適用基準に該当する派遣就業の指示を行わなかったことによる場合（指示した派遣就業が取りやめになったことによる場合を含む。）	
	（aに該当する場合は、更に下記の5のうち、該当する主たる離職理由を更に1つ選択し、○印を記入してください。該当するものがない場合は下記の6に○印を記入した上、具体的な理由を記載してください。）	
□ ………	（3）早期退職優遇制度、選択定年制度等により離職	
□ ………	（4）移籍出向	
	4　事業主からの働きかけによるもの	
□ ………	（1）解雇（重責解雇を除く。）	
□ ………	（2）重責解雇（労働者の責めに帰すべき重大な理由による解雇）	
	（3）希望退職の募集又は退職勧奨	
□ ………	① 事業の縮小又は一部休廃止に伴う人員整理を行うためのもの	
□ ………	② その他（理由を具体的に　　　　　　　　　　　　　　　）	
	5　労働者の判断によるもの	
	（1）職場における事情による離職	
□ ………	① 労働条件に係る問題（賃金低下、賃金遅配、時間外労働、採用条件との相違等）があったと労働者が判断したため	
□ ………	② 事業主又は他の労働者から就業環境が著しく害されるような言動（故意の排斥、嫌がらせ等）を受けたと労働者が判断したため	
□ ………	③ 妊娠、出産、育児休業、介護休業等に係る問題（休業等の申出拒否、妊娠、出産、休業等を理由とする不利益取扱い）があったと労働者が判断したため	
□ ………	④ 事業所での大規模な人員整理があったことを考慮した離職	
□ ………	⑤ 職種転換等に適応することが困難であったため（教育訓練の　有・無）	
□ ………	⑥ 事業所移転により通勤困難となった（なる）ため（旧（新）所在地：　　　　　　）	
□ ………	⑦ その他（理由を具体的に　　　　　　　　　　　　　　　）	
□ ………	（2）労働者の個人的な事情による離職（一身上の都合、転職希望等）	
◎ ………	6　その他（1－5のいずれにも該当しない場合）（理由を具体的に　　　　　　　　　　　　　　　）	

具体的事情記載欄（事業主用）

事業所の解散、清算手続き開始に伴う退職

⑯離職者本人の判断（○で囲むこと）
　事業主が○を付けた離職理由に異議　有り・無し

　記名押印又は自筆による署名（離職者氏名）

▼

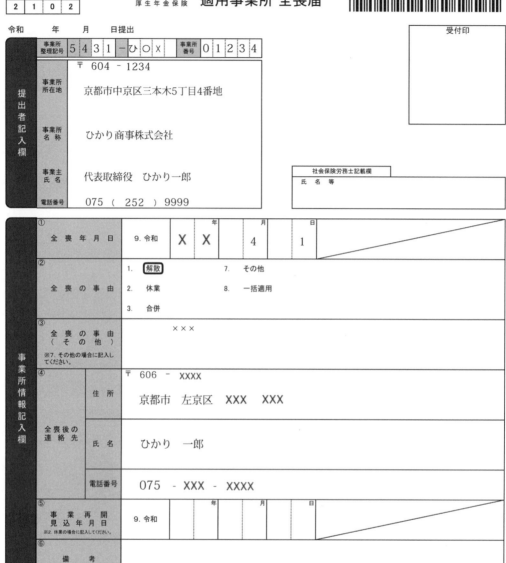

第4章　会社清算の労務

様式コード	健康保険 厚生年金保険	被保険者資格喪失届
2 2 0 1	厚生年金保険	70歳以上被用者不該当届

提出者記入欄

令和　　年　　月　　日提出

事業所整理記号 `5 4 3 1 － ひ ○ X`　　事業所番号 `0 1 2 3 4`

届書記入の個人番号に誤りがないことを確認しました。

事業所所在地　〒 604 － 1234
京都市中京区三本木5丁目4番地

事業所名称　ひかり商事株式会社

事業主氏名　代表取締役ひかり一郎

電話番号　075 （ 252 ） 9999

在職中に70歳に到達された方の厚生年金保険被保険者喪失届は、この用紙ではなく『70歳到達届』を提出してください。

受付印

社会保険労務士記載欄
氏名等　ひかり社会保険労務士法人

被保険者 1

① 被保険者整理番号	1	② 氏名	(フリガナ) ヒカリ (氏) ひかり	イチロウ (名) 一郎	③ 生年月日	5. 昭和 7. 平成 9. 令和	年 X	月 X	日 X
④ 個人番号 (基礎年金番号)	1 2 X X 5 6 X X 9 0 X X		⑤ 喪失年月日	9. 令和 X X	4	1	⑥ 喪失(不該当)原因	④ 退職等（令和 X 年 3 月 31 日退職等） 5. 死亡（令和　年　月　日死亡） 7. 75歳到達（健康保険のみ喪失） 9. 障害認定（健康保険のみ喪失） 11. 社会保障協定	

⑦ 備考　該当する項目を○で囲んでください。
1. 二以上事業所勤務者の喪失　　3. その他
2. 退職後の継続再雇用者の喪失（　　）

保険証回収　添付 1 枚　返不能 ___ 枚

⑧ 70歳不該当　□ 70歳以上被用者不該当（退職日または死亡日を記入してください）
不該当年月日 9.令和　年　月　日

被保険者 2

① 被保険者整理番号	3	② 氏名	(フリガナ) マツイ (氏) 松井	タロウ (名) 太郎	③ 生年月日	5. 昭和 7. 平成 9. 令和	年 X	月 X	日 X
④ 個人番号 (基礎年金番号)	9 8 X X 5 4 X X 1 0 X X		⑤ 喪失年月日	9. 令和 X X	4	1	⑥ 喪失(不該当)原因	④ 退職等（令和 X 年 3 月 31 日退職等） 5. 死亡（令和　年　月　日死亡） 7. 75歳到達（健康保険のみ喪失） 9. 障害認定（健康保険のみ喪失） 11. 社会保障協定	

⑦ 備考　該当する項目を○で囲んでください。
1. 二以上事業所勤務者の喪失　　3. その他
2. 退職後の継続再雇用者の喪失（　　）

保険証回収　添付 1 枚　返不能 ___ 枚

⑧ 70歳不該当　□ 70歳以上被用者不該当（退職日または死亡日を記入してください）
不該当年月日 9.令和　年　月　日

被保険者 3

① 被保険者整理番号		② 氏名	(フリガナ) (氏)	(名)	③ 生年月日	5. 昭和 7. 平成 9. 令和	年	月	日
④ 個人番号 (基礎年金番号)			⑤ 喪失年月日	9. 令和			⑥ 喪失(不該当)原因	4. 退職等（令和　年　月　日退職等） 5. 死亡（令和　年　月　日死亡） 7. 75歳到達（健康保険のみ喪失） 9. 障害認定（健康保険のみ喪失） 11. 社会保障協定	

⑦ 備考　該当する項目を○で囲んでください。
1. 二以上事業所勤務者の喪失　　3. その他
2. 退職後の継続再雇用者の喪失（　　）

保険証回収　添付 ___ 枚　返不能 ___ 枚

⑧ 70歳不該当　□ 70歳以上被用者不該当（退職日または死亡日を記入してください）
不該当年月日 9.令和　年　月　日

被保険者 4

① 被保険者整理番号		② 氏名	(フリガナ) (氏)	(名)	③ 生年月日	5. 昭和 7. 平成 9. 令和	年	月	日
④ 個人番号 (基礎年金番号)			⑤ 喪失年月日	9. 令和			⑥ 喪失(不該当)原因	4. 退職等（令和　年　月　日退職等） 5. 死亡（令和　年　月　日死亡） 7. 75歳到達（健康保険のみ喪失） 9. 障害認定（健康保険のみ喪失） 11. 社会保障協定	

⑦ 備考　該当する項目を○で囲んでください。
1. 二以上事業所勤務者の喪失　　3. その他
2. 退職後の継続再雇用者の喪失（　　）

保険証回収　添付 ___ 枚　返不能 ___ 枚

⑧ 70歳不該当　□ 70歳以上被用者不該当（退職日または死亡日を記入してください）
不該当年月日 9.令和　年　月　日

297

Q62 企業年金の廃止

会社を解散する前に行うリストラ策の一環として、企業年金を廃止しようと思います。その際の具体的な手続きについて教えてください。

A62 解説

1 企業年金の廃止

企業年金は、退職金を一度に支払うのでなく、年金原資を計画的・長期的に積み立て、年金方式で支払う制度であり、労働者の引退後の生活保障に寄与する制度として普及してきました。企業自身が独自に管理運営するほか、原資について税制上の優遇措置のある適格退職年金制度が広く利用されてきましたが、この適格退職年金制度は平成24年3月に廃止され、現在では、厚生年金基金制度や確定給付企業年金制度、確定拠出年金などが利用されています。

2 厚生年金基金の廃止

基金の解散までの事務手続きとして、次のような手順を踏みます。

①	基金解散に向けて、基金、母体企業、労働組合代表者などからなる検討委員会を設置し、基金の存続について十分な検討を行う。
②	検討委員会での検討の結果、基金の解散について合意された場合、基金の代議委員会で解散に向けて準備を進めることについて議決する。
③	解散について監督官庁との事前協議を行う。
④	事業主、加入員、労働組合への説明、意向の確認

上記の事務手続きを済ませた後は、さらに次の手続きに進みます。

(1) 代議員会における下記(5)の議決前１か月以内現在における全設立事業所の事業主の４分の３以上の同意を得る。

(2) 代議員会における下記(5)の議決前１か月以内現在における加入員総数の４分の３以上の同意を得る。

(3) 代議員会における下記(5)の議決前に、受給者に対して、解散理由等にかかる説明を文書または口頭で行う。

(4) 母体となる企業に使用される加入員の３分の１で組織する労働組合がある場合は、当該労働組合の同意を得る。

(5) 上記手続きをすべて済ませた上で、代議員の定数の４分の３以上の多数による代議員会の議決を得る。

(6) 厚生労働大臣の認可を受ける。

3　確定拠出年金（企業型）の廃止

　企業型確定拠出年金は、実施している会社が解散したときに、年金規約の効力が失効するため終了します。その際には、厚生労働大臣へ届出が必要とされています。終了後は、個人別に管理された年金資産は加入者には分配されず、引き続き個人型確定拠出年金として運用を続行できます。その際の処理として、次のものがあります。

①	加入者であった者が、国民年金基金連合会に対して、個人型確定拠出年金への加入の申出を行い、資産を管理していた機関が国民年金基金連合会へ資産を移換する。
②	加入者であった者が、国民年金基金連合会に対して、年金運用指図者となる旨の申出を行い、資産を管理していた機関が国民年金基金連合会へ資産を移換する。
③	加入者であった者で、その年金資産が、当該企業型確定拠出年金加入者の資格喪失の日の属する月の翌月から起算して６か月以内に他の企業型確定拠出年金または個人型確定拠出年金に移換されなかった場合、資産を管理していた機関が国民年金基金連合会へ資産を移換する。

コラム③　　休廃業・解散企業の業績

　中小企業基本法に基づく年次報告である「中小企業白書」の2023年版に「休廃業・解散企業の損益別構成比」という興味あるデータが示されています（Ⅱ-115ページ）。それによりますと、2014年以降、休廃業・解散する企業の6割超が黒字であったにもかかわらず、2021年以降は赤字企業の割合が漸増し、2022年では45.1%にまで増加して、ほぼ半数近い数字になっていること分かります。

　これは、余裕のあるうちに首尾良く会社をたたむのではなく、赤字体質から脱却できないまま資金繰りに窮して、やむなく休廃業・解散に至るという事例が増えていることを示しているものと考えられます。

第5章

M&A・事業再生・組織再編と会社清算

Q63 会社清算とM&Aの選択

健康面の衰えを徐々に感じることが多くなり、「自分にもしものことがあったら、従業員やお客様、取引先はどうなるのだろう」と漠然とした不安に駆られる日々を送っています。当社は、身内に後継者がおらず、会社を清算して廃業するしかないと考えていましたが、最近では中小企業でも、M&Aによって第三者に承継する事例が増えていると聞きました。そこで、会社清算によって廃業する場合とM&Aによって第三者承継する場合の違いについて教えてください。

A63 解説

1 廃業時に抱える諸問題

中小企業庁が実施したアンケート調査によると、中小企業経営者が廃業時に直面した課題として、「顧客や販売先への説明」（31.8％）や「従業員の処遇」（26.7％）、「資産売却先の確保」（13.0％）が上位にランクインしています（「事業承継ガイドライン（第3版）中小企業庁」50ページ）。家族同然に働いてきた従業員は職を失うことになりますし、長年の付き合いが続いている得意先や仕入先、外注先も新たな取引先を探さなければなりません。

事業継続していれば価値がある在庫や設備も廃業とともに売却となれば二束三文になるでしょうし、時には廃業コストや撤去費用でマイナスになるかもしれませんから、精神的にも経済的にも負担が大きいのが現実です。

2 廃業する場合の清算価値と個人の手取り

廃業する場合と第三者承継する場合とで株価や税金面での違いがあるのか、オーナー個人の最終手取り金額の多寡で比較してみましょう。

まず廃業の場合、会社資産の換金手続きでは処分価格ということで、在庫や土地の評価額は低くなってしまう可能性が高くなります。建物や設備はゼロ評価になることも珍しくなく、一方で、廃棄費用や撤去費用、解雇予告手当、各種違約金などの清算に伴う支出は増加する傾向にあり、清算価値は決算書の純資産価額を大幅に下回るこ

とになります。オーナー個人へ資金を戻す場合、役員退職金と清算配当を受け取ることになりますが、いずれも所得税は累進課税で、住民税と合わせると最大55.945％（復興特別所得税を含み、配当控除考慮外とします。また、特定役員退職手当等に該当しなければ退職所得は2分の1課税）になるため、第三者承継で会社を売却する場合の株式に係る譲渡所得税率の20.315％（復興特別所得税を含む）より不利になります。

3　第三者承継する場合の株式価値と個人の手取り

　会社を第三者承継により売却する場合、売買金額の基準となる株価を算定することになりますが、在庫や設備は帳簿価額で評価されることが多く、業績次第では実質営業利益の1～3年分程度の営業権（いわゆる「のれん」）が上乗せされる可能性もあります。また、税務上損金算入が認められる役員退職金の上限額を踏まえつつ、譲受け企業の資金調達額や売却対象会社の資金繰りを勘案し、オーナー個人の手取り額を最大化させるように、会社売却時の取引条件を調整することが一般的です。また、会社を存続させることで、従業員の雇用や取引先との関係を維持することもできます。

【廃業する場合のオーナー個人の手取り額】

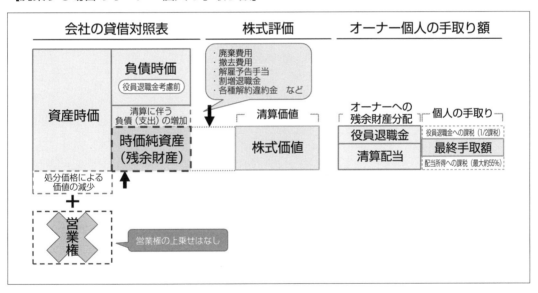

【第三者承継（M&A）する場合のオーナー個人の手取り額】

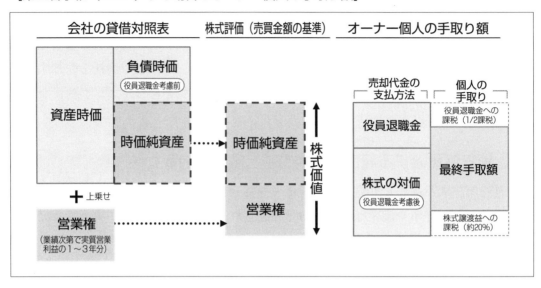

第5章　M&A・事業再生・組織再編と会社清算

Q64 事業再生・組織再編における会社清算の活用

事業再生や組織再編を行うときに会社清算を活用できる場合があると聞きましたが、どのような場合に会社清算を活用するのでしょうか。

A64 解説

事業再生や組織再編を行うにあたって会社清算を活用できる場合とは、対象会社については清算するものの、対象会社の事業自体は他の会社等に引き継ぐというケースが考えられます。言い換えれば、事業を継続させる一方で、その事業を行っていた会社だけを清算して消滅させるというケースです。

1 事業再生における会社清算の活用例

事業再生の場合における会社清算の代表的な活用方法は、一般に第二会社方式といわれる方法です。具体例として以下のような設例を想定します。

設例
① 資産　　100百万円（時価、簿価ともに同額）
② 負債　　200百万円（時価、簿価ともに同額）
③ 資本　　△100百万円（資本金50百万円、利益剰余金△150百万円）
④ 税務上の繰越欠損金はなし

第二会社方式といわれる手法は、事業再生を行うにあたって、既存会社から受け皿会社に分割（または譲渡）し、既存会社は清算してしまうという方法です。

上記の設例では、資産100百万円と負債100百万円を受け皿会社に分割（または譲渡）し、残った負債100百万円を清算により消滅させることになります。法的整理によらず私的整理の範疇で事業再生を模索する場合、必要に応じて債権者が債権放棄を行う場合があり、その際に第二会社方式が活用されます。上記の設例ですと、負債200百万円のうち100百万円は受け皿会社に承継されますが、残りの100百万円に対し

305

ては実質的に債権放棄が行われることになります。

　ところで、そもそも債権放棄という行為は異例のことであり、債権者としては想定していないことであるにもかかわらず、経営の失敗等によって思わぬ負担を余儀なくされるものですから、経営者責任や株主責任について追及されることも止むを得ません。その点、この第二会社方式ですと、既存会社は清算されるため、間接有限責任の株式会社における既存株主の責任は履行されることになります。一方、受け皿会社が事業を承継するため、経営者の交代によって、経営者責任の追及という意味でもけじめをつけることができます。

　また、債権放棄に伴って債務免除益が計上されることになるため、課税の問題がクリアできなければ、安易に債権放棄が行えないという事情もあります。つまり、債務免除益を相殺できる損金算入項目がなければ再生計画を策定することができないわけです。この点、従来は清算所得課税に着目し、第二会社方式を用いていましたが、平成22年の税制改正により清算所得課税が廃止され、清算期間中の所得の発生に対応するために、青色欠損金だけでなく、期限切れ欠損金の損金算入が可能（法法59条3項）となりました。期限切れ欠損金を利用するための必須要件としては残余財産がないと見込まれる必要がありますが、これは実態貸借対照表（法人の有する資産・負債について時価ベースで作成された貸借対照表）において債務超過であることを意味しています。また、実在性のない資産が判明した場合は、青色欠損金の修正または期限切れ欠損金となります。こうした取扱いは法的整理や一定の私的整理において認められるものと思われます。このように、タックスプランの検討は従来よりも重要性が増していますが、第二会社方式が有用かつ効果的な方法であることには変わりありません。

　その他、事業再生に関する手法として事業譲渡を行い、既存会社は清算するというスキームが採用されることがありますが、その場合の効果についても第二会社方式と同様といえます。

2　組織再編における会社清算の活用例

　組織再編の場合における会社清算の活用についても事業再生と同様の効果が考えられます。つまり、既存会社を清算する一方で、事業を継続させるために既存会社から事業の移管が行われます。その方法も既述の事業再生の場合と同じく、事業譲渡・会社分割等があります。もちろん、会社清算を前提としない場合は、合併等も考えられますが、本書では会社清算の活用に限定して解説していますので、この点については割愛します。

具体例としては、子会社（100％子会社を除く）の事業全てを他の会社に事業譲渡する場合や赤字子会社（100％子会社を除く）を支援する場合に事業譲渡や会社分割といった手法を用いることがあります。

前述の【設例】に追加して、負債のうち140百万円は親会社から、60百万円は銀行からの借入金という前提条件のもとに、事業を譲渡し、譲渡後に既存会社を清算する場合を想定してみます。

資産100百万円と負債100百万円を新設会社または既存会社に事業譲渡することによって、200百万円の負債のうち100百万円（60百万円は銀行、40百万円は親会社）が譲受会社に引き継がれますが、残り100百万円（全額親会社）は会社清算により実質的に債権放棄が行われます。これを組織再編の一環として実施する場合、この債権放棄が税務上子会社への寄附金と認定されるのか子会社への合理的な支援として認定されるのかが1つの大きな論点となります（法基通9－4－2）。

この点、法人税基本通達では合理的な再建計画に基づくものであり、相当の理由がある場合は、寄附金に該当しない旨を規定しています。合理的な再建計画とは、支援額の合理性、支援者による再建管理の有無、支援者の範囲の相当性および支援割合の合理性等について、個々の事例に応じて総合的に判断するものとされています。例示として、利害の対立する複数の支援者の合意により策定されたものと認められる再建計画は、原則として合理的なものとして取り扱うとしています。

したがって、設例の場合は、親会社のみの負担であるため合理的な再建計画であるとはいえないと認定される可能性があります。しかし、引き継ぐべき負債の内訳が親会社70百万円、銀行30百万円ですと合理的な再建計画に該当する可能性が高くなります。

Q 65 再生計画と 事業譲渡・会社分割

当社は、金融機関等の支援を受けて再生計画の策定に着手しています。再生計画の策定にあたって、事業は新たに設立する会社に移転し、当社は債務を残して清算することを前提に金融機関と調整しています。そこで、新たに設立する会社に事業を移転する方法としての事業譲渡と会社分割について教えてください。

A 65 解説

1 事業譲渡とは

事業譲渡とは、一定の営業目的のために組織化され、有機的一体として機能する財産の全部または重要な一部を譲渡し、これによって譲渡会社がその財産によって営んでいた営業活動の全部または重要な一部が譲受会社に受け継がれ、譲渡会社がその限度に応じて当然に競業避止義務を負う結果を伴うものをいいます（最高裁判所大法廷昭和40年9月22日判決）。一般に、事業譲渡は、その法律的行為が取引行為にあたるため、次のような特徴があります。

> ① 権利義務の承継が個別移転される。
> ② 時価取引を原則とするため、資産負債に生じていた含み損益が譲渡会社で実現する。
> ③ 取引行為ゆえに消費税の課税取引に該当する。
> ④ 金銭の授受を原則とする。
> ⑤ 営業権の計上が認められる。

2 会社分割とは

会社分割とは、株式会社または合同会社が、その事業に関して有する権利義務の全部または一部を他の会社が承継することをいいます（会757）。会社分割は、その法律的行為が組織的行為にあたるため、次のような特徴があります。

① 権利義務の承継が包括的に移転する。

② 分割が適格分割に該当するときは、資産および負債を簿価で移転するが、非適格分割に該当するときは、資産および負債は時価で移転する。そのため、資産および負債に生じていた含み損益は、適格分割の場合には実現しないが、非適格分割の場合には実現する。

③ 組織的行為のため、取引は不課税取引に該当し消費税は課税されない。また、登録免許税は軽減される。さらに不動産取得税も一定の要件のもとで課税されない。

④ 組織的行為のため、許認可事業において許認可が承継される場合が多い。

3　会社分割の分類

会社分割について整理してみますと、次のとおりです。

(1) 会社法における分類

会社分割は、分割の対価を誰が受け取るかによって「分社型分割」と「分割型分割」に分類され、「分社型分割」は分割会社に対して株式を交付するのに対し、「分割型分割」は分割会社の株主に株式を交付します。

また、分割された事業をどの法人に承継させるかによって「吸収分割」と「新設分割」に分類され、既存の会社に承継させることを「吸収分割」、新設した法人に承継させることを「新設分割」といいます。

それぞれの組合せにより、4つのパターンが生じることになります。

(2) 税法における分類

税法上の分類は、2②で記載したように適格分割と非適格分割の2種類に分類できます。

適格分割に該当するか否かを定める要件は、①グループ内の分割であるか、②共同事業を営むための分割であるか、③特定の事業部門を新設法人に移転するスピンオフのための分割かに大別されます。

それぞれについては次のような要件があり、これらを満たす場合に適格分割として簿価移転が可能となり、含み損益等は実現しません。

	100%グループ内	50%超グループ内	共同事業	スピンオフ
金銭等の交付なし	○	○	○	○
主要資産等引継要件	−	○	○	○
従業者引継要件	−	○	○	○
事業継続要件	−	○	○	○
事業関連性要件	−	−	○	−
規模要件	−	−	いずれか○	−
経営参画要件	−	−		○
株式継続保有要件	−	−	○	−
非支配要件	−	−	−	○

4　メリットとデメリットについて

　一般に、会社分割は分割した特定の部門または全部を包括的に他の会社に移転できるのに対して、事業譲渡は事業に関する権利義務等を個別に取引によって移転しますので、両者の本質は異なります。両者のメリットとデメリットについてまとめますと次のようになります。

	会社分割	事業譲渡
メリット	①　譲渡対価が原則株式のため資金支払いがない ②　消費税が課税されない ③　一定の要件のもと不動産取得税が課税されない ④　登録免許税が軽減される	①　限定的な承継のため偶発債務等のリスクがない ②　債権者保護手続が不要
デメリット	①　包括的な承継のため偶発債務等の負担がある	①　譲渡対価が原則現金のため資金負担が生じる ②　消費税が課税される ③　手続きの煩雑性がある

第5章　M&A・事業再生・組織再編と会社清算

Q66 赤字子会社の支援と債権放棄

　当社は赤字の子会社を支援しようと考えています。一般に赤字子会社の支援方法には、債権放棄、増資、ＤＥＳ、第二会社方式による実質債権放棄等があると聞きましたが、それぞれの方法について、法人税法上注意しておくべきポイントについて教えてください。

A66 解説

1　債権放棄

　債権放棄とは、親会社が保有する債権を直接放棄することです。そのため、子会社において債務免除益が計上され、利益剰余金が増加します。その結果、赤字子会社の純資産が改善するため、赤字子会社に対する支援方法として活用されています。

親会社での注意点	子会社での注意点
債権放棄により生じた損失は、原則として寄附金に該当するため損金算入限度額を上回る寄附金は法人税法上損金に認められません。ただし合理的な再建計画に基づく債権放棄に該当する場合、子会社支援損失として損金の額に算入することができます（法基通９−４−２）。	子会社においては、債務免除額はすべて益金に計上されます。そのため、繰越欠損金等が少ない場合には課税されます。したがって、十分なタックス・プランニングが必要となります。

2　増資

　増資は、子会社の資本金等を直接増額し、結果として純資産が改善されるため赤字子会社の支援方法であるといわれています。

311

親会社での注意点	子会社での注意点
親会社では、増資により払い込んだ金額が子会社株式として有価証券の取得原価を構成します。そのため、増資の引受けと子会社株式の評価損計上時期に注意が必要です。増資を引き受ける行為と評価を切り下げる行為が相反する行為であるとみなされているため、増資直後に評価切下げはできません。	子会社においては、資本取引として資本金等が増加しますが、直接純資産が増加するため債権放棄の場合のような課税問題は生じません。ただし、増資後資本金が1億円を超えるような場合は外形標準課税の適用があります。

3　DES（デット・エクイティ・スワップ）

　ＤＥＳとは、子会社に対する貸付金等の債権を現物出資し資本化することをいいます。このＤＥＳによって、資本が増強され、結果として純資産が改善されるため子会社支援の方法であるといわれています。

親会社での注意点	子会社での注意点
親会社においては、現物出資に相当するため時価で出資するか簿価で出資するかということになりますが、ここでは税制適格要件に該当するか否かが問題になります。特に100％グループ内子会社ということであれば適格要件に該当するため簿価という結論になります。適格現物出資の場合、簿価評価していますので損益は生じません。しかし、非適格現物出資に該当した場合は、時価により評価するため損益が発生します。赤字子会社に対する現物出資という場合は、債権金額以下の時価が通例になりますので子会社に対する寄附金の問題が生じます（「1　債権放棄」参照）。	子会社においても親会社と同様に、簿価で出資を受けるか時価で出資を受けるかということになりますが、税制適格要件に該当するか否かが問題になります。適格現物出資の場合は、簿価で評価しますので損益は生じません。したがって、増資の場合と同様に資本金が増えるという結果になります。 　一方、非適格現物出資に該当する場合は、債務免除益と同等の債務消滅益が発生します。したがって、この場合債権放棄と同様の結果となります。

4　第二会社方式

　第二会社方式とは、赤字子会社の資産および負債を受け皿会社に譲渡または会社分割によって移転し、赤字子会社を清算する方式をいいます。この第二会社方式が実質

債権放棄といわれる所以は、支援相当額の負債を赤字子会社に残して残りの負債を移転することで、支援相当額が赤字子会社に残り会社清算を通じて処理され、債権放棄と同じ効果を導き出せるためです。

親会社での注意点	子会社での注意点
親会社においては、投資損失と実質的な債権放棄による損失等が考えられますが、投資損失は清算により確定していると考えられます。しかし、実質的な債権放棄による損失は寄附金か否かを検討する必要があります。 　また、100％子会社の投資損失についての税務処理は、資本金等の額の減少として処理しますので、損金算入されないことに注意が必要です。ただし、子会社と５年超の支配関係がある場合には、子会社の繰越欠損金を引き継ぐことができます。	子会社においては、実質的な債権放棄を受けることになりますので債務免除益が発生します。したがって、債権放棄と同様の問題が生じますが、赤字子会社を清算するスキームであるため、従来は、清算所得に対する課税の特色を活かして債務免除益に対する課税を回避することが可能でした。しかし、平成22年度税制改正で清算所得課税が廃止されたため、青色欠損金及び期限切れ欠損金を有しない場合は債務免除益に対する課税が生じる可能性がありますので注意が必要です。

事業の譲受会社での注意点
第二会社方式を採用した場合、税制適格分割による移転の場合には簿価にて移転しているため資産負債の差額は生じませんが、税制非適格分割または事業譲渡によって移転している場合、資産負債を時価によって移転するため、のれんの計上が行われます。このれんは資産調整勘定として譲受会社において税務上60か月均等償却されますが、のれんの評価が妥当か否かが問題となります。

Q67 再生計画における会社清算の活用

当社は、役員借入金の全額および金融機関等からの借入金の一部について免除を受け、事業再生を行うことを検討しています。再生計画では、当社を清算して既存事業を新会社に事業譲渡すべきか、会社分割によって移転すべきかを検討しています。

下記のような条件のもとで、事業譲渡と会社分割について教えてください。

なお、当社は、メインバンク等の支援を受け私的整理のガイドラインに則した再生計画を策定し、債務免除額についても債権者と合意しています。

【前提条件】
① 青色欠損金はないが十分な期限切れ欠損金がある。
② 新たな会社に移転する資産および負債には、含み損（事業用資産である土地）があるが、含み損を上回る免除益が予定されている。
③ 会社の収益力は高い。
④ 資産1,000（時価800）、負債1,200、純資産▲200

1 再生計画の内容

御社はメインバンク等の支援を受け、私的整理のガイドラインに則した再生計画を策定し、債務免除額について債権者と合意しているとのことですので、再生計画は合理的であると推測されます。

また、含み損を上回る債務免除益が予定されているとのことですので、既存会社において債務免除を受けると、収益だけでなく当該債務免除益にも課税される結果となり、債務免除の実現が困難となります。

そこで、既存会社の事業を他に移転し、既存会社は清算するというスキームによって債務免除益に対する課税をクリアできるよう工夫します。この点、従来は清算所得課税を活用して債務免除益に対する課税をクリアしていましたが、平成22年度税制改正において清算所得課税が廃止されたことを受けて、青色欠損金及び期限切れ欠損金

に着目します。つまり、前提条件に掲げられている十分な期限切れ欠損金の存在に着目し、債務免除益が青色欠損金及び期限切れ欠損金で填補できると考えられることから、いわゆる第二会社方式を用いたスキームが選択されます。

2　事業譲渡と会社分割の特徴

事業譲渡と会社分割における税制面の特徴をまとめると次のようになります。

	事業譲渡	税制非適格分割	税制適格分割
取 引 価 格	時価	時価	簿価
法 人 税	含み損益が実現	含み損益が実現	含み損益は引継ぎ
消 費 税	課税取引	課税対象外取引	課税対象外取引
不動産取得税	課税取引	一定の要件のもと免税	一定の要件のもと免税
登録免許税	課税取引	軽減される	軽減される

このように、税制非適格の会社分割は、時価で分割するため事業譲渡と同じ結果になりますが、消費税をはじめ不動産取得税や登録免許税については会社分割の方が有利になります。また、実務上は移転事業の対価が現金か株式かといった違いや偶発債務の引継ぎや許認可事業における許認可の届出等の違いがありますので、一概にどちらが良いかという判断は難しいところです。

3　事業譲渡時および会社分割時の仕訳

事業譲渡と会社分割の違いは、時価で譲渡（分割）するか簿価で譲渡（分割）するかの違いのため、会社分割を前提に税制適格か税制非適格かで比較します。なお、分割により交付する株式および増加する資本金等はゼロとしています。

(1)　時価譲渡の場合

	借　方		貸　方	
	科　目	金　額	科　目	金　額
分割会社	負　債	1,000	資　産	1,000
分割承継会社	資　産	800	負　債	1,000
	資産調整勘定	200		

315

(2) 簿価譲渡の場合

	借　方		貸　方	
	科　目	金　額	科　目	金　額
分割会社	負　債	1,000	資　産	1,000
分割承継会社	資　産	1,000	負　債	1,000

これをイメージ図で表示すると以下のようになります。

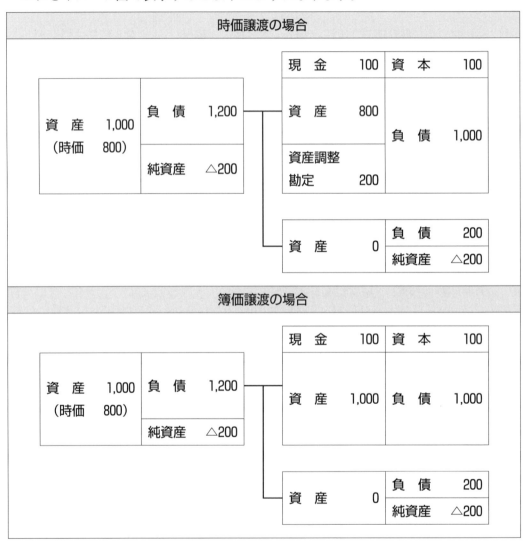

第5章　M&A・事業再生・組織再編と会社清算

Q68 再生局面における会社清算の活用事例

　X社は製造業を営んでいますが、経営環境の悪化により利益を捻出できない状態が継続しています。また、最近は銀行借入金の返済も滞っており、再生計画を策定してメイン行であるA銀行に返済猶予を打診したところ、他行の肩代わりも含めて検討するという回答を得たとのことです。なお、再生計画を策定する前提として実施した財務デューデリジェンスの結果は【表1】のとおりであり、経営改善に取り組むことで策定した計画数値については【表2】の損益計算書に示すとおりと聞いています。また、金融機関別の借入残高は【表3】のとおりとのことです（表の金額単位はすべて百万円）。

　こうした状況にあるX社の再生計画とはどのようなものになるのか、その概要について説明をお願いします。

【表1】

	決算	DD修正	実態		決算	DD修正	実態
現金預金	50		50	仕入債務	40		40
売上債権	100	△50	50	銀行借入金	850		850
棚卸資産	0		0	役員借入金			0
償却資産	200	△50	150	その他負債			0
土地	200		200	資本金	20		20
その他	100		100	剰余金	△260	△100	△360

【表2】

	改善前	改善後
売上高	500	500
営業利益	20	50
経常利益	△10	35
法人税	0	14
税引後利益	△10	21
キャッシュフロー	20	51

【表3】

	残高		年間返済額
	計画策定前	計画策定後	
A銀行	250	550	50
B銀行	250	0	0
C銀行	200	0	0
D銀行	150	0	0
合計	850	550	50

317

A68 解説

1 X社の現状

　X社の現状は、経常利益段階で赤字であるため、金利負担もできていない状況にあります。そのため、現状の資金繰りが継続すると借入金の返済が40年以上に及ぶ（計画策定前借入金残高850÷経営改善前キャッシュフロー20≒42）ことになり、経営改善が喫緊の課題であることは言うまでもありません。

　しかし、X社を取り巻く経営環境は決して芳しくないため、大幅な利益改善も望めません。また、再生計画を策定するために実施した財務デューデリジェンスによると、債務超過額が2億4,000万円から3億4,000万円に拡大しています。これは、回収懸念債権として5,000万円を見積もったことと建物等の償却資産に係る減価償却不足額5,000万円を計上したものであり、これらの修正を反映した実態貸借対照表では、合計1億円の修正が必要となり、その結果債務超過が3億4,000万円に拡大しました。そのため、金融債権者に支援要請を行ったところ、メイン行であるA銀行以外からは「抜本的な再生計画の策定が必須であるとともに、策定された再生計画に客観性があり、債権放棄に経済合理性が確保できるのであれば協力することはやぶさかでない」旨の回答が得られたとのことです。

　なお、税務上の欠損金は2億2,000万円あり、そのうち4,000万円が青色欠損金です。

2 再生計画の骨子

　事業面における再生計画の骨子は収益力の改善に尽きます。このため、事業デューデリジェンスを実施して要改善事項について検討しました。その結果、得意先数件が大幅な赤字であることが判明しました。これらの取引先は、近年、売上高の増加を経営目標に掲げる営業部が受注した先であったため、現場サイドでは収益性が低いことは認識しつつも、売上高の確保を図るべく赤字受注を漫然と継続してきたとのことです。そこで、これらの受注案件に係る製造について外注委託を活用した結果、赤字が大幅に削減され、収益力を改善することができました。

　一方、財務面については、財務デューデリジェンスにおいて判明している回収懸念債権5,000万円および償却資産の償却不足額5,000万円を反映したため実質債務超過は3億4,000万円に悪化しています。また、経営環境についても大きな改善が望めないため、利益の計上による債務超過の解消には相当の年月を要するものと見込まれることから、債権放棄を前提とした再生計画の策定が必要と判断されました。

第5章　M&A・事業再生・組織再編と会社清算

こうした背景に基づき財務面の再生計画として、B銀行、C銀行およびD銀行には、無担保プロラタ方式（非保全債権の信用与信割合）による債権放棄を要請し、計画返済部分は、全額A銀行にリファイナンスを要請しました。そのため、再生計画は、実現可能性の高い抜本的な計画であることが必要であり、金融支援額は実質債務超過の解消が３年以内で収まる３億円を想定して各金融機関に支援を要請しました。

その結果、すべての金融機関の協力をとりつけることができ、またA銀行からは他行の肩代わり分３億円の融資を引き出すことに成功しました。ただし、３億円程度の債務免除益が発生する計画であるためタックスプランを慎重に検討する必要がありました。

3　再生計画とタックス・プランニング

再生計画実行に伴うタックスプランとしては、第二会社方式を採用し、会社分割をした後、旧会社に実質債権放棄相当額を残して特別清算するというスキームを用います。会社分割を採用すれば資産移転に係る消費税の課税はありません。また、特別清算は、清算手続きを迅速に処理できることや債権者が債権免除に応じた場合の税務上の損金処理が明確であるといったメリットがあります。ただし、旧会社は債権放棄相当額の借入金について清算手続きの中で債務免除を受けますが、債務免除益が課税される可能性が残ります。

債務免除益の課税を避けるためには、欠損金の活用が不可欠です。清算所得課税においては、債務超過にも関わらず債務免除益による税額が発生し清算手続きが困難にならないよう、青色欠損金だけでなく期限切れ欠損金の損金算入も認められています。通常、債務免除を受ける会社は過去に欠損金を計上しているかまたは現在含み損を抱えている状態であることを鑑みると、青色欠損金および期限切れ欠損金を充当すれば、理論的には概ね債務免除益を吸収し課税されないと考えられます。

ただし、粉飾決算等を行っていた会社の場合は、少し注意が必要です。つまり、期限切れ欠損金を使うためには残余財産がないと見込まれる必要がありますが、実在性のない資産が存在した場合、実在性がないという事実の客観的な確認が行えるのか否か疑問が残ります。この点、法的整理や一定の準則に基づく私的整理においては、実態のない資産の減額や時価ベースの評価に修正して実質的な純財産を算定する財務調査が実施されることから、客観性が担保されていると考えられます。

4　のれんと実質債務超過の解消

分割承継会社は、資本金1,000万円の会社で、分割後の貸借対照表および分割承継

319

会社の予測損益計算書並びにキャッシュフローは次の【表4】および【表5】のとおりです。

【表4】

借方		貸方	
現金預金	30	仕入債務	40
売上債権	50	銀行借入金	550
棚卸資産	0	役員借入金	0
償却資産	150	その他負債	0
土地	200	資本金	10
その他	100	剰余金	0
のれん	70		

【表5】

	当初5年	6年目以降
売上高	500	500
営業利益	50	50
経常利益	35	35
のれん償却	14	0
法人税	8	14
税引後利益	13	21
キャッシュフロー	57	51

　この分割は、税制非適格分割により行っており、旧会社である分割会社は分割承継会社に事業用資産負債を時価譲渡しています。X社の事業価値相当分として引き継ぐべき資産と負債の差額がのれんとして計上された結果、分割会社は残余財産として借入金3億円を残して債務超過として特別清算されることとなります。これに対し、税制適格により分割するスキームも考えられますが、100％グループ内以外の分割は分割会社を特別清算すると事業継続要件に抵触しそもそも税制適格の要件を満たさない可能性があり、本事例のような事業再生の場面では税制非適格分割を採用すべきであると考えます。さらに、金融債権者の合意を得て行うことを前提としていることを鑑みると、分割会社を特別清算しないスキームは、実質的に債権放棄を行う金融機関等が税制上速やかな損金算入を行えない可能性があることから、また、株主責任を履行することなく金融債権者へのみ支援要請を行うスキームも私的整理に共通する考え方と相容れないことから妥当ではないと考えます。したがって、本事例のような事業再生局面においては税制非適格分割が妥当であるといえます。なお、本事例において分割承継時に引き継ぐべき資産5億2,000万円に対して引き継ぐべき負債は5億9,000万円となり、その差額である7,000万円が、結果的にのれんとして計上されることになります。このれんは、税務上60か月で償却しますので5年間で7,000万円の節税効果が生じます。このれん相当額は、旧会社の金融支援後の実質債務超過額にほかなりません。X社の場合、税引き後利益の1,300万円とのれん償却1,400万円の合計2,700万円が年間の税引後利益であると考えると、実質債務超過相当額7,000万円はおおむね3年で解消することとなります。

【編 者 紹 介】

□　**ひかりアドバイザーグループ**

　各分野の専門家によるアライアンスを通じて関与先に対するワンストップサービスを実現させるべく、ひかり監査法人、ひかり税理士法人、ひかり司法書士法人、ひかり社会保険労務士法人、ひかり行政書士法人、ひかり戦略パートナーズ株式会社、一般社団法人ひかり相続センターなどの法人が結集し、総勢200名を超えるスタッフが日々研鑽に励むとともに、クライアントに対する高品質なサービスの提供に邁進しています。

【著 者 紹 介】

□　**ひかり監査法人**　https://www.hikari-audit.com/

【東京事務所】〒102-0072　東京都千代田区飯田橋４－６－９
　　　　　　　　　　　　　　ロックフィールドビル

【京都事務所】〒604-0872　京都市中京区東洞院通竹屋町下る　竹屋町法曹ビル

【福岡事務所】〒812-0025　福岡市博多区店屋町１－31　博多アーバンスクエア

□　**ひかり税理士法人**　https://www.hikari-tax.com/

【札幌事務所】〒060-0807　札幌市北区北７条西４丁目17－１
　　　　　　　　　　　　　　KDX札幌北口ビル

【東京事務所】〒101-0047　東京都千代田区内神田１丁目３－１
　　　　　　　　　　　　　　トーハン第３ビル

【滋賀事務所】〒525-0032　滋賀県草津市大路１丁目15－５　ネオフィス草津

【大津事務所】〒520-0041　滋賀県大津市浜町４－28　浜町ビル

【京都事務所】〒604-0872　京都市中京区東洞院通竹屋町下る　ひかりビル

【大阪事務所】〒530-0012　大阪市北区芝田１丁目14－８　梅田北プレイス

【広島事務所】〒730-0012　広島市中区上八丁堀７－１　ハイオス広島

【福岡事務所】〒812-0016　福岡市博多区博多駅南１丁目２－18
　　　　　　　　　　　　　　Mビル４号館

□ **ひかり司法書士法人**　https://hikari-sihoushosi.com/

　　【東京オフィス】〒100-0005　東京都千代田区丸の内３丁目１－１　国際ビル
　　【京都オフィス】〒604-0862　京都市中京区烏丸通夷川上る　シカタオンズビル
　　【大阪オフィス】〒530-0012　大阪市北区芝田１丁目14－8　梅田北プレイス

□ **ひかり社会保険労務士法人**　https://www.hikari-sharoushi.com/

　　【京都事務所】〒604-0982　京都市中京区御幸町通夷川上る　北大興ビル

□ **ひかり戦略パートナーズ株式会社**　https://www.strac-k.com/

　　【本　　社】〒604-0872　京都市中京区東洞院通竹屋町下る　ひかりビル
　　【滋賀オフィス】〒520-0041　滋賀県大津市浜町４－28　浜町ビル

【執筆担当者紹介】

□ **光田　周史**（こうだ　しゅうじ）／公認会計士・税理士
　　同志社大学経済学部卒業
　　1985年　公認会計士・税理士登録
　　ひかりアドバイザーグループ　CEO
　　ひかり監査法人　代表社員
　　ひかり税理士法人　代表社員
　　立命館大学大学院法学研究科　非常勤講師

□ **岩永　憲秀**（いわなが　のりひで）／公認会計士・税理士
　　立命館大学経済学部卒業
　　2003年　公認会計士登録
　　ひかり監査法人　代表社員

□ **谷　　淳司**（たに　あつし）／税理士
　　龍谷大学経営学部卒業
　　1996年　税理士登録
　　ひかり税理士法人　代表社員

□ **上田　茂**（うえだ　しげる）／司法書士
立命館大学法学部卒業
2003年　司法書士登録
ひかり司法書士法人　代表社員

□ **徳光　耕嗣**（とくみつ　こうじ）／社会保険労務士
関西大学法学部卒業
2007年　社会保険労務士登録
ひかり社会保険労務士法人　代表社員

□ **三王　知行**（さんのう　ともゆき）／公認会計士・税理士
京都大学経済学部卒業
2008年　公認会計士登録
ひかり監査法人　社員

□ **矢倉　誠**（やくら　まこと）／公認会計士・税理士
愛知学泉大学経営学部卒業
2016年　公認会計士登録
ひかり監査法人　社員

□ **今井　邦彦**（いまい　くにひこ）／税理士
東京工業大学工学部卒業
2008年　税理士登録
ひかり税理士法人　社員

□ **則貞　幸太**（のりさだ　こうた）／税理士
同志社大学法学部卒業
2005年　税理士登録
ひかり税理士法人　社員
立命館大学大学院法学研究科　非常勤講師

☐ **山下　隆史**（やました　たかし）／税理士
同志社大学文学部卒業
2012年　税理士登録
ひかり税理士法人　社員

☐ **七條　智子**（しちじょう　ともこ）／税理士
一橋大学商学部卒業
2005年　税理士登録
ひかり税理士法人　社員

☐ **中村　浩幸**（なかむら　ひろゆき）／税理士
大原簿記法律専門学校卒業
2017年　税理士登録
ひかり税理士法人　社員

☐ **小山　晃幸**（こやま　てるゆき）／公認会計士
神戸大学経営学部卒業
2012年　公認会計士登録
ひかり税理士法人　京都事務所所属

☐ **山田　利博**（やまだ　としひろ）／公認会計士・税理士
立命館大学経営学部卒業
2018年　公認会計士登録
ひかり税理士法人　京都事務所所属

☐ **中川　貴仁**（なかがわ　たかひと）／税理士
同志社大学大学院法学研究科前期課程修了
2022年　税理士登録
ひかり税理士法人　京都事務所所属

□ **高橋　亮至**（たかはし　あきのり）／税理士

同志社大学商学部卒業

2022年　税理士登録

ひかり税理士法人　京都事務所所属

□ **間宮　達二**（まみや　たつじ）／ITコーディネーター

立命館大学経営学部卒業

2004年　ITコーディネーター登録

ひかり戦略パートナーズ株式会社　所属

□ **北村　佳照**（きたむら　よしてる）／中小企業診断士

立命館大学経営学部卒業

2011年　中小企業診断士登録

ひかり戦略パートナーズ株式会社　所属

新訂　会社清算の実務Q&A

2023年11月20日　初版発行
2025年 5 月30日　第 2 刷発行

編　者　　ひかりアドバイザーグループ ©

著　者　　ひかり監査法人／ひかり税理士法人
　　　　　ひかり司法書士法人／ひかり社会保険労務士法人 ©
　　　　　ひかり戦略パートナーズ株式会社

発行者　　小泉　定裕

発行所　　株式会社 清文社

東京都文京区小石川 1 丁目 3 −25（小石川大国ビル）
〒112-0002　電話 03（4332）1375　FAX 03（4332）1376
大阪市北区天神橋 2 丁目北 2 − 6 （大和南森町ビル）
〒530-0041　電話 06（6135）4050　FAX 06（6135）4059
URL https://www.skattsei.co.jp/

印刷：㈱広済堂ネクスト

■著作権法により無断複写複製は禁止されています。落丁本・乱丁本はお取り替えします。
■本書の内容に関するお問い合わせは編集部までFAX（06-6135-4056）又はメール（edit-w@skattsei.co.jp）でお願いします。
■本書の追録情報等は、当社ホームページ（https://www.skattsei.co.jp）をご覧ください。

ISBN978-4-433-74163-1